가장 가까운 타인

가장 가까운 타인

가족 치료의 대가 이남옥 교수의
중국 가족 심리 상담

이남옥 지음

북하우스

| 가계도 일러두기 |

·인물 정보

- 남자 (도형 속 숫자: 나이)
- 여자 (도형 속 숫자: 나이)
- 내담자
- 사망
- 유산
- 낙태
- 쌍둥이
- 성별을 알 수 없는 자녀들

·관계 정보

- 좋은 관계
- 갈등 관계
- 소원한 관계
- 집착 관계
- 양가적(애증) 관계
- 단절된 관계
- 이혼 관계

| 들어가며 |

중국에서의 가족 심리 상담 프로젝트는 K 박사와의 인연 덕분에 시작되었습니다(내담자들의 사생활이 드러날 우려가 있어 프로젝트를 함께했던 K 박사의 이름도 공개하지 않으려 합니다). 중국인인 K 박사와는 학회에서 처음 만났습니다. 당시 저는 학회에서 가계도 분석과 가족 세우기를 활용한 가족 치료법을 발표했고, K 박사는 저의 접근 방법에 매우 큰 관심을 보였지요. 그리고 한참 후에 중국에 있던 K 박사가 제게 연락을 해왔습니다. 중국에서도 가족 치료가 매우 절실하다면서 제게 중국에 와서 워크숍을 진행해달라고 부탁했습니다. 그때 저는 학교 강의와 현장 상담을 병행하느라 여유가 없는 상황이었지만, K 박사와 몇 차례 논의를 거쳐 사흘간 워크숍을 진행해보기로 했습니다.

첫 워크숍은 2016년, 한국 대학에서 2학기 강의를 마치고 난 뒤 12월 중순에 열렸습니다. 가족 치료에 관심 있는 심리 상담사들이 모였고, 가족 치료를 원하는 내담자들을 초청해 실제 상담을 하는 방식으로 진행되었습니다. 내담자는 혼자 오기도 했고 부부가 같이 오기도 했으며, 때로는 대가족이 함께 참여하기도 했지요. 내담자는 동반 가족을 제외하고 스무 명까지 참여할 수 있도록 제한했고, 혼자 온 내담자의 가족 세우기를 진행할 때는 참가자들이 내담자 가족의 구성원 역할을 맡아 가족의 트라우마를 치유하는 작업이 이루어졌습니다.

각 사례마다 세 시간 이상이 소요되므로 사흘 동안 오전과 오후에 각각 한 사례씩 다루기로 했습니다. 우선 한 시간 동안 내담자 가족의 이야기를 들으며 가계도 분석을 하고, 그 후 한 시간 반 동안 가족 세우기를 통한 트라우마 치료가 이루어졌습니다. 트라우마 치료 작업이 끝나면 다시 내담자와 참가자들이 모두 함께 피드백을 나누며 가족 치유 과정을 완성해나갔습니다. 거의 모든 상담이 세 시간을 훌쩍 넘기기 일쑤였지만, 신기하게도 그 긴 시간이 조금도 지루할 틈 없이 순식간에 지나가곤 했습니다.

첫 중국 여정은 따뜻했고 감동으로 가득했습니다. K 박사 내외는 저를 친절하게 보살피며 깊이 배려해주었고, 참가자들은 적극적이고 열린 마음으로 워크숍 내내 제게 큰 힘이 되어주었습니다. 첫 워크숍을 성공적으로 마치고 우리는 이 워크숍을 단발성이 아니라 정기 프로젝트로 이끌어가기로 했고, 2020년 1월 코로나19의 유행으로 중단되기 전까지 1년에 세 차례씩 꾸준히 진행했습니다.

가족 상담 워크숍은 점차 입소문이 나면서 중국 전역에서 참가자들이 몰리기 시작했습니다. 대개 가족 상담을 공부하고자 하는 이들과 대학의 심리학과 교수들이었지요. 처음에는 어떤 사례를 다룰지 미리 정해두지 않아 참가자 중에서 발표자를 즉흥적으로 정했는데, 서로 자기 사례를 발표하려 해서 가위바위보로 정하기도 했고, 자기 가족 이야기를 꼭 다루어달라며 미리 찾아와 부탁하는 경우도 있었습니다. 이런 소소한 갈등들이 반갑고 감사하게 느껴지기도 했지만, 나중에는 그런 갈등이 없도록 내담자를 미리 정해두고 진행했습니다.

중국이 워낙 큰 나라이다 보니 열다섯 시간 이상 기차를 타고 오는 참가자도 있었고, 비행기를 타고 오는 내담자도 있었습니다. 어린 자녀가 있는 참가자는 워크숍 진행 중 아이를 돌봐줄 사람을 구해 동행하기도 했지요. 모두 열정이 가득해서 워크숍은 매번 그야말로 감동으로 가득 차곤 했습니다.

2020년 코로나19가 확산된 이후 워크숍은 중단되었지만 언젠가 다시 시작될 것입니다. 저는 이 휴지기를 이용해 그간의 사례를 살펴보며 가족의 상처를 말하고 화해와 용서를 경험하는 감동적인 치유 과정을 되새겨보려 합니다. 마치 기적과 같은 귀한 경험들이 또 다른 누군가에게도 치유를 전하리라 믿기 때문입니다. 덧붙여 앞으로 이 책에서 다룰 모든 사례들은 내담자의 개인적인 가족사이기에, 가족의 트라우마나 역동을 직접적으로 구성하는 요소를 제외한 나머지 개인 정보들은 사생활 보호를 위해 부분적으로 생략하거나 각색하여 소개하고자 합니다.

| 차례 |

3부 상처의 대물림, 이제는 끊어내야 할 때

1부

‘강한 여자’ 대 ‘약한 남자’ 구도가 보여주지 않는 것

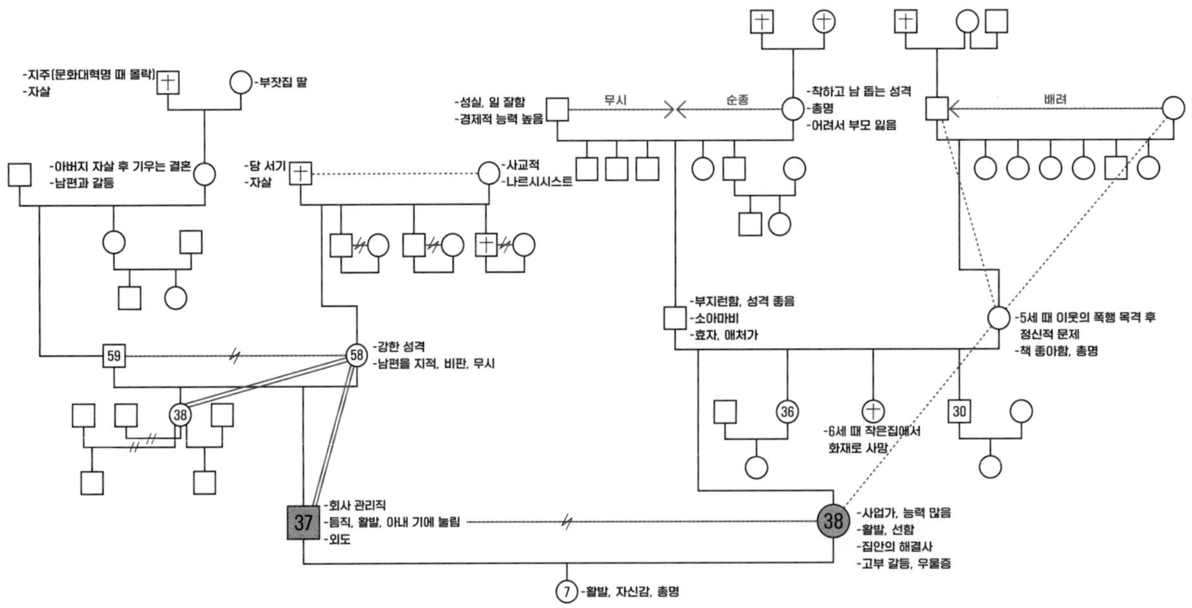

-지주(문화대혁명 때 몰락)
-자살
-부잣집 딸
-아버지 자살 후 기우는 결혼
-남편과 갈등
-당 서기
-자살
-사교적
-나르시시스트
-성실, 일 잘함
-경제적 능력 높음
무시
순종
-착하고 남 돕는 성격
-총명
-어려서 부모 잃음
배려
59
58
-강한 성격
-남편을 지적, 비판, 무시
38
-부지런함, 성격 좋음
-소아마비
-효자, 애처가
-5세 때 이웃의 폭행 목격 후
정신적 문제
-책 좋아함, 총명
36
30
-6세 때 작은집에서
화재로 사망
37
-회사 관리직
-듬직, 활발, 아내 기에 눌림
-외도
38
-사업가, 능력 많음
-활발, 선함
-집안의 해결사
-고부 갈등, 우울증
7
-활발, 자신감, 총명

1장
모진 시어머니와 외도하는 남편

남편과 함께 저를 찾아온 메이린은 친절하고 섬세한 사람으로, 예쁘고 감각 있는 서른여덟 살 여성이었습니다. 자기 사업을 나름대로 잘 꾸려나가고 있는 젊은 CEO였고요. 메이린은 조용하고 차분한 목소리와 달리 행동이 적극적인 편이었고, 어떤 일이든 빠른 속도로 해결하려는, 책임감이 강한 사람이었습니다. 그에 비하면 그녀의 남편은 약간 뒤로 물러나 있는 타입이었습니다.

메이린은 누구에게나 친절해서 다른 사람들과 갈등을 만들 것 같지 않은 인상이었지만 가족 중 시어머니와 갈등이 있었고 남편과도 관계가 소원했습니다. 그로 인해 우울증을 겪었고 때

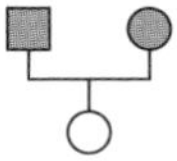

때로 자살 충동을 느끼기도 했습니다. 메이린이 나중에 저에게 따로 이야기한 바로는, 남편이 외도를 한 적이 있고 그 일로 크게 상처를 받았다고 합니다. 메이린은 남편과의 관계가 왜 그렇게 되었는지 이해하고 싶어 저를 찾아온 것이었습니다. 자신은 가족을 위해 안팎으로 열심히 일하고 있는데 가족들은 어째서 그녀에게 고마워하기는커녕 그런 식으로 상처를 주는지 알 수 없었던 것이지요.

남편의 또 다른 배우자 어머니

서른일곱 살인 남편은 회사에서 관리직에 있고, 듬직하고 활발하며 노력하는 타입이었습니다. 다만 약간 무능력한 듯했고 아내 메이린의 기에 좀 눌려 있는 것 같은 느낌을 받았습니다. 아내가 부지런하고 능력 있고 심성도 착해서 스스로 일을 찾아서 하는 사이, 남편은 슬쩍 뒤로 물러나게 되고 그러다 보니 어느 순간 자기 위치를 잃어버린 것입니다. 그런데 남편의 부모를 살펴보니 그의 아버지 역시 무능력했고, 남편의 어머니도 그의 아내 메이린처럼 강한 성격이었습니다. 부모의 관계가 그대로 대물림된 셈이었습니다.

남편의 어머니는 남편의 아버지를 번번이 지적하고 비판하고 때로는 무시했고, 아버지는 그런 대우를 수용하는 편이었습니다. 남편에게는 누나가 한 명 있었는데, 두 번 이혼을 하고 세 번째 결혼 생활 중이었습니다. 남편의 누나는 남자를 믿지 못하고 남자는 무능력하다는 인식을 갖고 있었습니다. 남편의 원가족은 강한 성격의 어머니가 두 자녀를 꽉 잡고 있는 가족 구조를 이루고 있었던 것입니다.

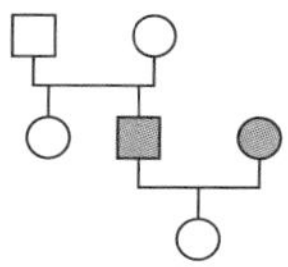

이런 역동은 어떻게 생길까요? 남편이 듬직하지 못하거나 남편과 관계가 안 좋을 경우 어머니는 자녀들에게 매달리는 경향이 생깁니다. 어머니는 자녀들에게 모든 것을 걸고, 자녀들에게 배우자 같은 역할을 하게 하고, 자녀들을 통해 심리적 위로를 얻으려 합니다. 그러면 자녀들은 어머니에게 충성하거나 어머니를 보호해야 하는 역할에서 벗어나지 못합니다. 이런 가족의 경우 자녀들은 결혼 이후 부부 관계를 다져나가기가 쉽지 않습니다. 항상 또 다른 배우자(어머니)를 챙겨야 하기 때문입니다. 누나도 그런 식으로 어머니에게 심리적으로 묶여 있다 보니 두 번이나 이혼을 했고, 메이린의 남편도 자기 아내와 아이에게 온 마음으로 집중할 수 없는 상황이었던 것입니다.

이런 삼각 구조가 형성되면 자녀의 부부 관계에서 외도가 일어나는 경우가 많습니다. 이 사례에서 남편에게 어머니는 사실 첫 번째 아내나 마찬가지로, 아버지가 안 계신 셈이기에 아들은 어머니를 늘 챙기고 보살펴야 하는데, 그런 어머니를 두고 결혼을 했으니 자신이 외도를 한 것 같은 느낌을 받게 됩니다. '어머니를 챙겨야 하는데 내가 이렇게 어머니를 떠나도 될까?' 아들은 마치 조강지처를 버린 것 같은 느낌을 받으면서 죄책감을 크게 느낍니다. 어머니 역시 아들이 죄책감을 갖게 만듭니다. '어떻게 나를 두고 그렇게 행복할 수가 있니? 그래서 좋니?' 이런 식의 태도를 보이면 자녀들은 어쩔 줄을 모릅니다. 그래서 아들은 일부러 부부 갈등을 만들고 어머니에게 그런 모습을 보이려 합니다. '어머니, 나 그렇게 행복하지 않아요. 내게는 어머니 당신이 가장 좋은 사람이고, 아내에게는 불만이 많아요.' 정말로 아내와 갈등이 있어서가 아니라 어머니와의 관계를 위로하기 위해 이런 역동들을 만들어내는 것입니다.

이런 과정에서 아내와도 실제 갈등이 생기기 마련입니다. 그러면 남편은 부부 관계 안에서 문제를 해결하려 하지 않고 다른 데서 해결책을 찾으려 합니다. 남편은 항상 제2의 무엇, 도망갈 자리를 만드는 행동을 반복하게 됩니다.

한편으로 시어머니는 며느리를 못살게 굽니다. 며느리는 자기 아들을 빼앗아간 사람이기 때문입니다. 메이린의 남편은 그런 상태에서 어쩔 줄 몰라 하다 '에라, 모르겠다. 도망쳐겠다' 하고 나가떨어진 상태였습니다.

저는 메이린을 보면서 모든 것을 갖춘 사람이 왜 이렇게 자신감이 없는지 참 궁금했습니다. 늘 더 잘하려고 애쓰고, 시어머니한테 아무런 반박도 못 하고, 남편의 외도에 대해서도 따지지 못합니다. 그녀가 왜 그렇게 자신감이 없는지 더 깊이 들여다보기 위해 우리는 아내 메이린의 원가족으로 들어가봤습니다.

기댈 수 없는 나약한 부모

어머니의 원가족

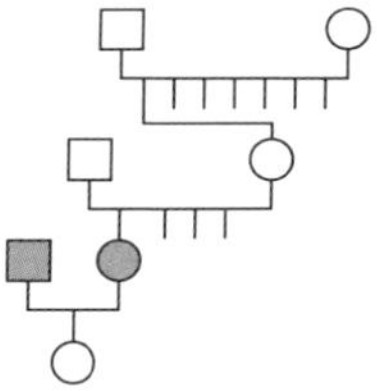

메이린의 어머니에게는 심리적인 문제가 있었습니다. 이 문제는 어머니가 다섯 살 때 시작되었습니다. 어머니는 어릴 때 여러 세대가 함께 사는 집에서 자랐는데, 언젠가 이웃 사람이 소동을 벌였다고 합니다. 당시 어린아이였던 어머니는 칼을 들고 난동 부리는 이웃을 보고 너무 충격을 받아서 그때부터 정신적으로 문제가 생겼습니다. 아이가 감당할 수 없는 상황을 맞닥뜨린 일이 트라우마가 되어, 그 이후로 심리적으로 약한 사람이 된 것입니다.

어머니는 7남매 중 맏이였는데, 그 부모(메이린의 외할머니와 외할아버지)는 정신적으로 약한 큰딸에게 아무런 기대도 하지 않았습니다. "너는 너 하나만 잘 챙기면 돼"라고 하면서, 동생들을 돌보거나 다른 집안일을 도우는 일은 전혀 기대하지 않았습니다. 그래서 집에서 별다른 역할이 없었던 메이린의 어머니는 책 읽기에 몰두했다고 합니다. 굉장히 총명했던 어머니는 고등학생 때 정신적 문제가 다시 발병한 탓에 대학에는 진학하지 못했습니다. 말하자면 메이린의 어머니는 똑똑하고 책을 좋아했지만 어릴 때 겪은 트라우마로 정신적 문제를 겪게 되어 자기 능력을 펼치지 못한 사람이었습니다.

아버지의 원가족

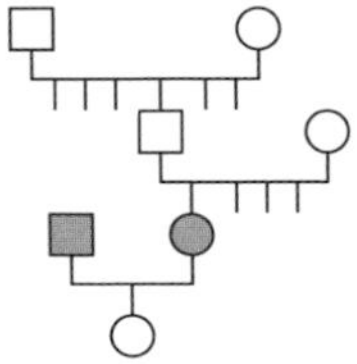

메이린의 아버지는 소아마비로 다리가 불편한 장애인이었습니다. 그는 부지런하고 성격이 좋아 주변 사람들에게 두루 사랑받는 사람이었고, 부모에게도 잘하는 효자였습니다. 메이린 아버지는 6남매 중 넷째 아들로 태어났습니다. 위로는 형이 셋 있었습니다. 네 번째 아들로 태어난 그는 어떻게 자랐을까요? 부모는 넷째에게 크게 신경 쓰지 않았을 것입니다. 아이 키우는 법도 이미 어느 정도 알고 있었을 테니, 형제들이 입던 옷을 물려 입히며 아주 특별히 사랑과 관심을 주지는 않았을 것입니다. 그러고 나서 여동생이 태어나는데, 첫딸이었기 때문에 부모로부터 관심을 많이 받았다고 합니다. 메이린의 아버지는 그런 관심을 받지 못했을 것입니다.

메이린의 아버지 가족은 형편이 좋은 집안이었는데, 정작 아버지는 몸이 불편하고 형제 서열상 별로 관심을 받지 못해서 자신이 지닌 자원에 비해 움츠러든 채 살아왔습니다.

한편 메이린의 친할아버지(메이린의 아버지의 아버지)는 부지런하고 일을 잘하는 사람으로 지역 유지였다고 합니다. 경제적인 능력이 있는 뛰어난 사람이었던 것입니다. 친할머니(메이린의 아버지의 어머니)는 착하고 베풀기를 좋아했고, 어려서 부모를 잃고 이모 집에서 자랐지만 아주 총명한 사람이었습니다. (중국인의 가계도를 살피며 이야기를 듣다 보면 이들은 '부지런하다' '일을 잘한다' 이런 표현을 자주 사용합니다. 사람을 평가할 때 이런 점을 중요한 기준으로 여기기 때문입니다. 평가뿐 아니라 어떤 사람의 성격을 설명할 때도 비슷한 표현을 자주 사용합니다.)

부모와 동생들의 보호자가 되어야 했던 메이린

이렇게 원가족을 살펴보니 메이린의 아버지는 신체적으로 약하고 어머니는 심리적으로 약했습니다. 메이린은 약한 부모 밑에서 맏이로 태어나 동생들을 자신이 다 돌봐야 한다는 책임감을 느끼게 되었습니다.

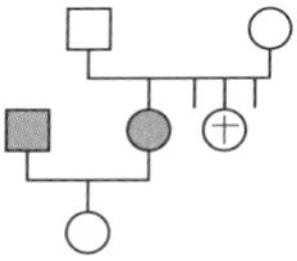

또한 이 가족에게는 비극적인 사건이 있었습니다. 메이린이 어렸을 때 동생들을 데리고 작은집에 놀러 갔는데 그 집에서 화재가 난 것입니다. 이 사고로 동생이 죽었고 메이린은 이 일에 대해 죄책감을 크게 느끼고 있었습니다. 자신이 동생들을 잘 돌봤어야 했는데, 불이 났을 때 동생들을 끌고 밖으로 나왔어야 했는데, 그러지 못해서 동생이 죽었다고 생각하는 것이었지요. 메이린은 이 사건에 대해 이야기하지 못하다가 대화가 좀 더 깊어지고 분위기가 편안해지자 어느 순간 자기도 모르게 털어놓았습니다. 자신이 이 사건을 무의식적으로 억눌러왔던 것 같다고 말하기도 했습니다. 메이린은 이 사건으로 굉장히 큰 트라우마와 죄책감이 생겼고 원가족을 돌보는 책임을 과하게 짊어지고 있었습니다.

메이린에게 부모는 항상 챙기고 걱정해야 할 사람들이지, 자신이 힘든 것을 하소연하고 기댈 수 있는 상대가 아니었습니다. 저는 메이린의 사례를 다루면서 그런 생각을 깨려 했습니다. 메이린의 부모는 메이린이 생각하는 만큼 약한 사람들이 아니라는 것을 경험하게 하고 싶었습니다.

가족 세우기를 통한 원가족 치유

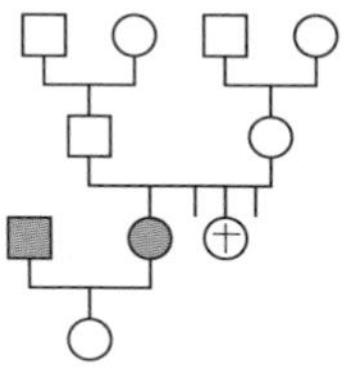

가계도를 살펴본 결과 메이린의 조부모는 멋진 사람들이었습니다. 친할아버지는 지역 유지였고 능력이 뛰어났습니다. 친할머니도 착하고 베풀기 좋아하는 사람이었습니다. 이런 점을 메이린도 그대로 물려받아 가지고 있었습니다. 저는 메이린에게 "할머니와 할아버지의 모습이 당신에게 있는 것 같네요. 그렇다면 당신 아버지에게도 그런 모습이 있을 거예요"라고 말했습니다. 이렇게 역추정하는 과정을 통해 메이린이 아버지에 대해 갖고 있는 이미지를 바꿔주려고 했습니다.

메이린에게 아버지에 대해 처음으로 질문했을 때 그녀는 "저희 아버지는 소아마비였어요"라고 대답했습니다. 저는 메이린이 아버지에 대해 부정적인 면에 고정된 이미지를 갖고 있는 것 같다고 말해주면서, 아버지의 장점을 전면에 내세우고 아버지가 갖고 있던 콤플렉스를 뒤편으로 보내도록 해주었습니다. 메이린은 아버지를 다시 바라보게 되었습니다. 아버지를 재경험하기 시작한 것입니다. 그런 과정을 거치자 메이린에게 성격 좋고 주변 사람들한테 늘 호감을 사는 아버지의 모습이 보였습니다. 메이린 역시 아버지와 비슷한 사람이어서 주변 사람들 모두가 그녀를 좋아합니다. 좋아하지 않을 수가 없습니다. 커피 한 잔을 가져다주면서도 그것을 받는 사람을 존중하며 공손히 건네고, 받지 못하는 주변 사람들까지 배려하는 섬세한 사람이기 때문입니다. 저는 메이린의 이런 장점을 조부모의 성품으로부터 유추할 수 있는 것처럼, 분명 아버지의 성품에서도 유추할 수 있다고 보았습니다. 이런 과정을 통해 메이린의 아버지에 대한 이미지를 바꾸어줄 수 있었습니다.

메이린의 어머니도 마찬가지였습니다. 메이린은 어머니가 정신적 문제가 있는 사람이라고 말했는데, 누구도 한 가지 면만을 갖고 있지는 않습니다. 역으로 생각하면 메이린의 어머니는 심리적 고통을 겪으면서도 책을 많이 읽으며 혼자 자기 성장을 이루어낸 사람이었습니다. 두려움을 견뎌냈고 결혼을 했고 자녀를 넷이나 낳아 길렀습니다. 자기 삶을 주도적으로 펼쳐나간 사람이었습니다. 저는 어머니의 이런 점들을 메이린이 재경험하게 해주었습니다.

이런 과정을 통해 메이린이 스스로 힘을 얻게 되자, 남편과 시어머니를 대하는 태도가 달라지게 되었습니다. 안정된 카리스마를 갖게 된 것입니다. 그전에는 시어머니가 보기에 건드리면 쪼그라들 것같이 기가 죽어 있는 며느리였다면, 이제는 적절한 권위를 갖추게 된 것입니다.

어머니로부터 독립하지 못한 아들

메이린의 남편은 마치 어머니가 씌운 올가미에 걸린 것처럼 어머니로부터 심리적으로 독립하지 못한 아들이었습니다. 어머니가 아버지에 비해 강한 사람인 데다 아버지를 지적하고 무시하는 때가 잦았기에, 그 역시 아버지를 무능력하다고 느끼고 있었습니다. 스스로도 자신이 갖고 있는 무능력한 남자의 자화상에서 벗어나지 못하고 있었습니다.

남편 어머니의 원가족: 어머니와 외조부모의 가족 세우기

우리는 남편 어머니의 가족을 살펴보기로 했습니다. 어머니의 아버지, 즉 남편의 외할아버지는 당 서기로 꽤 높은 직위에 있었는데 어떤 이유에서였는지는 모르지만 스스로 목숨을 끊었다고 합니다. 외할머니는 사교적이고 말을 잘하는 사람으로, 집안에서나 밖에서나 대접을 원하고 그대로 받는 사람이었습니다. 나르시시즘적인 면이 있어서 자녀를 자녀로 보지 못하고 자신을 우선시했고요. 남편의 어머니는 그런 부모 아래서 심리적으로 상처를 많이 받았을 것입니다. 어머니가 '공주' 같은 사람일 경우 딸들이 시녀 역할을

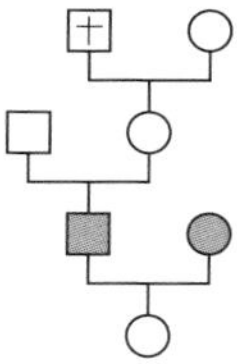

하게 되기 때문입니다. 자살한 아버지와 나르시시스트 어머니를 둔 딸(남편의 어머니)이 부모로 인한 상처들을 이겨내기 위해 강한 성격을 갖게 된 것은 아닐까 짐작하게 되었습니다.

저는 메이린의 남편이 어머니 상을 재정립할 수 있도록 돕고 싶었습니다. 어머니 역시 이런저런 상처 때문에 강한 사람이 되어야 했던 것이기 때문입니다. 아버지의 자살, 이기적인 어머니에게서 보살핌받지 못하는 환경 속에서 메이린 남편의 어머니는 살아남기 위해 강한 성격이라는 일종의 생존 전략을 만들어냈습니다. 그 방어기제를 내려놓기 위해서는 남편의 어머니 내면에 있는 슬픔을 알아주어야 합니다. 그래서 가족 세우기를 통해 남편 어머니의 양친이 남편의 어머니에게 사과하는 가상의 장면을 구성했습니다. "아버지가 그렇게 떠나서 미안하구나. 자식을 든든하게 지켜주지 못해서 미안하다. 아버지로서 할 행동이 아니었는데……" 아버지가 이렇게 사과를 하고, 어머니도 "나만 생각해서 미안하다. 나 스스로 공주처럼 돋보이기보다는 너희를 공주와 왕자로 만들어야 했는데 그러지 못해서 미안하다"라고 사과를 합니다. 이런 과정을 통해 남편의 어머니는

경직되었던 마음이 풀리면서 자신이 스스로 많은 힘을 펼칠 수 있는 사람이라고 느끼게 되었습니다.

자, 이제 어떤 변화가 일어날까요? 어머니는 자녀들에 대한 집착이 약해지고, 자기 남편을 바라보게 됩니다. 그전에는 남편이 답답하기만 했는데 다시 보니 남편은 자신이 사랑하고 존중할 수 있는 좋은 사람인 것입니다. 남편의 부모 사이에서 화해와 용서 작업이 이루어지고 있었습니다.

남편 아버지의 원가족: 친할머니와 증조부모의 트라우마 치유

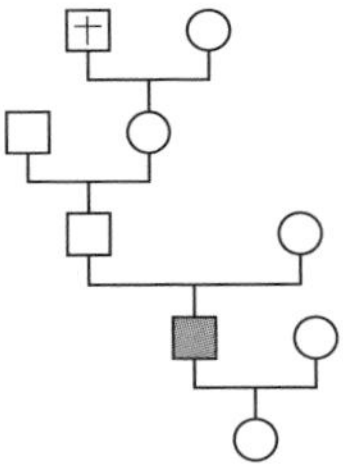

남편의 할머니는 소규모로 장사를 했던 사람이고, 할머니의 아버지는 지주였습니다. 그 아버지는 문화대혁명 때 재산을 다 빼앗기고 '악의 존재'라며 온갖 비난을 받다 견디지 못하고 자살했다고 합니다. 부잣집 딸이었던 할머니는 아버지가 자살한 뒤 상대적으로 형편이 기우는 남자를 만나 결혼을 하게 되었습니다. 그 때부터 무능력한 남편과 강한 아내의 관계가 이어져왔습니다. 남편의 할머니는 집안 형편이 비슷한 사람과 결혼을 할 것이라고 생각했지만 문화대혁명 때문에 집안이 풍비박산 나 노동계급인 남편과 결혼을 하게 되었고, 자기도 모르게 남편을 은근히 무시하게 되었을 것입니다. 그런 상황에서 기죽어 있는 아버지를 보고 자란 아들 (메이린 남편의 아버지) 역시 위축될 수밖에 없었습니다.

그러나 다시 탐색해보니 남편의 할아버지는 활발하고 부지런한 사람이었습니다. 성실했고 아들을 많이 사랑해주었습니다. 이 가족을 바로 세우기 위해서는 우선 친할머니의 트라우마 치유가 필요했습니다. 친할머니는 자기 결혼을 '집안이 망해 기우는 남자와 결혼했다'는 식으로 묘사합니다. 이 이야기는 마치 불행한 가족 신화처럼 손자와 증손자 세대까지 전해지면서 남자 가족 구성원들의 미안함과 수치심을 자극하고 있었습니다. 이 신화에서 벗어나기 위해서는 친조부모의 만남을 좀 더 긍정적인 시각에서 검토해야 합니다. 경제적으로는 다소 어려웠겠지만 친할아버지는 분명 좋은 성격을 바탕으로 가족을 부지런히 잘 돌봤고 자녀들에게 다정했습니다. 할머니 생각대로 크게 '모자라는' 사람이었다면 그렇게 가정을 꾸려나가는 것이 불가능했을 것입니다. 이 신화가 만들어진 진짜 배경은 친할머니의 슬픔, 즉 아버지의 죽음과 준비되지 않은 결혼에 대한 아픔입니다. 친할머니는 어떤 대상이라도 정해서 자신의 부정적인 감정을 쏟아내고 싶었을 것입니다. 이제 가족 세우기를 통해 친할머니는 자신의 감정을 제대로 표현하고 자기 부모로부터 진정으로 위로받을 수 있었습니다.

조부모와 증조부모, 부모와 조부모의 화해 작업이 이루어지고 나자 메이린 남편의 부모 역시 부부로서 서로를 이해하고 존중하게 되었습니다. 이것이 메이린 남편의 변화로 이어지면서 남편은 자신의 가족에 대해 훨씬 편안한 마음과 자부심을 가질 수 있었습니다.

부부 각자의 원가족이 지닌 트라우마를 다루고 난 후에 현재 가족을 대상으로 가족 세우기를 새롭게 시작하자 신기한 변화가 일어났습니다. 남편의 움츠리는 모습이 사라졌고, 아내도 더 이상 가족에 대해 과한 책임을 느끼지 않는다고 했습니다. 그들은 이제 서로 가깝게 다가갈 수 있었습니다. 시어머니와도 적절한 거리가 생겨 시어머니는 며느리를 있는 그대로 인정하고, 남편도 자기 어머니의 눈치를 보지 않고 현재 가족을 따뜻하게 바라보게 되었습니다.

관계의 밸런스 맞추기

사람은 누구나 좋은 의도로, 도와주려는 마음으로 곁에 있는 사람을 챙겨줍니다. 그런데 때로는 그 선한 취지의 행동 때문에 상대가 자기 위치를 잃어버리기도 합니다. 한 사람이 지나치게 적극적으로 나서서 일을 다 해결해버리면 다른 한 사람은 역할을 잃을 수도 있습니다. 한 사람의 역할은 혼자서 열심히 하는 것으로 끝나는 것이 아니니까요. 그렇다면 밸런스가 잘 맞는 관계를 맺으려면 어떻게 해야 할까요? 모든 일을 대신 해주기보다는 옆 사람이 자기 역할을 잘할 수 있도록 적절한 균형을 맞줘주는 것이 상대를 돕는 길입니다.

"그전에는 남편이 왠지 거리감이 들고 밉고 싫었어요. 겉으로는 잘해주려고 했지만요. 그런데 이제 남편을 좀 더 편안하게 대할 수 있을 것 같아요. 남편에게서 시어머니한테 묶여 있는 모습만 보이는 게 아니라 남편이 겪었을 난처함도 보이고 그 뒤에 가려져 있던 저에 대한 애정도 보이네요. 이제 훨씬 더 마음 편안하게 남편한테 다가갈 수 있을 것 같아요."

남편 역시 처음 인상과 달리 듬직한 표정으로 아내를 바라보며 그동안의 행동에 대해 사과했습니다. 아내를 사랑하면서도 모른 체하고 괴롭힌 것이 진심으로 후회된다고 했습니다.

상담이 끝났습니다. 메이린은 처음 저를 찾아왔을 때와 달리 좀 더 편안한 얼굴이 되었습니다. 훨씬 더 자신감 있는 아름다움을 내뿜고 있었습니다. 이전에는 그 아름다움에 어딘가 슬픈 구석이 있었다면 이제는 그저 밝아 보였습니다. '사람의 기운이 바뀐다는 게 이런 거구나.' 짧은 시간 동안 한 사람의 기운이 이토록 바뀔 수도 있다는 것을 느낀, 제게도 신비로운 상담 경험이었습니다.

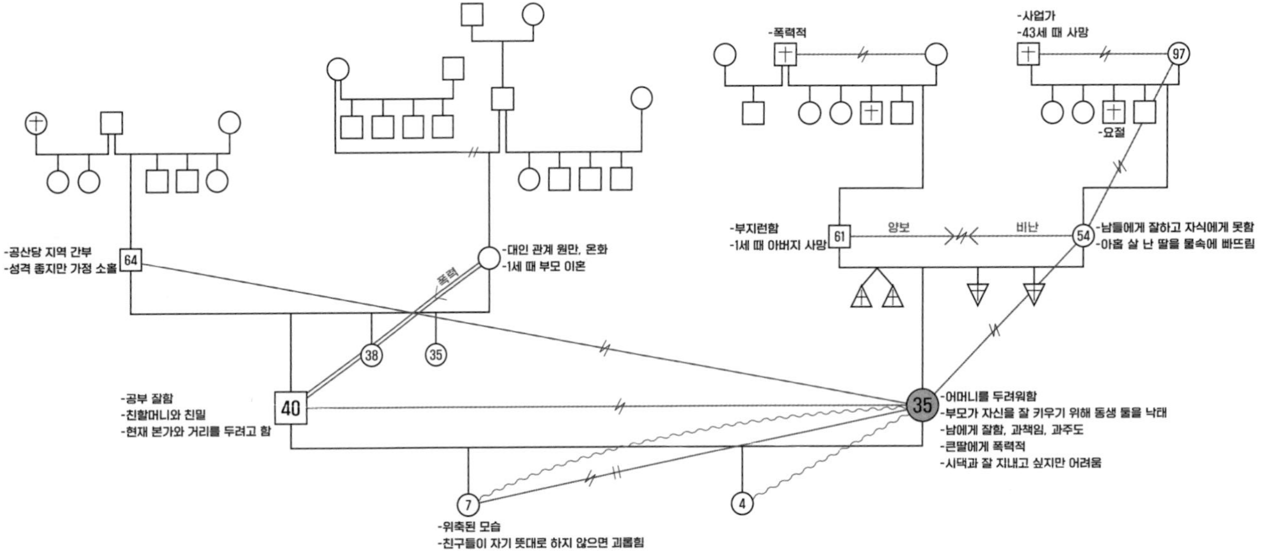

-공산당 지역 간부
-성격 좋지만 가정 소홀
64
-대인 관계 원만, 온화
-1세 때 부모 이혼
폭력
-폭력적
-사업가
-43세 때 사망
-요절
-부지런함
-1세 때 아버지 사망
61
양보
비난
54
-남들에게 잘하고 자식에게 못함
-아홉 살 난 딸을 물속에 빠뜨림
97
38
35
-공부 잘함
-친할머니와 친밀
-현재 본가와 거리를 두려고 함
40
35
-어머니를 두려워함
-부모가 자신을 잘 키우기 위해 동생 둘을 낙태
-남에게 잘함, 과책임, 과주도
-큰딸에게 폭력적
-시댁과 잘 지내고 싶지만 어려움
7
4
-위축된 모습
-친구들이 자기 뜻대로 하지 않으면 괴롭힘

2장
남편과 딸을 향한 아내의 분노

가족 상담 워크숍 참가자 중 유독 기억에 남는 내담자가 있습니다. 서른다섯 살 여성 유유입니다. 워크숍을 진행하는 동안 그녀는 네 번가량 자기 사례를 발표했는데, 매번 자기애가 굉장히 강한 모습을 보였습니다. 모든 사람이 자신에게 주목하고 자기 이야기를 들어주기 바랐습니다. 다른 참가자들은 자신의 가족 이야기를 발표하고 싶어 경쟁심이 생기더라도 '나는 여러 번 말했으니까 이번에는 다른 사람에게 기회를 줘야지' 하는 마음을 갖곤 하는데, 유유는 매번 어떻게든 자기 사례를 반복적으로 발표하고 싶어했습니다. 한편으로는 센스가 있어서 참가자들의 간식을 챙기거나 끝나고 난 뒤 쓰레기를 치우는 등 마치 워크숍 조교 같은 역할을 잘 수행했습니다. 이렇듯 유유는 싹싹한 면과 나르시시즘적이고 히스테리컬한 면을 동시에 가진 사람이었습니다.

가족을 향한 걷잡을 수 없는 폭력

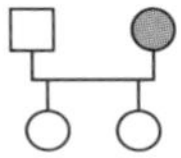

유유는 마흔 살인 남편과 일곱 살, 네 살인 두 딸을 두었습니다. 부부는 갈등이 심한 편이었습니다. 남편은 이따금 아내가 분노를 터뜨릴 때 이해할 수 없다고 했습니다. 평소에는 부드럽고 싹싹한데 한번 분노가 폭발하면 어떻게 할 수 없을 정도로 폭력적인 모습을 보이고, 자신이 원하는 대로만 하려고 했습니다.

예를 들어 가족이 나들이를 가려고 나서면 시작부터 삐걱거립니다. 아내는 제시간에 갈 준비가 안 되었다고 불평하고, 뭔가를 꼭 가져가야 하는데 챙기기 않았다고 화를 내고, 왜 이쪽 길로 가느냐고 짜증을 냅니다. 기분 좋게 시작했는데 나중에는 모두가 스트레스를 받는 상황이 되고, 이런 일이 반복되다 보니 가족이 함께 무엇인가를 한다는 것이 두려울 지경이라는 것입니다.

유유는 애초에 자신이 원하는 틀이 명확하게 정해져 있는 사람입니다. 자신이 원하는 대로 되지 않으면 몹시 심술을 부리고, 그러다 어느 순간 자신이 관심과 사랑을 받지 못한다는 생각이 들면 이성을 잃고 흥분해 화를 냅니다. 가족 상담에서도 그녀는 원하는 결론이 있었고 정확히 그 결론에 이르기를 바랐습니다.

그런 유유의 가장 큰 문제는 일곱 살 난 큰딸을 심하게 때리는 것이었습니다. 아이는 엄마를 무서워하면서도 자기 친구들 사이에서는 자신이 그토록 무서워하는 엄마처럼 행동했습니다. 친구들과 어울리다 자기 마음대로 안 되면 친구들을 못살게 굴었던 것입니다. 결국 남편은 아이를 보호하기 위해 아내를 멀리해야 한다고 판단하게 되었습니다.

유유는 왜 이런 행동을 하게 되었을까요? 그녀에게는 나름대로 사연이 있었습니다.

폭력의 대물림

유유는 무남독녀로 태어나 자랐습니다. 그녀의 어머니에게는 유유와 비슷한 면이 있었습니다. 유유는 다섯 살 때 매우 화가 난 어머니가 자기에게 죽으라고 하면서 물에 빠뜨린 일을 생생하게 기억하고 있었습니다. 그런 아픔이 있는 자신이 지금은 딸에게 무차별 폭력을 가하고 있었지요.

내담자와 부모와의 관계

유유의 어머니는 어린 나이에 결혼했고 유유의 부모는 부부

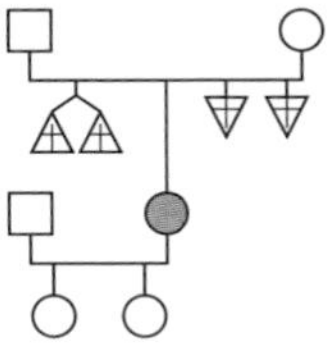

갈등이 심했습니다. 어머니는 아버지를 자주 비난하며 싫은 소리를 많이 했고, 아버지는 어머니에게 늘 양보하고 져주었습니다. 어머니는 열아홉 살에 유유를 낳았는데, 유유를 낳기 전에 쌍둥이를 유산했다고 합니다. 어머니가 딸에게 그 이야기를 자주 한 터라 유유는 가계도를 그리면서 그 일을 꺼냈습니다. 또 유유의 어머니는 유유를 낳은 뒤로 두 번 더 낙태를 했습니다. 저는 중국의 산아제한 정책 때문일 것이라고 짐작했지만 그런 이유가 아니라 유유를 잘 키우기 위해서였습니다. 그런 말을 듣고 자라는 내내 유유는 책임감을 무겁게 느끼게 되었습니다. 자기 때문에 동생들이 태어나지 못했으니 자신이 동생들 몫까지 다해야 한다고 생각하게 된 것입니다. 그런 데다 사랑과 이해를 주고받은 경험마저 없으니 왜곡된 성격을 갖게 되었습니다. 유유는 어떤 일이 트라우마를 건드리면 괴물같이 변합니다.

어머니와 외조부모와의 관계

유유의 외할머니 역시 매우 예민한 사람으로 잔소리가 많고 다른 사람을 잘 원망하는 타입이었습니다. 딸을 대하는 태도도 마찬가지였습니다. 유유의 어머니는 막내로 태어났는데 아버지가 마흔세 살이라는 젊은 나이에

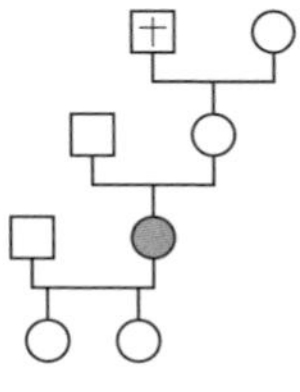

돌아가셔서 아버지 없이 성장했습니다. 어머니는 아들을 더 선호했다고 합니다. 이런 배경 속에서 유유의 어머니는 아버지에 대한 그리움과 어머니에 대한 애정 결핍이 있었습니다. 딸에 대한 부정적 태도가 대물림되고 있었던 것입니다.

아버지와 조부모와의 관계

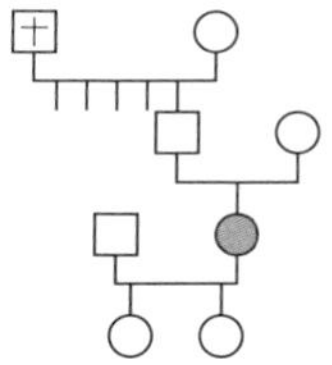

유유의 아버지 역시 한 살 때 아버지가 돌아가셔서 홀어머니 손에 자랐습니다. 아버지 모델이 없었던 그는 가족 안에서 자기 역할을 해내는 데 서툴렀을 수 있습니다. 아내와 관계가 틀어질 때도 제대로 바로잡을 수 있는 경험치가 없었을 것입니다. 형제자매 관계에서도 막내였기에 가족의 대소사에서 소외되었을 수도 있습니다. 하지만 가족 관계를 떠나서 유유의 아버지는 부지런하고 배움을 좋아하는 지혜로운 사람이었습니다.

남편의 원가족

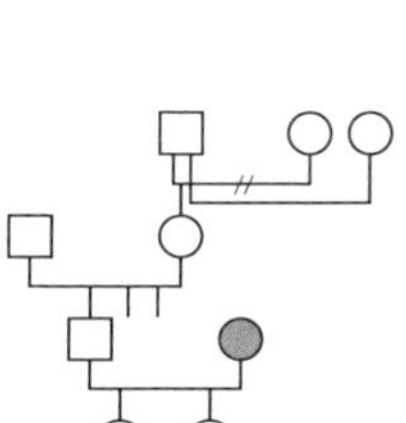

이번에는 유유 남편의 원가족을 살펴봤습니다. 남편의 아버지는 시골 공산당 간부로, 성격은 좋지만 가정에 소홀한 사람이었습니다. 또 남편의 어머니는 어머니가 한 살 때 부모(유유 남편의 외조부모)가

이혼했고 다섯 살 때부터 계모의 손에 자랐습니다. 중학생 때 친어머니를 만나기는 했지만 애정 결핍을 해소하지 못했습니다. 그녀는 매우 히스테리컬한 성격을 보이는 사람이었습니다. 남편의 원가족은 대체로 소통이 어려운 분위기였고, 남편의 어머니는 아들에게 집착하면서 폭력적인 행동을 서슴지 않았다고 합니다. 맏이로 태어난 유유의 남편은 공부를 잘했고, 동생들을 돌보는 역할에 충실했습니다. 한편 가족 중 친할머니와 관계가 좋았다고 합니다. 그리고 최근에는 본가와 거리를 두려 하고 있었습니다.

부부 양쪽 가족 모두 아버지가 무심하거나 약하고 어머니가 책임과 주장이 강하면서도 신경질적이어서 자녀들을 힘들게 하는 양상이었습니다. 전형적인 애정 결핍과 모녀 간의 폭력이 대물림되고 있었고요. 히스테리컬한 성격의 어머니는 자녀에게 잘해주다가도 자기 마음에 안 들면 한순간에 폭력적으로 변합니다. 이런 환경에서 자라면 자녀들은 어머니가 자신을 사랑한다는 것을 알지만 동시에 불안도 함께 느끼는, 매우 불안정한 성격이 됩니다. 어머니가 간이나 쓸개도 내어줄 것처럼 잘해줄 때도 많기에 어머니의 사랑을 포기하지도 못합니다. 늘 사랑을 달라고 징징대는 모습을 보이기까지 하지요. 문제는 또 있습니다. 히스테리컬한 어머니들은 자녀들을 자기 마음대로 조종하려 합니다. 따라서 어머니를 모델로 삼은 자녀들은 자신도 어느

새 남을 조종하고, 관계를 맺을 때 상대방에게 자신에게 맞추어 줄 것을 종용할 가능성이 있습니다.

사랑받고 싶은 아내, 벗어나고 싶은 남편

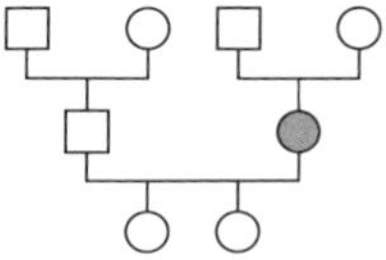

유유의 가족 관계에서 가장 큰 트라우마는 유유가 품은 자기 어머니에 대한 원망이었습니다. 유유는 어머니를 너무나 두려워하면서도 어머니에게 버림받을까봐 늘 힘들어했습니다. 저는 그런 부분을 짚어가면서 다른 사람과 소통하는 방법을 변화시키는 작업을 시작했습니다.

유유의 특징은 과한 주도성을 보인다는 것입니다. 유유는 "네가 잘해야 한다"라는 말을 듣고 자라면서 자신이 잘하는 부분을 발전시켜왔습니다. 그것이 한편으로는 자기가 원하는 대로만 모든 일이 이루어져야 한다는 강박이 되었습니다.

유유의 또 다른 소망은 남편에게 사랑받고 친밀감을 느끼는 것이었습니다. 남편은 그런 마음을 나누어줄 여유가 없었습니다. 남편의 가족을 살펴보면, 어머니가 아버지와 사이가 좋지 않으니 아들에게 집착했습니다. 자기 마음대로 안 되면 폭력을 가했습니다. 그래서 남편은 지긋지긋한 올가미처럼 자신을 구속하는 사람 없이 살고 싶어합니다. 그런데 아내 유유는 누군가가 자신을 전적으로 지지하고 안아주기를 원하기 때문에 두 사람은 갈등이 생길 수밖에 없었습니다. 사랑과 관심을 원하는 아내에게 남편이 자꾸 "나를 좀 내버려둬, 혼자 자유로울 수 있게 나를 놔둬"라고 말하니, 부부는 계속 싸우게 되었던 것입니다.

애쓰지 않아도 괜찮아요

유유는 태어나지 못한 동생들에 대해 과책임을 느끼며 살아왔습니다. 잘하려고 애쓰면서 불안해합니다. 잘해보려고 혼자서 밀고 나아갑니다. 이런 모습이 독불장군처럼 느껴지니 주변 사람들은 그녀를 좋아하지 않습니다. 그러면 유유는 불처럼 화를 냅니다. 자신은 잘하려고 한없이 애쓰는데, 1인 2역을 넘어 3역, 4역까지 해내려고 하는데, 다들 왜 따라주지 않느냐면서 화를 내는 것이지요.

상담 과정에서 유유는 자기 문제를 온전히 남편 탓으로 돌리고 싶어했습니다. 가족 세우기 과정에서도 처음에는 자신이 다른 사람만 탓하고 있다는 것을 인정하지 못했습니다. 하지만 역할극을 수행하며 어머니와 대화를 나누고 어머니가 딸인 유유에게 진심으로 미안하다고 사과하자 유유의 마음이 조금씩 풀려 부드러게 변해갔습니다.

*

유유는 어떤 면에서는 자기 사례만 다루어주기를 원하는 이

기적인 사람이었지만, 한편으로는 어떻게든 자기 문제를 해결하려는 의지를 가진 사람이었습니다. 자기 자신을 이해하고 싶었고, 다른 사람들에게 온전하게 받아들여지고 싶었던 것입니다. 포기하지 않는다는 것은 사실 아주 큰 강점입니다. 그래서 저는 유유의 이야기를 들어주고, 그녀를 무조건 안아주기로 마음먹었습니다.

처음에 유유는 자기가 원하는 대로 상담이 진행되지 않으면 거칠게 화를 내기도 했습니다. 상담을 거듭하면서 자신의 장점을 다시 발견하도록 이끌어주자 유유가 지닌 장점들이 진가를 발휘하기 시작했습니다.

변화가 일어나는 과정과 시간은 사람마다 매우 다릅니다. 어떤 사람은 자각이나 통찰만으로도 변화를 일으키고, 어떤 사람은 타인의 무조건적인 사랑이나 수용을 경험해야 변화합니다. 변화는 곧바로 일어나기도 하고, 아주 서서히 조금씩 나타나기도 합니다. 유유는 히스테리컬하고 자기 주도성이 강해서 남이 이끄는 대로 따르는 것이 매우 어려운 사람입니다. 그런 경우 대립하는 구도를 취하거나 끌고 가려고 해서는 변화가 일어나지 않습니다. 그녀의 변화를 위해서는 프레임을 새로 짜고 현재의 성정을 수용해주고 위로와 칭찬을 전해야 했습니다. 유유는 그 후에도 꾸준히 워크숍에 참여했는데 시간이 흐르면서 점차 더 편안한 모습을 보여주었습니다. 그녀를 지켜보면서 저는 서서히 지속적으로 변화가 일어나는 기적을 경험할 수 있었습니다.

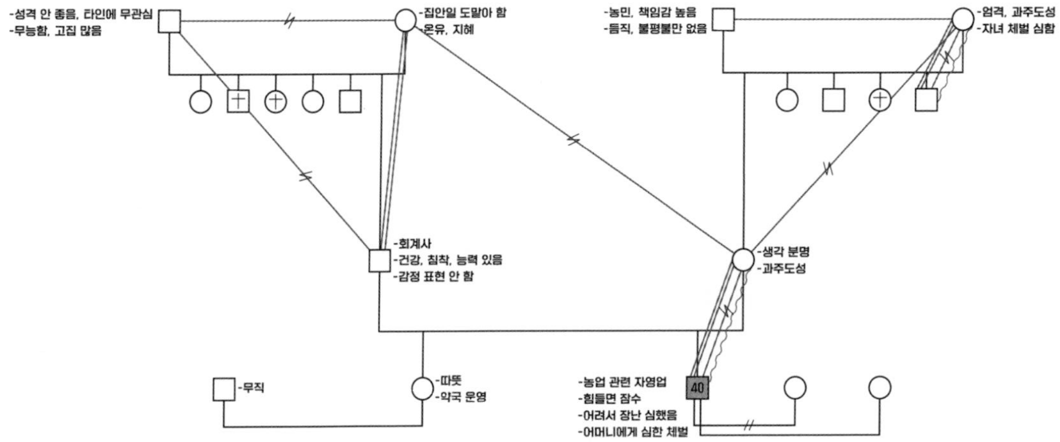
-성격 안 좋음, 타인에 무관심
-무능함, 고집 많음
-집안일 도맡아 함
-온유, 지혜
-농민, 책임감 높음
-듬직, 불평불만 없음
-엄격, 과주도성
-자녀 체벌 심함
-회계사
-건강, 침착, 능력 있음
-감정 표현 안 함
-생각 분명
-과주도성
-무직
-따뜻
-약국 운영
40
-농업 관련 자영업
-힘들면 잠수
-어려서 장난 심했음
-어머니에게 심한 체벌

3장
학대하는 어머니와 자책하는 자녀

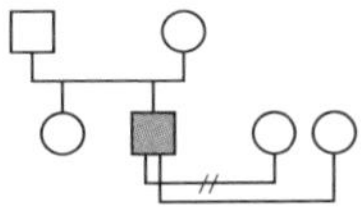

40대 남성 샤오밍은 농업과 관련된 사업을 하는 자영업자로, 말을 참 잘했습니다. 가족 없이 혼자 참석한 그는 자기 어머니를 이해하고 싶다면서 이야기를 시작했습니다. 샤오밍은 결혼을 했다가 이혼했고 지금은 여자 친구와 교제 중이었습니다.

그의 원가족은 부모와 두 자녀(샤오밍과 그의 누나)로 이루어져 있습니다. 저는 먼저 샤오밍과 어머니의 관계를 살펴보았습니다. 샤오밍은 어려서 장난이 심해 어머니에게 자주 혼났다고 합니다. 샤오밍의 어머니는 자기 생각이 뚜렷하고 엄격한 사람이었고 아들을 야단칠 때 일반적인 정도를 벗어나 학대 수준의 심한 체벌을 가했습니다. 이를테면 어머니가 어린 자신을 바늘로 찌르면서 고통을 주곤 해서, 샤오밍은 지금도 주사기를 무서워하고 뾰족한 것을 보지 못한다고 합니다. 열여섯 살 때는 어머니에게 심하게 맞다가 다시는 맞을 짓을 하지 않겠다고 맹세하며 그 징표로 자기 왼쪽 손가락 한 마디를 스스로 자르기까지 했습니다. 그런 행동을 할 만큼 어머니의 학대를 묵묵히 받아들였던 것입니다. 샤오밍에게는 이런 일들이 지금까지 깊은 상처로 남아 있었습니다.

그러면서도 샤오밍은 어머니에 대해 지나치게 긍정적으로 이야기하는 경향을 보였습니다. 어머니가 자신을 그렇게 가혹하게 대한 데에는 다 이유가 있었다고, 결국 자신을 더 나아지게 하려고 그랬다는 것입니다. 저는 샤오밍에게 어머니에 대한 자신의 감정을 제대로 인지하고 어머니와 소통하는 작업이 필요하다고 느꼈습니다.

세대를 이어 반복되는 상처

부모의 원가족

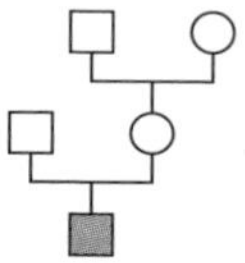

우리는 샤오밍의 어머니가 왜 그런 행동을 했는지 알아보기 위해 우선 어머니의 원가족을 살펴보기로 했습니다. 어머니의 어머니 역시 엄

격하고 과주도성을 보이는 사람이었습니다. 샤오밍의 어머니가 샤오밍을 때리고 혼냈던 것처럼 어머니의 어머니도 자기 딸에게 체벌을 일삼았습니다. 한편 어머니의 아버지는 듬직한 성격으로, 불평불만이 없고 책임감이 뚜렷한 농민이었습니다. 말하자면 어머니 역할에서 문제 행동이 반복되고 있었습니다.

샤오밍 아버지의 원가족은 관계 양상이 달랐습니다. 지혜롭고 온유한 어머니가 차분하게 집안일을 처리했고, 성격이 거칠고 고집스러운 아버지가 가족으로부터 외면당하는 구조였습니다. 샤오밍의 아버지는 자기 아버지와 관계가 좋지 않았고 자신의 어머니와 애착 관계를 형성하고 있었습니다. 그 관계가 지나치게 밀착되어 있어서 샤오밍의 어머니는 남편이 아내인 자신보다 시어머니와 가깝다고 느꼈던 것 같습니다. 그런 상황 속에서 쌓인 불만이 아들에게 폭력적으로 표출된 것이 아닐까 짐작했습니다.

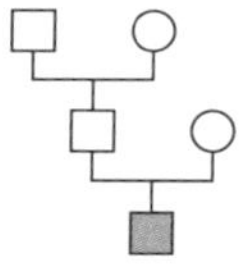

저는 가족 세우기 1단계를 진행하면서 어머니 역을 맡은 참가자에게 아들을 왜 그렇게 혼내고 야단쳤는지 물어보았습니다. 처음에 어머니는 아들이 너무 개구쟁이여서 자신도 어쩔 수 없었다고만 말합니다. 자신의 상처가 제대로 해결되지 않았기 때문에 방어적인 반응을 보이는 것입니다. 저는 2단계 원가족 트라우마 작업에 돌입해 어머니의 원가족으로 거슬러올라가 어머니가 자신의 부모와 화해하도록 이끌었습니다. 하지만 어머니의 어머니 역시 처음에는 딸에게 사과하지 못하고 자기는 자식들을 잘 키우고 싶어 그런 것뿐이라고 자기 합리화를 합니다. 방어기제로서의 합리화 또는 주지화를 통한 감정 억압이 수 세대에 걸쳐 대물림되어온 것입니다.

샤오밍의 가계도를 보면 부계와 모계 모두 아버지들은 아내와 관계가 좋지 않고 가족 안에서 소외당하고 있습니다. 배우자에 대한 불만이 부부 사이에서 해결되지 않으면, 부모는 자녀에게 집착을 하거나 자신의 감정을 여과 없이 표출할 수 있습니다. 이는 어머니와 자녀의 분화가 이루어지지 않아 어머니가 자녀를 독립적인 인격체로 보지 못해서 빚어지는 현상입니다. 이렇게 자란 자녀들은 어머니에게 지나친 충성심을 갖게 되고, 어머니와 갈등이 생겼을 때도 자신에게 잘못과 책임이 있다고 자책하게 됩니다. 어머니가 죄책감을 심어주었기 때문입니다. 특히 이 경우 어머니는 대개 과주도적이고 자기 합리화가 심해서 잘못을 어머니 자신에게서 찾기보다 남에게 돌리곤 합니다. 일방적이고 폭력적인 모습은 어머니 자신의 어린 시절 경험을 통해 무의식중에 학습되어 있다가 자녀와의 갈등 상황이 닥치면 곧바로 표출됩니다. 이 행동에 자녀에 대한 감정만 담긴 것은 아닐 수도 있습니다. 정신분석자들은 자녀에게 향하는 폭력적인 모습에는 자신의 부모에 대한 분노가 뒤섞여 있다고 해석하기도 합니다.

이 가족의 트라우마를 해결하기 위해서는 부모는 물론 친조부모 부부와 외조부모 부부의 화해 작업이 절대적으로 필요했습니다. 아내가 마음대로 다 한다고 비난하면서 집안에서 뒷전으로 물러나 있던 남편들은 아내가 혼자 집안을 꾸려나가고 자녀를 키우면서 느꼈을 외로운 감정들을 읽어주어야 합니다. 아내도 남편과 함께하고 싶고 존중받고 싶었을 것입니다. 남편이 자신의 감정을 알아주면 강한 모습 속에 감춰져 있던 부드럽고 따뜻한 모습이 나오기 시작합니다. 샤오밍의 아버지와 어머니도 가족 세우기를 통해 조부모들의 부부 화해 작업이 이루어지고 나자 자신의 부모-자녀 관계에서 겪은 어려움과 원망을 표현할 수 있었습니다.

부모가 자신의 부모와 화해하고 사랑을 재경험하고 나면 부모의 태도는 한결 달라집니다. 아버지는 자기 아내를 다시 보게 되고 더 이상 회피하지 않습니다. 아내도 남편이 든든하게 옆에 있어주니 자녀에게 분노를 터뜨릴 일도 없고 집착할 필요도 없어집니다. 이로써 샤오밍이 어머니를 편안한 마음으로 만나기 위한 기초 작업이 끝났습니다.

어머니의 사과

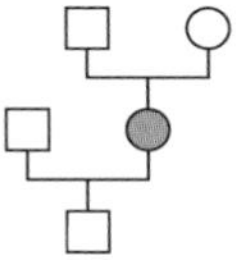

샤오밍의 어머니는 자신의 어머니에게 진심 어린 사과를 받자 비로소 아들 샤오밍에게 진심 어린 사과를 할 수 있었습니다. 사과하는 어머니 앞에서 샤오밍은 그동안 억눌렀던 감정이 북받치는 듯 눈물을 쏟아냈습니다. 처음에는 그 어떤 원망의 말도 분노도 표현하지 못했지만 이 모든 과정을 통해 자신의 감정을 하나씩 찾아내고 이야기할 수 있었습니다. 어머니는 자녀의 원망과 슬픔을 사려 깊게 들어주었고 어떤 변명도 없이 아들을 안아주며 미안하다고 말했습니다. 참으로 멋진 어머니의 모습이었습니다.

모든 과정이 끝나자 샤오밍은 마음이 한결 가벼워졌다고 했습니다. 그는 말이 많은 편이었는데 상담 전에 비해 한결 말수가 줄어든 모습이었습니다.

샤오밍은 어머니로부터 큰 상처를 받았음에도 불구하고 상담을 시작할 때 어머니에 대해 긍정적으로만 표현했습니다. 이는 부모에게 긍정적인 상을 갖고 있어서가 아니라 부모에게 큰 희망이 없기 때문에 그렇습니다. 부모에게 따뜻한 사랑을 느껴본 사람들은 부정적인 기억이 있으면 사랑을 더 달라고 요구합니다. 하지만 그런 근본적인 따뜻함을 느껴보지 못한 사람들은

'내가 이해해야지, 그냥 덮고 넘어가야지' 식의 태도를 보이며 오히려 좋은 기억만 늘어놓는 경향이 있습니다. 샤오밍도 그랬습니다. 그러나 가계도 분석과 가족 세우기를 경험하자 달라졌습니다. 합리화나 주지화를 하지 않아도 마음이 통할 수 있다고 느낀 것일까요? 샤오밍은 이제 한결 말수가 줄어든 반면 감정을 차분히 이야기하게 되었습니다. 우리는 이러한 그의 변화가 새로운 연인과의 관계에서도 큰 도움이 되길 바라며 행복한 마음으로 상담을 마칠 수 있었습니다.

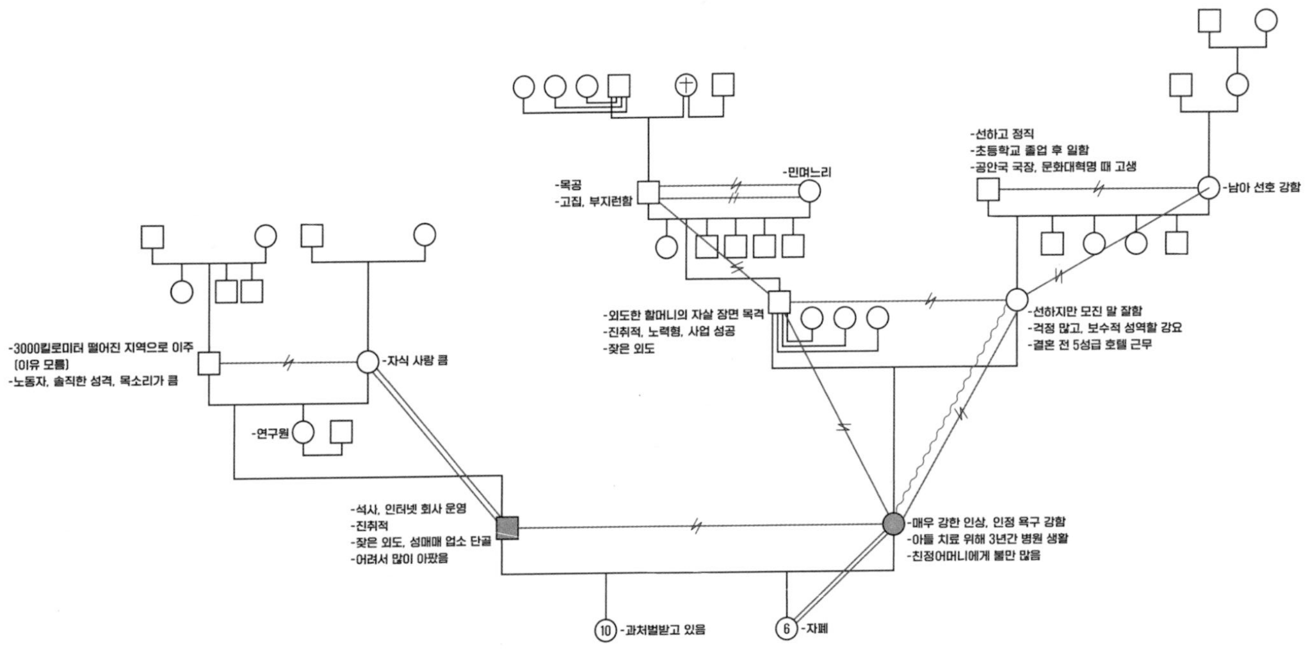
-3000킬로미터 떨어진 지역으로 이주 (이유 모름)
-노동자, 솔직한 성격, 목소리가 큼
-자식 사랑 큼
-연구원
-석사, 인터넷 회사 운영
-진취적
-잦은 외도, 성매매 업소 단골
-어려서 많이 아팠음
-목공
-고집, 부지런함
-민며느리
-외도한 할머니의 자살 장면 목격
-진취적, 노력형, 사업 성공
-잦은 외도
-선하고 정직
-초등학교 졸업 후 일함
-공안국 국장, 문화대혁명 때 고생
-남아 선호 강함
-선하지만 모진 말 잘함
-걱정 많고, 보수적 성역할 강요
-결혼 전 5성급 호텔 근무
-매우 강한 인상, 인정 욕구 강함
-아들 치료 위해 3년간 병원 생활
-친정어머니에게 불만 많음
10 -과처벌받고 있음
6 -자폐

4장
성매매를 일삼는 남편, 상처로 날을 세우는 아내

가족 상담 워크숍을 진행하는 동안 매번 열성적으로 참석한 중년 여성이 있었습니다. 하루는 이 부인이 남편과 함께 왔는데 남편은 아내 때문에 억지로 와서인지 좀처럼 마음을 열지 못한 채 앉아 있었습니다.

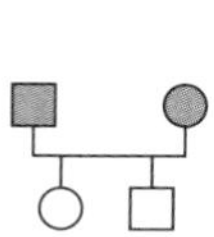

아내 린페이는 완벽한 느낌을 주는 사람이었습니다. 다만 너무 완벽한 나머지 차가운 인상마저 주어서 다가가기 어려운 타입이었습니다. 태도는 단정했지만 어딘가 차갑고, 똑똑해 보이면서도 약간 쏘아붙이는 느낌을 주었습니다. 남편은 경제력이 있었고, 부부 모두 비싸고 좋은 옷을 차려입고 있었습니다. 그런데 이 부부는 사이가 좋지 않았습니다. 아내가 남편을 괴롭히고, 남편은 스트레스를 풀겠다며 성매매 업소를 찾고, 아내는 그런 남편을 비난하고, 이런 식의 갈등이 계속되었다고 했습니다.

부부에게는 아이가 둘 있는데 둘째 아이가 자폐아였습니다. 아내는 둘째를 돌보는 데 전적으로 매달렸고 남편이 자기만큼 애쓰지 않으면 몹시 타박했습니다. 남편은 나름대로 노력하는데도 아내의 성에는 차지 않으니 인정받지 못했고, 그런 데서 느끼는 불만과 결핍을 성매매로 채우는 불건강한 패턴이 반복되었습니다.

무엇보다 린페이의 남편은 자폐를 앓는 아들 때문에 실망과 분노, 죄책감을 크게 느끼고 있었습니다. 저는 그가 이런 부정적인 감정을 표현하고 해소할 수 있도록 이끌어보려 했지만, 그는 방어적인 태도에서 좀처럼 벗어나지 못했습니다.

남편의 원가족: 어머니로부터 미분화된 아들

저는 먼저 남편이 갖고 있는 문제, 즉 성매매를 하는 근본적인 이유를 찾기 위해 남편의 원가족을 살펴보기로 했습니다. 린페이의 남편은 자기 어머니에게 여전히 묶여 있는, 어머니로부터 미분화된 아들이었습니다. 그의 말에 따르면 어머니는 마음이 넓고 선량한 사람이지만 자녀들 앞에서 늘 남편 흉을 보았다고 합니다. 부부 갈등이 있을 때 어머니와 자녀가 지나치게

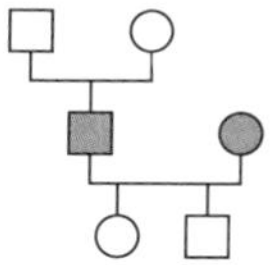

밀착된 구조를 만들면 아버지와 자녀는 적대 관계를 형성하는데, 이는 많은 가족에게서 나타나는 전형적인 삼각관계입니다. 이 삼각관계는 갈등 속에서 모자가 연합해 공동의 적을 만드는 구조로, '불행하면서 동시에 안정된 삼각 구조'라고 불립니다. 모자는 서로 의지하면서 친밀감을 형성하기 때문에 아내는 기존의 부부 갈등을 해결할 의지를 갖지 않게 됩니다. 따라서 불행한 가운데서도 이 관계는 변화하지 않고 지속되며 가족 갈등은 풀리지 않습니다.

남편의 어머니는 몸이 자주 아팠고 건강염려증이 있었습니다. 또 남을 잘 믿지 못했고, 피해의식이 있었고, 산후 우울증을 겪은 뒤 망상장애까지 생겼습니다. 정신적으로 매우 약한 가운데 맏이인 아들에게 많이 의지하고 있었습니다. 그래서 아들(린페이의 남편)은 어머니를 정성껏 보살폈고, 결혼한 뒤에는 아내에게도 잘해주었습니다. 그런데 정작 자신을 돌봐주는 사람은 아무도 없었습니다. 그는 성매매 업소에 찾아가 손님으로서 대접받으면서 비틀린 보상을 받으려 한 셈입니다.

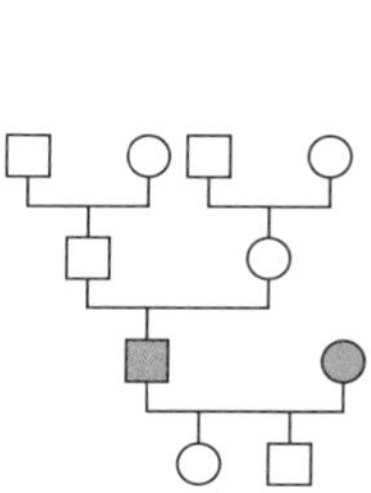

어머니는 시댁과도 갈등이 많았습니다. 한편 린페이의 남편이 어머니의 원가족에 대해서는 전혀 모르고 있어서 살펴볼 수 없었습니다. 정보가 없다는 것은 그 자체로 시사하는 바가 있습니다. 남편이 자신의 외가, 즉 어머니의 친정에 대해 들은 것이 없다는 것은 어머니가 자신의 친정에 대해 말하고 싶지 않은 무언가가 있다는 의미입니다. 어머니가 그렇게 약한 사람이 된 이유가 어느 정도는 원가족에 있을 것으로 짐작되었지만, 어머니가 참석하지 않아서 그 이상의 이야기를 듣기는 어려웠습니다.

가족의 비밀

부모가 자녀들에게 자신의 어린 시절이나 조부모에 대해 이야기하지 않는 부분은 가족의 비밀이 얽혀 있는 지점입니다. 사실 가족 이야기는 전적으로 본인들의 서술에 의존하기 때문에 그들이 말하지 않거나 미화하거나 잘못된 정보를 말해도 제3자는 그 진위를 알 수 없습니다. 매우 주관적인 정보인 것이지요. 그래도 가족에 대한 정보의 신뢰도를 높일 수 있는 방법은 있습니다. 가족 이야기가 잘 이해되고 전후가 잘 연결된다면, 특히 언어 정보와 심상 정보인 에피소드를 비교했을 때 일치한다면 이는 제법 신뢰할 수 있는 정보입니다. 또 가족들이 어떤 이야기는 매우 자세하게 알고 있을 수 있습니다. 이때 가족의 숨겨진 정서가 드러납니다. 좋은 일이든 나쁜 일이든 자세한 이야기로 남아 있다면 이 가족은 그 일에 대해 심리적인 작업을 하고 있는 상태입니다.

부득이한 사정으로 관계가 단절된 일 역시 가족의 매우 중요한 사건으로, 현재 가족을 이해하는 데 필요한 단서를 제공합니다. 문제는 '정보 없음'이 가족의 비밀이라는 역동과 연결되었을 경우입니다. 가족이 어떤 사건이나 구성원을 비밀에 부치는 것은 그 사건이나 인물에 대해 부정적인 감정을 느끼고 있다는 의미이기 때문입니다. 가족 집단의 해결되지 않은 분노, 수치심, 죄책감은 일정 사건이나 시간을 비밀로 만들어 구성원 모두가 접근하지 못하도록 일종의 규칙을 만들어냅니다. 가족의 비밀은, 처음 그것을 만들어내는 구성원들뿐만 아니라 비밀의 정체를 전혀 모르는 채 살아가는 다른 구성원들과 다음 세대에까지 생각보다 큰 심리적 문제를 만듭니다. 어떤 불편감이 있는데 그 정체를 알 수 없고 더 이상 캐물을 수도 없을 때 가족의 대화 패턴이 이상하게 변해버립니다. 가족 비밀이 있는 집에서 자란 사람일수록 할 수 있는 이야기와 할 수 없는 이야기의 구분이 분명해 타인과 솔직한 소통이 어렵고, 자신 역시 스스로의 불편한 감정을 해소하기 위해 비밀스러운 방법으로 해결책을 찾게 됩니다. 방어기제가 대물림되는 것입니다.

자신의 원가족 정보를 말하지 않는 린페이 남편의 어머니와 마찬가지로 아버지 역시 고향에서 3,000킬로미터 떨어진 곳에서 살면서 원가족과는 현재 그 어떤 접촉도 하고 있지 않은데, 그렇게 된 데에는 나름의 사연이 있을 것으로 짐작되었습니다.

부모의 부부 화해를 통한 모자 관계의 분화

린페이 남편과 그 부모 사이에 형성된 삼각관계를 해결하기 위해 원가족 대화를 시도해봤지만 쉽게 풀리지 않았습니다. 어머니는 아버지의 사과를 받아들이지 못했습니다. 부모의 부부 화해가 이루어지지 않을 때는 부모와 조부모의 부모-자녀 관계로 거슬러올라가는 작업이 필요한데 정보가 없으니 막히고 말았습니다. 이런 경우 부모의 상처 치유는 약식으로 진행됩니다. 구체적인 내용이 없는 상태 그대로 조부모가 아버지를, 외조부모가 어머니를 사랑하고 지지해주는 구조를 만듭니다. 그런 뒤 어머니와 아버지, 즉 부부가 다시 대화를 이어가게 하면 서로를 바라보며 이해하고 수용하게 됩니다. 부모가 화해하는 모습을 보게 되면 내담자는 드디어 가족이 지닌 비밀의 역동에서 벗어날 수 있습니다. 이제는 자신의 욕구를 충족하기 위해 또 다른 비밀을 만들지 않아도 되는 것이지요.

린페이 남편의 문제는 모자 간의 미분화에서 비롯된 것이었습니다. 두 사람의 관계를 분화시키기 위해서는 먼저 부모 자신들의 화해가 이루어져야 합니다. 이 작업은 다행히 가족 세우기를 통해 무사히 진행되었습니다. 남편의 부모가 부부로 나란히 서서 서로 이해하고 지지하는 체계를 만들자, 어머니는 아들에게 진심으로 사과할 수 있었습니다. 아버지 역시 그동안 아들에게 좋은 아버지의 본보기를 보여주지 못하고 무심하게 대해서 미안하다고 이야기합니다.

반복되는 상처 속 부부의 역동

린페이가 남편을 워크숍에 데려온 것은 남편이 성매매 업소에 가는 이유를 찾는 한편, 남편이 스스로 잘못을 깨닫고 그러지 않기를 바랐기 때문입니다. 그렇게 아내 손에 이끌려 억지로 상담에 참석하다 보니 린페이의 남편은 초반에 방어적인 태도를 보였습니다.

남편의 입장에서 보면 문제의 모든 원인이 자신에게 있다고 생각하는 아내를 받아들이기가 어렵습니다. 자신은 정말 열심히 일해서 온 가족을 돌보고 있었습니다. 그런데 그런 노력을 인정받기는커녕 자신의 아버지가 어머니에게 비난당했던 것처럼 아내로부터 손가락질당하고 있었습니다. 비슷한 패턴이 대물림된 것입니다. 이렇게 비슷한 패턴이 반복될 때는 남편은 물론 배우자인 아내의 문제도 맞물려 있는 경우가 많습니다.

아내의 원가족: 부부 갈등의 대물림

어머니의 가계도

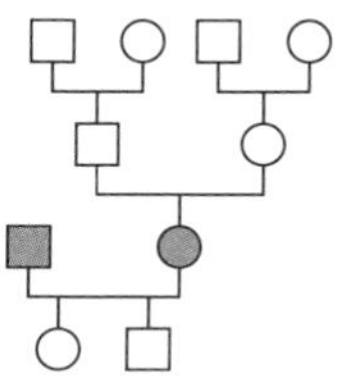

린페이의 어머니는 결혼 전 고급 호텔에서 종업원으로 일했고 매우 세련되고 고급스러운 취향을 선호했습니다. 또 성실하지만 걱정이 많고 모진 말을 쉽게 하는 사람이었습니다.

린페이의 외할아버지는 초등학교 졸업 후 학업을 이어가지는 못했지만 선하고 정직한 성격과 성실함으로 공안국 국장까지 맡았다고 합니다. 하지만 문화대혁명 때 매우 고생을 하게 됩니다. 외할머니는 대대로 부유한 집안의 딸이었는데 이기적인 성향이 있었고 화가 많았습니다. 외할머니의 아버지는 지주였지만 문화대혁명 때 매우 핍박을 받아 고생했다고 하는데, 이런 것이 외할머니가 품었던 화의 원인이 되었으리라 추정됩니다.

외할머니는 자기 남편을 무시하는 한편 남아 선호가 강해 아들들을 우선시했다고 합니다. 맏이였던 린페이의 어머니는 모녀 관계를 갈등 관계로 표현하곤 했습니다. 이 가계도에서는 아버지와 남편 모두 문화대혁명의 피해자였던 외할머니의 슬픔이 유독 눈에 띕니다. 가족 내의 불화만이 아니라 사회 체계로 인한 상처가 부각되는 가계도였습니다.

가족 집단은 사회적인 요소에 영향을 받습니다. 전쟁이나 경제 위기 또는 정치적인 변화에 따라 예상치 못한 어려움에 휘말리기도 하고 한순간 해체되는 일이 벌어지기도 합니다. 이런 스트레스는 고스란히 가족의 몫이 되어 해소되지 않은 감정들이 가족 내부에 애매하게 머물러 있는 경향이 있습니다. 모두가 힘을 합해 난관을 이겨나가면 좋겠지만 그런 해결을 이루어낸다는 것은 현실적으로 매우 어렵습니다. 정서적으로 취약한 상황에서는 그 어떤 합리적이고 건설적인 생각도 잘 떠오르지 않기 때문입니다.

린페이 어머니의 사례는 이런 사회적 영향이 자신의 어머니와의 관계 갈등으로 이어진 경우라고 볼 수 있습니다. 린페이의 외할머니 입장에서 보면, 어릴 때처럼 유복한 환경에서 살고 싶었으나 정서적으로나 경제적으로나 그런 생활이 불가능해졌을 때 가까운 가족에 대한 불만도 커져갔을 것입니다.

아버지의 가계도

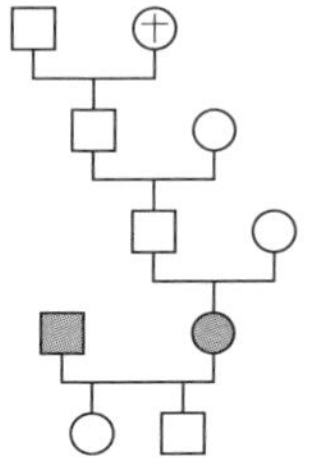

린페이의 아버지는 부지런하지만 고집스러운 목수였던 아버지와 어린 나이에 민며느리로 시집 온 어머니 사이에서 6남매 중 둘째로 태어난 첫아들이었습니다. 린페이의 조부모 부부는 갈등이 심했고 결국 나중에는 정서적으로 단절되었습니다. 비극은 또 있었습니다. 아버지의 할머니가 외도로 임신을 했는데 이를 알고 스스로 목숨을 끊었습니다. 그리고 그 장면을 손자인 아버지가 목격하게 됩니다. 이 일은 아버지에게 매우 큰 트라우마로 남았을 것입니다. 성인이 된 아버지는 진취적이고 노력하는 성격으로 사업에서는 성공했지만 외도가 잦았고, 아내인 린페이의 어머니와 부부 갈등이 매우 심했습니다. 아버지의 가계도에서는 잦은 외도와 부부 갈등이 대물림되고 있었습니다.

린페이와 부모의 관계

린페이의 부모는 결국 이혼했습니다. 린페이에게 아버지는 자신에게 폭력을 휘두른 사람, 어머니는 공부를 강요하는 사람이었습니다. 부모와 늘 갈등이 있었던 것입니다. 특히 어머니와는 서로 상대를 고치려고 하는 힘겨루기가 계속되었다고 합니다.

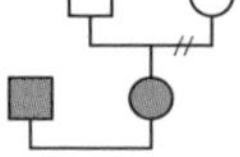

린페이 부부의 갈등을 해결하기 위해서는 아내의 원가족이 지닌 트라우마를 해결해야 합니다. 저는 아내의 가계도에서 나타난 상처들을 보며 긍정적인 요소들을 전면으로 끌어냈습니다. 엄청난 사회적 비극으로 인한 절망과 피해 속에서도 살아남아 가족을 지켜낸 힘, 모진 생활고 속에서도 의식주 해결에만 급급하지 않고 점잖고 멋을 아는 삶을 추구했던 힘은 아마도 외가 쪽에서 내려오는 기품일 것이라고 재해석했습니다. 린페이의 모습에서 느껴지는 미적 감각과 남에게 베푸는 습관은 자신의 가계에서 물려받은 훌륭한 유산일 것입니다.

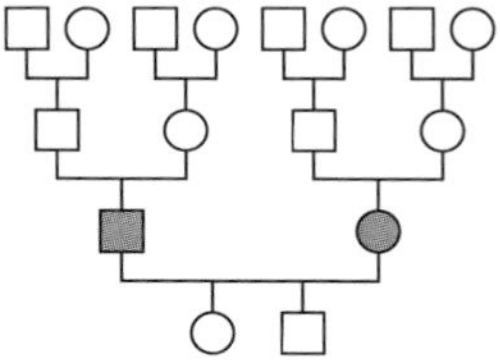

가족의 화해와 구조 조정

린페이 부부는 원가족의 가계도를 살펴보고 가족 세우기를 하면서 자신들의 원가족이 지닌 트라우마를 좀 더 명확하게 인식할 수 있었습니다. 그러고 나니 이전보다 더 자신 있고 건강한 마음으로 현재 자신의 가족을 바라보게 되었습니다.

남편은 아픈 아들을 안고 힘겨워하면서도 희망을 잃지 않는 사랑 가득한 아내의 모습이 보입니다. 아내는 사랑받고 인정받고 싶어하는 남편의 마음이 보입니다. 그들은 서로를 알아주고 보듬어주었고, 그러자 린페이 부부는 물론 자녀들의 얼굴에 화색이 돌기 시작했습니다. 자녀들에게 가장 좋은 선물은 행복하고 다정하게 지내는 부모의 모습입니다. 그런 건강한 구조를 이루면 가족이 지닌 어떤 어려움도 사소한 것이 된다는 사실을 재발견한 시간이었습니다.

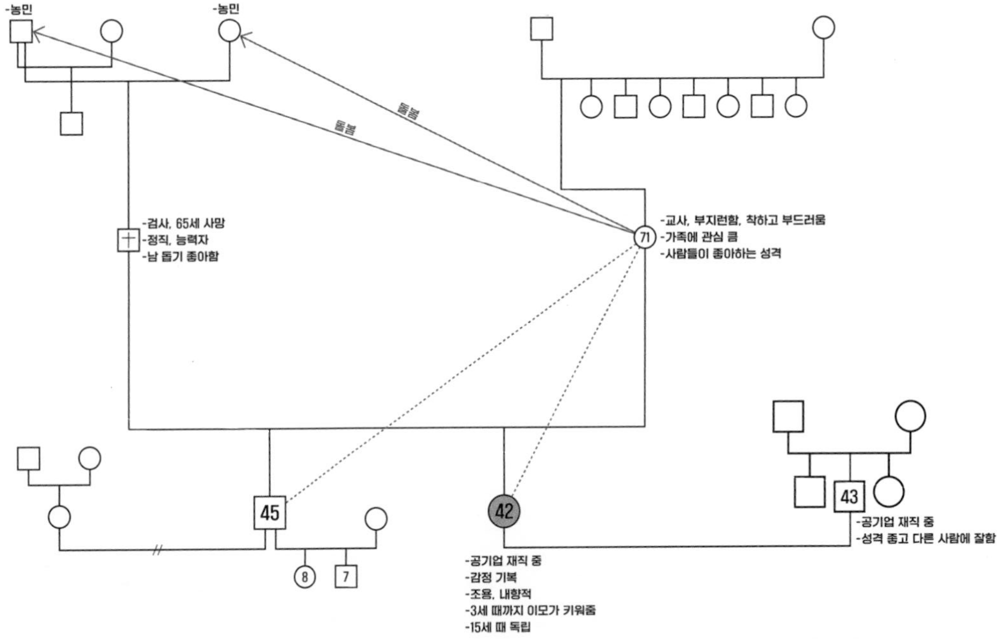
-농민
-농민
돌봄
돌봄
-검사, 65세 사망
-정직, 능력자
-남 돕기 좋아함
71
-교사, 부지런함, 착하고 부드러움
-가족에 관심 큼
-사람들이 좋아하는 성격
45
8
7
42
-공기업 재직 중
-감정 기복
-조용, 내향적
-3세 때까지 이모가 키워줌
-15세 때 독립
43
-공기업 재직 중
-성격 좋고 다른 사람에 잘함

5장
딸의 끝없는 희생

사람들은 보통 자기 삶을 중요하게 여기고, 그러다 보면 남에게 소홀해지기도 합니다. 그런데 때때로 완전히 반대되는 행동을 보이는 사람들도 있습니다. 남을 도와주고 챙기느라 정작 자기 일에는 소홀하거나 자기 가족을 방치하는 것이지요. 그럴 경우 가족 관계에 문제가 생길 수 있습니다.

류위는 사소한 일에서는 의미를 찾지 못하고 더 크고 사회적으로 중요시되는 일들에 몰두하는 사람이었습니다. 소소한 행복이나 평범한 삶에서는 보람을 느끼지 못했고, 이런 지향 때문에 부부 갈등을 겪고 있었습니다.

10대 때 독립한 류위는 총명하고 공부를 잘했으며 대학 시절에는 인기도 많았습니다. 주변 사람들에게도 무척 헌신적입니다. 소속된 집단이나 친구들 사이에서 어떤 일이 생기면 솔선수범해서 팔을 걷어붙이고 기꺼이 도움을 줍니다.

이렇게 남에게 잘해주고 봉사 활동에도 열심인데 남편과의 관계에서는 그런 장점을 발휘하지 못합니다. 류위는 자신이 주도권을 쥐고 남편을 끌고 가려고 하면서도 가족을 챙기는 일에는 뒷전입니다. 또 류위의 남편은 아이를 원하는데 류위는 원하지 않습니다. 류위는 남편에게 지지받고 싶어하면서도 남편과의 관계를 보살피는 일에는 별로 관심이 없습니다. 남편을 따라 신도시로 이주한 것만으로도 남편의 뜻을 많이 따랐다고 생각하고 있었습니다. 남편은 류위가 지나치게 대의만 찾으려 하고 평범한 삶에는 가치를 못 느끼는 것이 불만입니다.

인정받고 싶은 딸

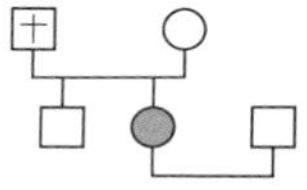

류위의 원가족으로는 부모와 오빠가 있습니다. 류위의 부모는 아들을 선호해서 류위는 부모에게 사랑을 그리 많이 받지 못했습니다. 아들을 선호하는 가정에서 자란 딸이라 서운함과 원망을 느껴 가족에 소홀할 수도 있었겠지만 류위는 다르게 반응했습니다. 끊임없이 가족에 헌신하면서 자기 존재감과 자기 가치를 인정받고 싶어했습니다. 자신이 중요한 사람이라는 것을 그런 식으로 확인하고 싶었을 것입니다. 류위는 오빠가 도박으로 큰 빚을 졌을 때 오빠의 빚을 갚아주려고 몹시 애를 쓰기도 했습니다.

교사였던 류위의 어머니는 착하고 온화하며 부지런한 사람으로 가정을 잘 돌보고 자녀들에게 관심을 기울였고, 직장에서도 일을 열심히 했다고 합니다. 검사였던 아버지는 예순다섯 때 돌아가셨는데, 정직하고 능력 있는 사람이었다고 합니다. 또 매우 엄숙하고 표현을 잘 못 했지만 사랑이 많았고 모든 사람에게 잘해주는 사람이라고 말했습니다. 그런데 저는 류위가 부모에 대해 이렇게 긍정적으로만 표현하는 것이 부모에 대한 의식적 방어가 아닌가 하는 생각이 들었습니다. 부모가 아들을 선호한 만큼 딸로서 서운한 점이 분명 있었을 것이고 부모가 보여준 모순도 있었을 텐데, 그런 부분들에 대해 침묵한 것으로 미루어보아 류위가 자신의 상처에 대해 매우 방어적인 태도를 취하고 있는 듯했습니다.

류위는 부모에 대해 좋은 부분만 기억하려 합니다. 류위가 말하는 부모는 모든 면에서 지나치게 미화된 것 같았습니다. 그런데 실제 자기 삶과 가정 안에서 행복을 제대로 꾸려나가지 못합니다. 류위의 원가족 또한 가족의 작은 기쁨이나 소소한 행복에는 별로 가치를 두지 않았고 그러려고 노력하지 않았을 수도 있습니다.

가족 세우기

가족 세우기를 통해 류위의 가족을 좀 더 자세히 살펴봤습니다. 류위에게 부모는 심리적으로 멀리 있는 존재였습니다. 또 류위의 부모는 딸보다 아들을 우선시하기는 했지만 아들과도 가깝게 지내지 않았습니다. 심리적인 부분들을 물리적으로 표현해보면 부모가 자녀를 어떻게 대했는지 한층 직관적으로 알 수 있습니다. 표현 결과 부모가 자녀에게 관심을 기울이고 섬세하게 보듬어주는 구조는 아니었습니다.

그런 구조 속에서 부모에게 인정받고 싶어했던 것이니 류위는 혼자 얼마나 애쓰며 허우적거려야 했을까요. 아버지가 남을 돕기 좋아하고 모든 사람에게 잘해주는 사람이니 자신도 그런 모습을 보여주면 아버지에게 인정받을 수 있을 거라고 생각했을 것입니다. 즉 류위는 충분한 사랑을 받지 못한 것에 대해 원망하고 있었고, 이러한 부정적 감정을 감추기 위해 부인과 억압의 방어기제를 사용하고 있었다고 여겨졌습니다.

가족 세우기의 장점은 바로 여기에 있습니다. 언어로는 별문제 없는 가족으로 묘사하고 넘어갈 수도 있지만, 몸의 거리로 가족 구조를 세우면 좀 더 솔직한 눈으로 가족의 민낯을 보게 되고 감추어져 있던 감정들을 느끼고 표현할 수 있습니다.

부모에게 사랑받지 못했다고 해서 수치심을 느낄 필요는 전혀 없습니다. 그건 남에게 부끄러운 일이 아니라 부모에게 서운해해야 하는 일입니다. 그런 서운한 감정을 억누른 채 살아가면 남들이 이해하기 어려운 말과 행동을 하게 되지요. 서운한 감정을 잘 수용하고 표현하면 심리적으로 건강하고 편안해지는 것이고요.

많은 사람들이 가족에게 느끼는 부정적인 감정들을 거부하거나 숨기려 합니다. 부정적인 감정에 죄책감 또는 수치심을 느끼기 때문입니다. 그러나 곪은 상처와 감정은 가족을 옭아매고 성장을 방해합니다. 가족 치유란 이렇게 감춰져 있던 상처를 발견하고 상처를 받았던 기억으로 돌아가 가족이 느꼈던 감정을 존중해주는 작업입니다. 류위는 이러한 가족 세우기 작업을 통해 자신의 가족을 다시 만났고 조금씩 용기 내어 자신의 슬픔과 원망, 서운함을 표현할 수 있었습니다.

지금 자신에게 가장 중요한 것

속마음을 모두 털어놓고 나니 류위는 남편이 더 가깝게 느껴지고 남편의 이야기가 들리기 시작했습니다. 그동안 류위가 남편을 홀대했던 것은 남편을 자기 자신으로 생각했기 때문입니다. 남편을 타인으로 바라보았다면 잘해주었을 텐데 류위는 남편을 자기 자신과 '같은' 존재라고 생각했기 때문에 항상 차순위로 생각했던 것입니다. 자신보다는 남에게 더 잘해주려고 하다 보니 자신과 남편에 대해서는 참고 절제했던 것이지요.

류위는 자신이 왜 아기를 갖고 싶어하지 않았는지도 생각해 보게 되었습니다. 아마도 자기 일과 가족에게 집중하다 보면 남을 챙겨주기가 어려워지니 무의식적으로 아이 갖는 것을 거부했을 수도 있습니다.

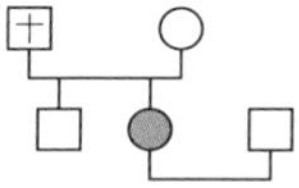

류위와 같이 자기 자신보다 남을 먼저 생각하는 사람은 우선순위를 바꾸어 자기 삶을 1순위로 여기는 마음가짐이 필요합니다. 저는 무엇보다 류위가 자기 가치를 스스로 인정하는 것이 중요하다고 말해주었습니다. 류위의 얼굴에 밝은 기운이 스쳐가고 있었습니다.

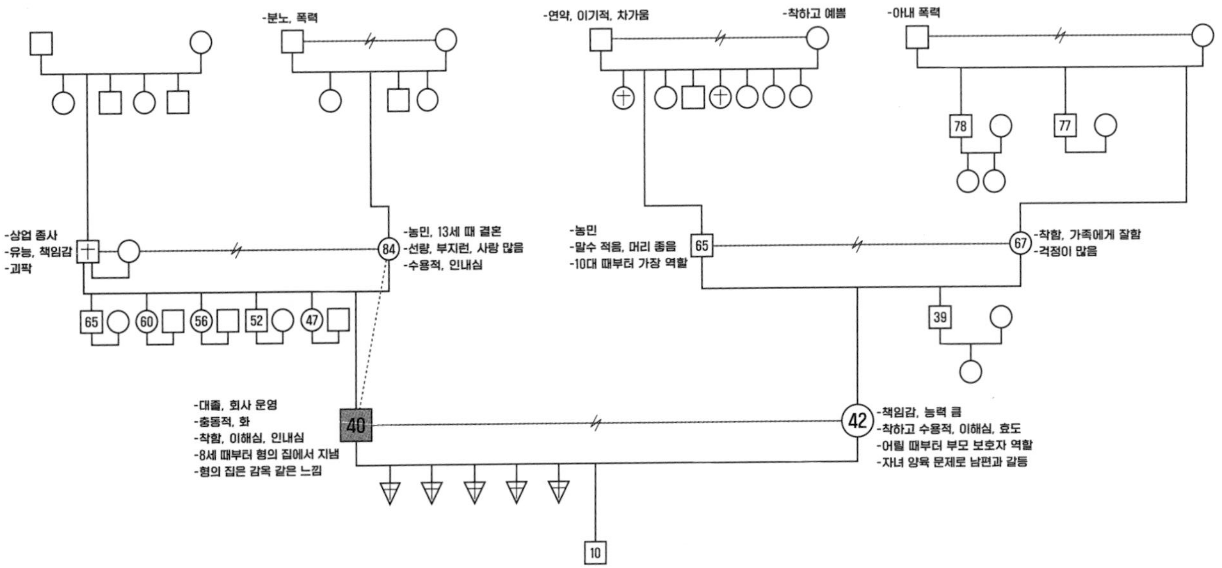

-분노, 폭력
-연약, 이기적, 차가움
-착하고 예쁨
-아내 폭력
78
77
-상업 종사
-유능, 책임감
-괴팍
84
-농민, 13세 때 결혼
-선량, 부지런, 사랑 많음
-수용적, 인내심
-농민
-말수 적음, 머리 좋음
-10대 때부터 가장 역할
65
67
-착함, 가족에게 잘함
-걱정이 많음
65
60
56
52
47
39
-대졸, 회사 운영
-충동적, 화
-착함, 이해심, 인내심
-8세 때부터 형의 집에서 지냄
-형의 집은 감옥 같은 느낌
40
42
-책임감, 능력 큼
-착하고 수용적, 이해심, 효도
-어릴 때부터 부모 보호자 역할
-자녀 양육 문제로 남편과 갈등
10

6장
집 없는 아이

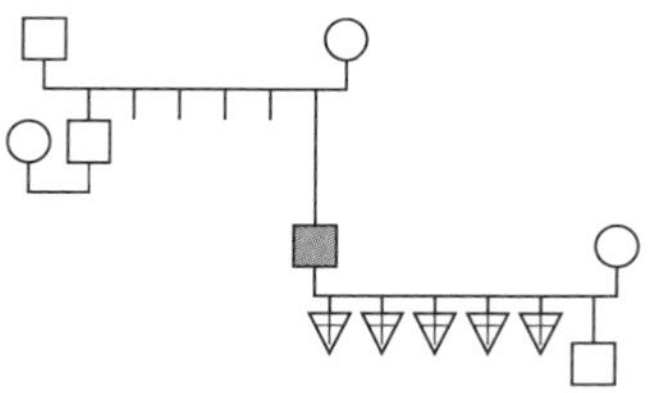

워크숍에 혼자 참석한 40대 남성 장린은 투자 회사를 경영하는 CEO로, 현재 사업에 약간 어려움을 겪고 있었습니다. 이야기를 나누어보니 그는 선하고 인내심이 많았지만 다소 충동적이었으며 화가 많았습니다. 그런가 하면 어딘가 무기력해 보였고 주관이 약한 모습을 자주 드러냈습니다

다. 가족으로는 40대인 아내와 열 살 된 아이가 하나 있었습니다. 그런데 이 부부는 아이를 낳기 전에 낙태를 다섯 차례 했다고 합니다. 아내가 자기 일에 집중하고 싶어 계속 낙태를 한 것입니다. 남편은 아이를 원했지만 아내의 주장에 눌려 드러내놓고 반대하지는 못했습니다.

남편의 이야기: 학대와 외로움이 익숙한 자존감 낮은 아이

장린의 성장 과정

그는 6남매 중 막내로 여덟 살 때 부모 곁을 떠나 도시에 있는 형의 집에서 살면서 형수에게 구박을 많이 받았다고 합니다. 형의 집에서 오래 지내다 보니 나중에는 형의 집이 자기 집인지 부모가 있는 곳이 자기 집인지 잘 모르게 되었습니다. 집을 잃은, 안식처가 없는 사람으로 성장한 셈입니다.

그는 형의 집이 감옥 같았다고 기억합니다. 이 집의 형제들은 전부 도시에서 크게 성공한 형의 집에서 지냈습니다. 형이 부모 역할을 한 것입니다. 그런데 형의 아내 입장에서는 남편의 동생들을 모두 거두어 돌봤으니 힘들 수밖에 없었을 것입니다. 형수도 지칠 대로 지쳐서 막내인 장린을 구박했을지도 모릅니다.

장린은 눈치를 보며 자라 자존감이 약하고 구박받는 것에 익숙한 사람이 되어버렸습니다. 이런 성장 과정이 트라우마가 되어 어느 순간에는 남들이 자기를 구박하게 유도했고, 이런 역동이 아내와의 관계에서도 그대로 나타났습니다. 그는 아내에게도 늘 구박받는 한편, 결코 무능한 사람이 아닌데도 자기 능력을 제대로 발휘하지 못했습니다.

장린의 원가족

우리는 먼저 장린의 원가족을 좀 더 깊이 살펴보기로 했습니다. 그의 아버지는 재주가 많아서 여러 가지 일에 능했고 악기도 잘 다루었다고 합니다. 그런데 다소 괴팍했고 여러 가지 일을 벌였지만 한 가지 일을 꾸준히 하지 못했습니다. 한편 아버지는 자신의 어머니, 즉 장린의 친할머니와 매우 밀착된 관계로 보호자 역할을 했다고 합니다. 그런 상황에서 아내한테까지 잘하기는 어려웠을 것입니다.

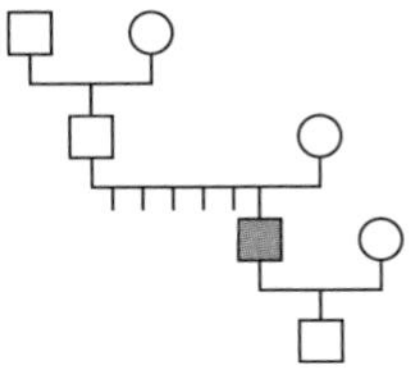

열세 살 때 결혼한 장린의 어머니는 사랑이 많고 부지런한 사람입니다. 농민 가정에서 둘째로 태어난 그녀는 어머니와는 관계가 좋았지만 아버지와는 좋지 않았다고 합니다. 이야기를 들어보니 부부 갈등이 많고 약간 불안정한 가정의 분위기 속에서 성장한 듯 보입니다. 열세 살 때 결혼한 것으로 미루어 보면 원가족에 대한 기억도 그리 좋지는 않았을 것입니다. 이 어머니는 너무 어려서 부모가 되었고(열세 살 때 결혼해서 출산했으니 아이가 아이를 낳은 셈이지요) 스스로도 어떻게 해야 할 줄 몰라서 큰아들에게 부모 역할을 맡긴 것처럼 느껴집니다.

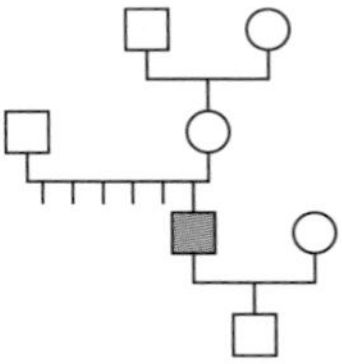

장린의 부모는 선량한 사람들이지만 자녀에게 안정적인 애착을 제공하지 못했으니 '좋은' 부모였다고 보기는 어렵습니다. 부모는 그들이 가진 성격만으로 '좋은' 부모 또는 '나쁜' 부모로

구분되지 않습니다. 부모는 가족 안에서 자녀들에게 보호자, 양육자, 지킴이 역할을 해야 합니다. 그 역할을 수행하지 못할 경우 자녀의 심리적 성장에 부정적인 영향을 미치게 됩니다. 즉 이 역할을 하지 않은 부모는 '나쁜' 부모인 것이지요.

장린은 부모를 단지 한 인간으로만 보면서 좋은 점을 나열했지만 자녀로서 부모에게 느끼는 원망과 서운함을 억압하고 있었습니다. 물론 부모를 원망하는 것만으로 자신의 상처가 치유되지는 않습니다. 부모의 성장 과정과 조부모와의 관계를 함께 파악함으로써 가계에서 내려오는 관계 패턴을 이해해야 하지요. 그래서 가족 치료에서는 구성원들의 트라우마도 치유해야 하지만 가계에 흐르는 부정적인 대물림을 끊는 과정이 매우 중요합니다.

장린 가족의 남자들은 총명하고 부지런하고 유능하지만 아내에게 소외당하고 자녀들과도 갈등 관계의 패턴을 보이고 있었습니다. 장린의 과제는 이러한 아웃사이더 가장으로부터 탈피하는 것입니다. 아내가 강하다는 이야기만 내세우기보다는 자신에게 책임이 있다는 것을 인정해야 합니다.

아내의 이야기: 너무 빨리 어른이 된 아이

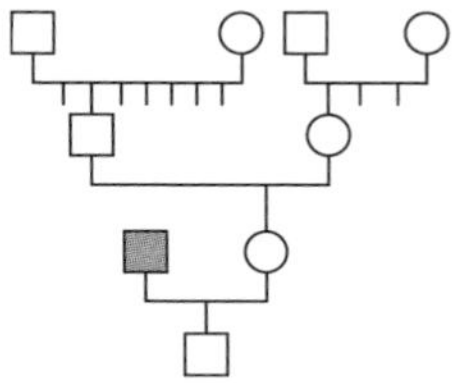

장린의 아내는 업무 능력이 뛰어나며 책임감이 강하고 이해심이 많은 사람입니다. 그녀는 어려서부터 부모의 보호자 역할을 해와서 지금도 마치 자신이 부모인 양 부모를 돌보고 있습니다. 보호를 받아야 하는 시기에 보호자의 역할을 하게 되면 자기 성장의 기간을 충분히 갖지 못하게 됩니다. 너무 빨리 성인이 되어버리는 것이지요.

장린 아내의 부모는 젊은 편으로 현재 60대 중반입니다. 아버지가 스물셋, 어머니가 스물일곱 살 때 장린의 아내를 낳았다고 합니다. 장린 아내의 어머니는 일을 잘하고 강인한 사람으로 선하고 가정적인 사람이었습니다. 어머니의 원가족 중에는 낙태한 여성이 많았습니다. 어머니의 형제 관계는 2남 1녀인데 그사이에도 낙태와 유산이 여러 차례 있었다고 합니다. 농민인 아버지는 말수가 적지만 자녀에게 관심이 많은 사람이었고, 10대 시절부터 자기 원가족의 가장 역할을 해왔습니다. 이 집안에서는 자녀들이 부모의 보호자 역할을 맡아왔습니다. 즉 가족 패턴이 내리사랑이 아닌 치사랑으로 자리 잡혀 있었습니다.

장린 아내의 아버지는 바로 위의 형이 아주 어려서 죽어 만이로 자랐고 아래로는 동생이 여섯 명 있었다고 합니다. 그의 아버지는 맏딸보다 동생들을 더 예뻐했다고 합니다. 아버지는 자기 어머니(아내의 친할머니)와는 관계가 좋았지만 자기 아버지(아내의 친할아버지)에게 사랑을 받지 못했습니다. 자신도 아버지를 그다지 좋아하지 않았을 것입니다. 아내의 아버지는 좋은 아버지 모델을 갖지 못한 상태로 부모가 되어 처음부터 마음의 짐을 크게 느꼈으리라 짐작됩니다.

아버지는 한 인간으로서는 나무랄 데 없이 좋은 사람이었습니다. 착하고 말수가 적고 머리가 좋았으며 열 살 때부터 가장 역할을 한 책임감 있는 사람이었습니다. 다만 자기 자녀와 아내에게는 좋은 아버지, 좋은 남편이 되지 못했습니다. 남편에게 정서적으로 연결되지 못한 아내는 걱정이 많았습니다. 딸(장린의 아내)은 이런 어머니를 보면서 어머니를 돕고 싶고 기쁘게 해주고 싶은 욕구가 강해집니다. 그러다 보니 책임감이 강하고 지극한 마음으로 효도하며 어머니의 고생을 덜어주고자 자신이 나서서 동생에게 엄마 역할을 합니다.

그러다 보니 본인이 해결사로 나서는 일이 많고, 주도적인 역할만 주로 맡다 보니 남을 따르는 것이 점점 어려워집니다. 남편과 의논할 일이 있으면 늘 자신이 결정하고, 자녀를 낳아 기르는 문제도 혼자 판단하며, 양육은 오롯이 혼자 감당할 몫이라고 생각합니다. 그녀가 낙태를 여러 번 택한 것은 그런 고민과 부담 때문이었을 것입니다.

가족 세우기

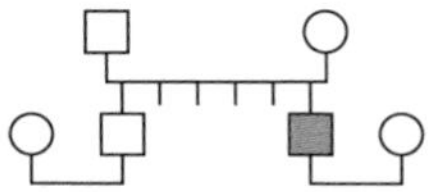

장린의 무기력은 어디서 시작되었고, 어디서부터 그것을 풀어야 할까요? 장린은 형 부부와 갈등을 겪고 형수에게 구박받은 것이 트라우마로 남아 있었는데, 이것을 풀기 위해서는 부모가 제대로 서는 구조 조정 작업이 필요했습니다.

부모의 자리 찾기

부모가 자존감을 건강하게 확립하고 본래 자리에 서기 위해서는 우선 조부모와의 삼각관계를 풀어야 합니다. 먼저 친할머니와 친할아버지가 장린의 아버지에게 따뜻하게 지지하는 말을 건네고, 외할머니와 외할아버지 역시 어머니에게 사과하며 사랑한다고 말합니다. 이런 과정을 통해 아버지와 어머니는 자기 본연의 힘을 되찾게 됩니다. 이제 비로소 부부 관계 회복의 실마리가 보입니다.

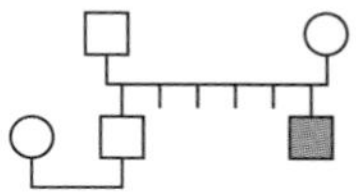

자존감을 회복한 부부는 서로 하고 싶은 이야기를 나눕니다. 어머니는 어린 나이에 시집왔는데 남편이 자신을 살펴주지 않아서 많이 외롭고 힘들었다고 이야기하고, 아버지는 어린 아내를 이해해주지 못하고 다독여주지 못해서 미안하다고 사과합니다. 자존감이 낮은 상태에서는 자신이 힘들었다는 이야기도 할 수 없고 타인의 힘들었던 마음도 제대로 받아들이지 못합니다. 사랑받고 있다는 든든한 느낌이 있어야 자신의 약한 점을 드러낼 수 있고 다른 사람의 상처에 공감할 수도 있습니다. 장린의 부모는 다행히 이 단계를 잘 이어나갔습니다.

부모의 사과

이렇게 부모가 부부로서 나란히 서자 자녀들의 얼굴이 밝아집니다. 특히 부모는 큰아들에게 동생들을 돌보는 큰 짐을 지운 것에 대해 사과합니다. 그전에 큰아들은 부모가 어쩔 줄 몰라 하고 무기력한 모습만 보이며 자신들의 역할을 제대로 못 했기 때문에 자신이 부모 역할을 해야 한다는 부담을 느꼈는데, 그런 책임감에서 벗어나자 자녀 역할로 돌아와 편안해집니다. 이번에는 형이 막냇동생인 장린에게 사과를 합니다. "나도 내 짐이 너무 무거워서 잘 대해주지 못했는데, 네가 마흔 살이 되도록 트라우마를 안고 사는 것을 보니 마음이 아프구나. 정말 많이 미안하다."

장린 역시 사과를 받아들이고 형에게 고마움을 표현합니다. "그동안 구박받은 것만 마음에 두고 있었는데 생각해보면 형도 많이 힘들고 부담스러웠을 거예요. 이런 상황을 만든 부모님이 좀 원망스럽고요." 그런 다음 다른 자녀들이 한 사람씩 자기 상처를 부모에게 이야기합니다. "부모님이 든든하게 서 계시지 않아 얼마나 외로웠는지 몰라요. 우리끼리 엄마 아빠 역할을 나눠

맡느라 참 힘들었어요. 막내인 나는 사랑받고 싶었는데, 엄마 아빠가 있는 집에서 살고 싶었는데, 늘 어디로 가야 할지 몰라 집 없는 아이처럼 방황했어요."

부모는 자녀들의 이야기를 귀 기울여 듣고 나서 사과를 합니다. "정말 미안하구나. 이제 우리가 든든하게 서 있을 테니 너희가 잘 살아갔으면 좋겠다."

당당한 모습을 찾다

장린은 선량한 인상에 편안하고 사랑스러운 느낌을 주는 사람이었습니다. 그렇게 자기 안에 여러 가지 자원이 있는데도 그것을 제대로 발휘하지 못하고 주변만 맴돌며 살아왔습니다. 그동안 그는 자기 자리가 없었습니다. 부모가 자신을 구박했다면 부모를 원망하기라도 했을 텐데, 형이 희생하는 구조에서 형수에게 구박받으니 그런 서러움을 제대로 말할 수도 없었습니다. 장린은 그저 자기 탓을 하면서 움츠러들어 삶을 제대로 펼치지 못했던 것입니다.

장린의 트라우마가 해소되자 그는 아내의 상처가 보였습니다. 아내의 독단 때문에 자신이 자꾸 위축된다고 불만을 품었는데, 아내의 과주도성 뒤에 숨어 있는 상처가 보이니 아내를 위로하게 됩니다. 장린 부부는 이미 많은 자원을 가지고 있는 사람들이었습니다. 그러나 심리적인 상처들이 해결되지 않아 소모적인 갈등을 만들어냈고, 그 갈등 안에서 무기력하게 살고 있었던 것입니다. 다행히 그들이 품은 상처들은 표면으로 드러났고, 가족 세우기를 통해 서로의 마음을 이해하고 사과하는 과정을 거치면서 상처들을 치유하게 되었습니다. 더 이상 무의식적인 방어 행동을 하지 않고, 본연의 자기다운 아름다운 모습을 되찾을 수 있었습니다.

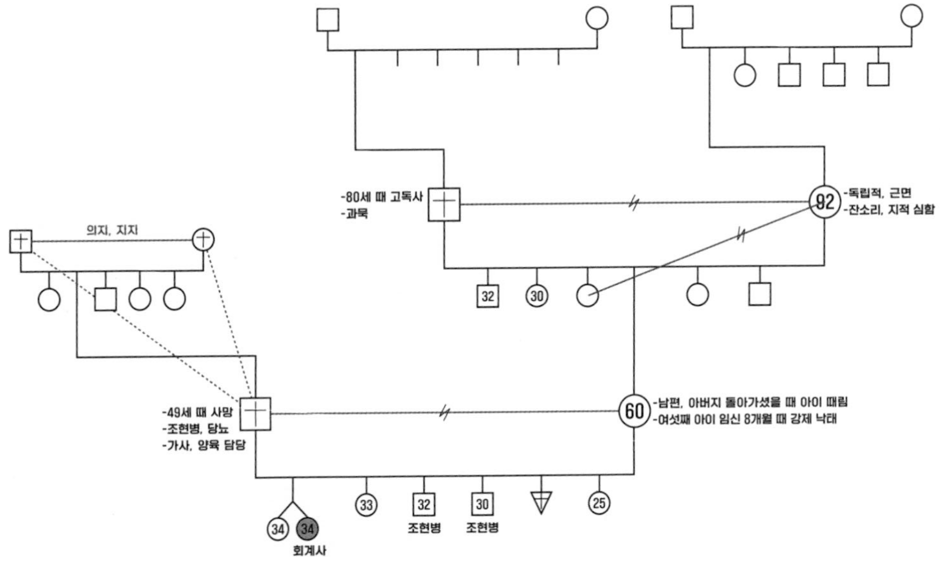
-80세 때 고독사
-과묵
-독립적, 근면
-잔소리, 지적 심함
의지, 지지
32
30
-49세 때 사망
-조현병, 당뇨
-가사, 양육 담당
-남편, 아버지 돌아가셨을 때 아이 때림
-여섯째 아이 임신 8개월 때 강제 낙태
33
32
조현병
30
조현병
25
34
34
회계사

7장
아픈 아버지와 지친 어머니

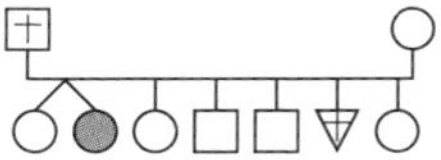

워크숍에 혼자 참석한 서른네 살 리징은 머리가 짧고 아주 귀여운 인상을 주는 사람이었습니다. 직업은 회계사로 업무 능력이 뛰어난 한편 성격 면에서는 몹시 겸손했고 수줍음을 약간 탔습니다.

리징의 가족은 아버지와 두 남동생이 조현병을 앓는 등 남자들이 아프고 약했습니다. 쉰 살 때 사망한 아버지는 스물네 살 때 조현병이 발병한 이후로 직장 생활을 할 수 없었다고 합니다. 발병 전에는 악기를 연주하고 연극을 하는 등 예술적 재능이 많았습니다. 리징의 부모는 각각 스물아홉 살, 스물다섯 살 때 결혼했는데, 리징의 어머니는 다자다복이라는 생각을 가진 사람이어서 정부의 산아제한 정책에도 일곱 자녀를 낳았습니다. 결국 여섯째 아이는 강제 낙태로 잃고 말았지요. 자녀 중 첫째와 둘째는 쌍둥이 자매였는데, 이 쌍둥이 자매 중 둘째가 리징이었습니다.

아버지는 부지런하고 너그러웠으며 가정적인 사람이긴 했지만, 심리적으로 불안정해서 어머니가 가정경제를 도맡았습니다. 그런데 어머니도 약간 우울하고 열등감이 있어서 어머니 역할을 잘하지는 못했다고 합니다. 아버지는 아버지대로 정신적 문제가 있고 어머니는 어머니대로 삶에 지쳐 힘들어하고 우울해하다 보니, 리징이 동생들을 돌봐야 했고 어릴 때부터 큰 책임감을 느끼며 자랐습니다. 열심히 일해서 회사 관리자가 된 지금도 가족을 전부 챙겨야 했습니다. 그녀는 자신이 동생들을 돌봐야 한다는 생각이 강했고, 특히 조현병을 앓고 있는 남동생 때문에 몹시 힘들어했습니다. 그리고 약하고 아픈 남자들에 대한 마음의 짐 때문에 결혼은 꿈도 꾸지 않는다고 합니다.

부부 간 힘의 불균형

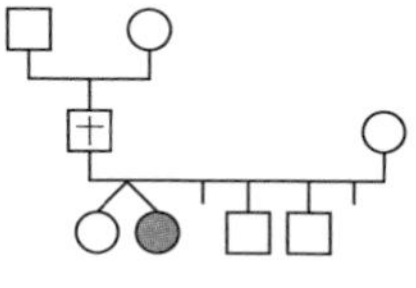

먼저 리징 아버지의 원가족을 살펴보았습니다. 아버지는 맏아들로 태어났고, 아버지의 어머니(리징의 친할머니)는 사교적이면서 가정적이고 책임감 있는 사람이

었습니다. 그에 비하면 그의 아버지는 문제를 회피하고 무기력한 사람이었습니다. 리징의 친조부모 관계에서도 '강한' 여자, '약한' 남자 패턴이 나타납니다. 리징의 아버지는 자기 부모의 불균형한 관계 속에서 갈피를 잡지 못하며 심리적인 힘을 키우지 못했습니다.

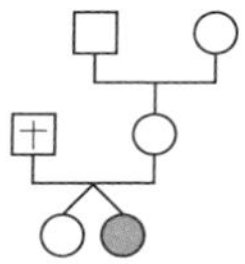

리징 어머니의 원가족도 살펴봤습니다. 이 집안에서는 어머니와 자녀의 불안적 애착이 대물림되고 있었습니다. 어머니는 자신의 리징의 외할머니는 비난이 심해서 자녀들과 관계가 좋지 않았습니다. 어머니로부터 상처를 많이 받은 것으로 보입니다. 리징의 어머니는 좋은 어머니 모델을 경험하지 못한 것입니다.

한마디로 리징의 외할머니는 자녀들에게 따뜻함을 보여주거나 심리적 안정을 주는 사람은 아니었던 것 같습니다. 가계도를 살펴보면 외할머니와 어머니는 각각 자신의 남편과 자녀들에게 폭력적으로 대했습니다. 아버지들은 소외되어 있었고요. 이런 힘의 불균형을 바로잡기 위해서는 아버지들이 제자리에 서야 합니다. 저는 이 과정을 '왕의 귀환'이라고 표현합니다. 여왕이 독재하는 제국에 왕을 모셔오는 것입니다. 가정은 왕과 왕비가 공존할 때 가장 안정된 모습을 합니다. 왕만 홀로 군림하거나 왕비만 홀로 군림하면 그 나라는 행복할 수 없습니다.

가족 세우기

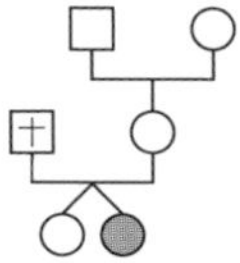

이 가족 안에서는 먼저 외할머니와 어머니의 대립 구조가 눈에 띄었습니다. 외할머니와 어머니는 자신들의 상처를 지나치게 공격적인 방식으로 표출하고 있었습니다. 어머니는 자신의 왕국(가정)을 건설해 자기 어머니와 대적하려 했고, 반대로 리징의 외할머니는 딸의 성장을 존중하지 않은 채 심리적으로 누르고 있었습니다. 결혼 후에도 어머니는 자신의 어머니와 힘겨루기를 계속했습니다. 어머니와 외할머니의 싸움에 희생당하는 것은 리징의 아버지와 자녀들이었습니다.

따라서 외할머니와 어머니의 화해 작업이 매우 중요했습니다. 프로그램을 통해 이 관계가 개선되자 비로소 어머니는 자신의 어머니로부터 자유로워지면서 세대 간 경계에 대해 감이 생기기 시작했고, 외할머니와 어머니의 세계가 각각 독립되었습니다. 그러자 어머니는 남편을 다시 바라보기 시작했고, 힘없다고 무시했던 남편의 존재가 얼마나 소중한지를 새삼 인식하기 시작했습니다. 남편은 마음이 아픈 중에도 자녀들을 잘 보살폈고 항상 자신을 지지해주는 사람이었던 것입니다. 이렇게 부모가 화해하고 다정한 모습을 보이니 리징은 온전히 자녀로 자리할 수 있게 되었고, 그렇게 위치가 바뀌자 동생들을 책임져야 한다는 부담에서 벗어나 자기 삶에 더 집중할 수 있게 되었습니다.

아버지를 다시 만나다

그동안 리징은 아버지가 조현병을 앓았고 일찍 돌아가셔서 약한 사람이라고만 생각했습니다. 하지만 가족 세우기를 하고 나서 아버지의 여러 가지 장점을 발견하게 되었습니다. 아버지는 일을 하지는 못했지만 자녀들을 먹이고 재우며 다정하게 돌봐주었습니다. 또 예술적 재능이 있는 사람이었습니다. 리징은 아버지의 장점들을 새롭게 알아가면서 아버지에 대한 이미지를 건강하고 행복한 모습으로 만들어나갈 수 있었습니다.

리징은 워크숍에 여러 번 참석해 자기 이야기를 털어놓았습니다. 그리고 이야기를 할 때마다 조금씩 달라지는 모습을 보였습니다. 이런 변화는 정말 귀한 경험입니다. 리징은 워크숍에 참석할 때마다 "여기 오면 행복해진다"고 말했습니다. 그렇게 자기 가족에 대해 긍정적인 느낌을 얻어가는 모습이 보기 좋았습니다.

가족 안에 상처가 있으면 구성원들은 그 부분에 지나치게 몰두하는 경우가 많습니다. 손끝에 작은 상처가 생기면 온 신경이 거기에만 집중되어 신체의 다른 많은 부분들이 잘 기능하고 있다는 것을 간과하는 것처럼 말입니다. 가계도 작업은 단지 상처를 잘 알아차리는 데서 그치지 않습니다. 마치 보물 지도를 살펴보듯 가계도를 자세히 들여다보면 가족 구성원 한 사람 한 사람이 지닌 자원과 능력, 아름다움을 발견하게 됩니다.

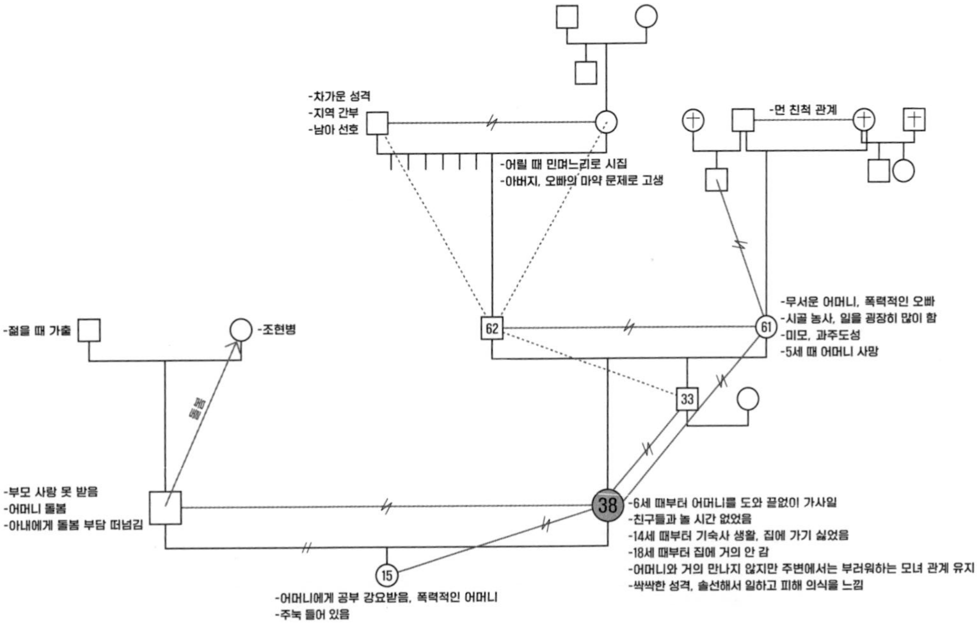
-차가운 성격
-지역 간부
-남아 선호
-어릴 때 민며느리로 시집
-아버지, 오빠의 마약 문제로 고생
-먼 친척 관계
-무서운 어머니, 폭력적인 오빠
-시골 농사, 일을 굉장히 많이 함
-미모, 과주도성
-5세 때 어머니 사망
-젊을 때 가출
-조현병
62
61
33
-부모 사랑 못 받음
-어머니 돌봄
-아내에게 돌봄 부담 떠넘김
38
-6세 때부터 어머니를 도와 끝없이 가사일
-친구들과 놀 시간 없었음
-14세 때부터 기숙사 생활, 집에 가기 싫었음
-18세 때부터 집에 거의 안 감
-어머니와 거의 만나지 않지만 주변에서는 부러워하는 모녀 관계 유지
-싹싹한 성격, 솔선해서 일하고 피해 의식을 느낌
15
-어머니에게 공부 강요받음, 폭력적인 어머니
-주눅 들어 있음

8장
딸에게 자신과 같은 삶을 강요하는 어머니

샤오한은 남들이 하기 싫어하는 궂은일을 앞장서서 하는 사람이었습니다. 역할이 따로 정해져 있지 않은 워크숍에서, 샤오한은 간식을 챙기거나 청소를 하는 등 모임에서 누군가가 해야 할 일들을 스스로 알아서 해주었습니다. 그런 일들을 잘해서 칭찬과 인정을 받았습니다. 그런데 샤오한의 이런 특징은 그녀가 지닌 심리적 상처와 연결되어 있었습니다. 그렇게 스스로 나서서 열심히 일을 한 뒤 '왜 항상 나만 일하지?' 하는 피해 의식을 느끼는 것입니다.

샤오한은 남편과 갈등이 심했습니다. 샤오한의 남편은 부모로부터 보살핌을 받지 못했고 오히려 자신이 어머니를 보살펴야 하는 입장이었습니다. 아버지는 오래 전 가출했고 어머니는 조현병을 앓아서 샤오한의 남편이 자신의 어머니를 보살피며 보호자 역할을 해왔던 것입니다. 그는 아내 샤오한과는 사랑과 보살핌을 충분히 나누지 못하고 있습니다. 그저 아내가 자기 어머니를 돌봐주기를 바랍니다. 샤오한은 그런 기대에 부응하는 것 이상으로 자기 역할을 해내고 있었는데, 그러면서 한편으로는 '왜 나만 일하지? 왜 나한테 이렇게 바라는 게 많지?' 하며 억울함을 느끼고 있었습니다. 이런 부정적인 감정은 자신의 딸에게 고스란히 쏟아졌고, 열다섯 살 된 샤오한의 딸은 늘 주눅이 들어 있었습니다. 지금 샤오한은 부부 갈등 때문에 이혼을 생각하고 있습니다.

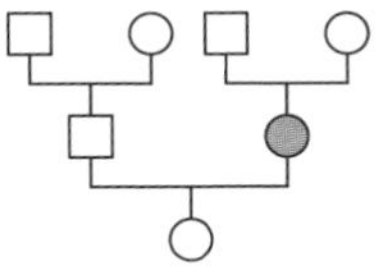

집안일을 도맡는 어머니와 딸

먼저 샤오한의 원가족을 살펴보았습니다. 샤오한의 외할아버지는 첫 결혼에서 아들을 하나 낳고 아내와 사별하게 됩니다. 그 후에 자신과 마찬가지로 첫 결혼에서 두 자녀를 얻은 할머니를 만나 재혼하게 됩니다. 샤오한의 어머니는 재혼한 두 사람 사이에서 태어났습니다.

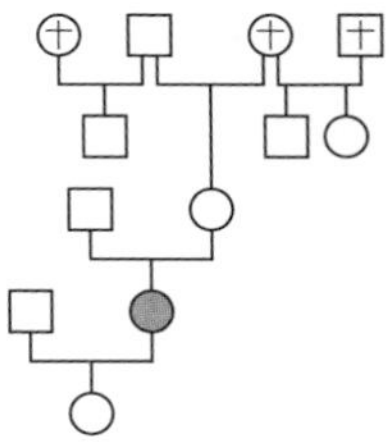

그런데 샤오한의 외할머니 역시 어머니가 다섯 살 때 돌아가셔서 샤오한의 어머니는 어머니 없이 자라게 됩니다. 샤오한의 어머니가 어린 시절에 가장 힘들었던 것은 오빠의 폭력이었습니다. 오빠는 자신의 여동생, 즉 샤오한의 어머니를 거의 죽이려고까지 했습니다. 이런 폭력적인 가정환경 속에서 샤오한의 어머니는 열심히 일하는 것으로 자신의 존재감을 찾으려 했습니다.

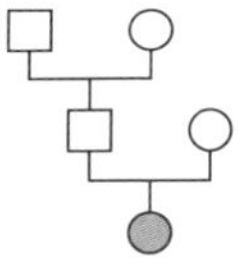

샤오한은 아버지에 대해 좋은 기억을 갖고 있었습니다. 아버지는 초등학교 교사였고, 아이들을 친절하고 따뜻하게 대하는 밝은 사람이었습니다. 샤오한의 아버지는 형제자매가 열네 명이나 되었는데, 그중 일곱 명만 살아남았다고 합니다. 세대를 한 번 더 거슬러올라가면 아버지의 아버지, 즉 샤오한의 친할아버지는 시골 지역에서 간부를 지냈던 사람으로, 남아 선호가 강했고 자식들을 전혀 따뜻하게 대해주지 않았습니다.

샤오한의 원가족 이야기를 더 들어보니 샤오한이 왜 그렇게 스스로 많은 일을 하면서 피해 의식을 느끼는지 이해할 수 있었습니다. 샤오한의 어머니는 과주도성이 있어서 자기 뜻대로 모든 사람과 일을 자기 방식대로 이끌어나가야 직성이 풀리는 타입이었습니다. 다섯 살 때 어머니가 돌아가셔서 어려서부터 스스로 알아서 열심히 일해야 했고, 또 그렇게 열심히 일해서 인정받으며 존재감을 확인했던 것입니다.

샤오한도 여섯 살 때부터 어머니의 일을 도와야 했습니다. 어머니가 자기 나이 때의 모습을 자녀에게도 요구했던 것입니다. 샤오한은 어린 나이에 농사일을 하느라 친구들과 놀 시간도 없었습니다. 열네 살 때부터는 기숙사 생활을 시작했는데 집에 돌아가면 일을 해야 하니 집에 가고 싶지 않았다고 합니다. 열여덟 살 때부터는 집에 가지 않았고 지금도 어머니와 거의 만나지 않습니다.

표면적으로 두 사람은 남들이 부러워할 만큼 좋은 모녀 관계를 유지하고 있습니다. 또 두 사람 모두 어디서든 자기 할 일을 잘해서 주변 사람에게 사랑과 신뢰를 받습니다. 샤오한의 어머니가 샤오한을 일로 몰아붙였다면, 샤오한은 자신의 딸에게 보통 이상으로 공부를 강요하고 있었습니다. 압박과 노동의 강요가 대물림되고 있는 것입니다. 샤오한의 딸아이는 부담과 불안 속에서 항상 주눅이 들어 있습니다.

샤오한은 어머니가 지나치게 일을 많이 시켰던 과거에서 벗어나고 싶어하는 한편 남편과의 관계를 매우 힘들어했습니다. 샤오한은 결혼할 때 남편의 어머니가 정신질환을 앓고 있다는 사실을 알게 되었고, 결혼 후 시어머니를 돌보는 역할을 맡게 되었습니다. 남편도 아내에게 일만 시켰던 것입니다. 샤오한은 이런 결혼 생활에서 편안함을 느끼지 못했습니다. 가정 안에서는 딸과 남편에게 자기 어머니처럼 통제하는 행동을 반복했고요. 샤오한은 이런 악순환에 대해 털어놓다가 자신에게 노예근성이 있다고도 말했습니다. 노예근성은 과주도성과는 다릅니다. 남을 시키기보다는 자신이 알아서 일을 하고 중요한 역할을 해내고 난 다음 피해 의식을 느낍니다. 일을 잘해서 칭찬을 들을 때는 기분이 좋은데 돌아서면 '아, 이건 아니잖아… 남들은 아무것도 안 하는데 왜 나만 뒤치다꺼리를 해야 하지?' 하고 생각합니다. 남들이 하지 말라고 해도 스스로 해야 직성이 풀리는 사람이지만 이런 습관은 어머니에게 인정받고 싶었던 마음에서 비롯된 것이기 때문입니다. 어머니가 하라는 대로 다 하면서도 그렇게 하게 만든 어머니가 원망스러운 것입니다.

엄마가 엄마에게, 딸이 딸에게

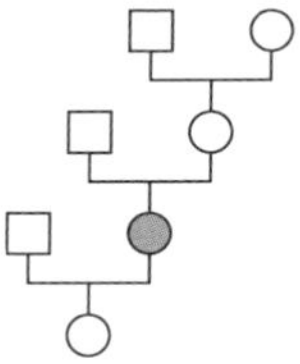

이 가족의 가장 큰 트라우마는 샤오한의 어머니가 지닌 상처입니다. 어머니는 다섯 살 때 자신의 어머니를 잃으면서 서러운 삶이 시작되었습니다. 샤오한의 외할머니가 일부러 딸을 버린 것은 아니지만 궁극적으로는 어머니 역할을 하지 않고 하늘나라로 간 것이지요. 외할머니와 어머니의 대화가 필요합니다. 우리는 외할머니 대역을 세워 이야기를 듣습니다. 외할머니가 어머니에게 자식을 남겨놓고 일찍 떠나서 미안하다고, 어린 나이부터 혼자 살아오느라 고생이 많았다고 위로를 건넵니다. 그러자 샤오한의 어머니는 그동안 어머니 없이 자라면서 느꼈던 서러움을 토로합니다. 어머니가 그립기도 하고 먼저 가신 것이 원망스러웠다는 속마음을 털어놓습니다. 외할머니가 어머니를 안아주자 어머니는 엄마 품이 얼마나 따뜻한지 새삼 느끼는 경이로운 경험을 하게 됩니다.

이렇게 마음이 풀리고 나니 샤오한의 어머니에게 그동안 보이지 않았던 딸의 슬픔이 보이기 시작합니다. 자신이 딸을 가혹하게 대했다는 것을 비로소 깨닫게 됩니다. 어머니는 딸이 자신보다 훨씬 복도 많고 윤택한 삶을 누리고 있다고 생각해왔습니다. 자신이 무의식적으로 엄마 없는 설움을 겪지 않은 딸을 질투하고 시기했다는 것을 알게 됩니다. 그제야 어머니는 딸에게 진심 어린 사과를 합니다.

"어린 너에게 너무 많은 일을 시켰구나. 네가 힘든 걸 알아주지 못해서 정말 미안하다."

어머니의 사과를 듣자 샤오한은 한참을 오열했습니다. 그 눈물은 분노나 서러움의 눈물이 아니라 꽁꽁 얼어 있던 얼음이 녹아내리는, 그런 눈물이었습니다.

자신을 위한 좋은 선택

가족 세우기를 해보니 이들 부부 관계는 이혼하는 것이 좋겠다는 쪽으로 기울었습니다. 그런데 샤오한은 '바람직한' 삶에 대한 강박이 있는 사람이어서 그동안 이혼은 절대 안 된다고 생각했고 이 때문에 힘들어했습니다. 저는 샤오한에게 이혼하면 안 된다고 스스로 강요할 필요가 없고 자신의 행복이 가장 중요하다고 이야기해주었습니다. 행복해질 수 있다면 이혼해도 괜찮습니다. 샤오한은 그 말에 큰 위로를 받았고 용기를 얻었습니다.

가족 치료는 소위 도덕이나 논리를 우선시하는 해결책이 아니라 심리 패러다임 안에서 행복을 찾아가는 과정입니다. 통념이나 논리를 적용하면 심리적 측면을 무시한 채 지나치게 이성적인 결론에 이르게 됩니다. 하지만 그 결론을 내담자가 심리적으로 수용할 수 없다면 불행이 예고된 것이나 마찬가지입니다. 이런 마음가짐은 이혼에 대한 결정을 내릴 때도 중요합니다. 이성의 메시지와 함께 정서가 주는 메시지도 반드시 함께 들어야 좋은 결정을 내릴 수 있습니다.

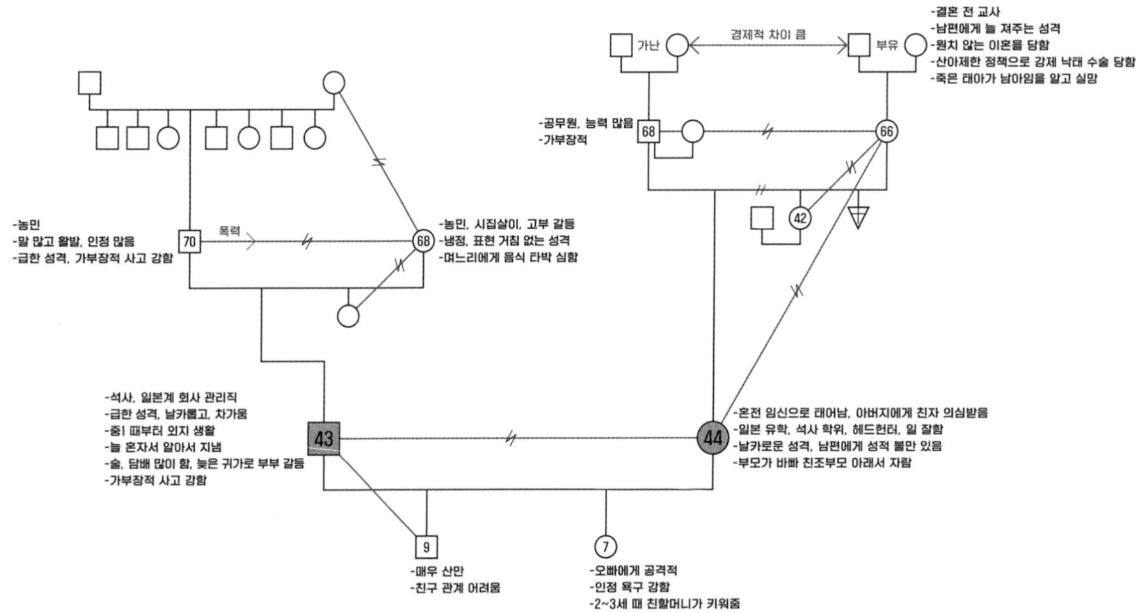
-농민
-말 많고 활발, 인정 많음
-급한 성격, 가부장적 사고 강함
70
폭력
68
-농민, 시집살이, 고부 갈등
-냉정, 표현 거침 없는 성격
-며느리에게 음식 타박 심함
가난
경제적 차이 큼
부유
-결혼 전 교사
-남편에게 늘 져주는 성격
-원치 않는 이혼을 당함
-산아제한 정책으로 강제 낙태 수술 당함
-죽은 태아가 남아임을 알고 실망
-공무원, 능력 많음
-가부장적
68
66
42
-석사, 일본계 회사 관리직
-급한 성격, 날카롭고, 차가움
-중1 때부터 외지 생활
-늘 혼자서 알아서 지냄
-술, 담배 많이 함, 늦은 귀가로 부부 갈등
-가부장적 사고 강함
43
44
-혼전 임신으로 태어남, 아버지에게 친자 의심받음
-일본 유학, 석사 학위, 헤드헌터, 일 잘함
-날카로운 성격, 남편에게 성적 불만 있음
-부모가 바빠 친조부모 아래서 자람
9
-매우 산만
-친구 관계 어려움
7
-오빠에게 공격적
-인정 욕구 강함
-2~3세 때 친할머니가 키워줌

9장
어느 부부의 끝없는 힘겨루기

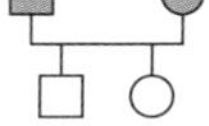

중국에서 부부들을 만나면서 보통 이상으로 가부장적이라고 느낀 사례는 많지 않았는데, 한 부부에게서는 유독 가부장적 특징이 보였습니다.

워크숍에 함께 온 40대 류샤오 부부의 문제는 부부 갈등과 부모-자녀 갈등이었습니다. 남편 류샤오는 유독 가부장적인 사고를 가지고 있어 아내가 자신을 잘 따라주어야 행복한 가정이 이루어진다고 믿고 있었고, 아내는 남편의 이런 생각에 거부감이 컸습니다. 아내는 일본 유학을 했던 여장부 타입으로 직장에서 능력을 잘 발휘하고 있습니다. 아내의 입장에서는 남편의 가부장적 태도를 받아들이기 어렵습니다. 남편에게 보살핌과 사랑을 받고 싶긴 하지만 그런 불만 때문에 남편을 너무 거칠게 대하고 있었고, 남편은 아내에게 존중받지 못한 채 아내를 멀리하며 복수하고 있었습니다.

부부가 서로의 욕구를 알아주지 못하는 갈등 상황 속에서 딸은 아빠 편, 아들은 엄마 편이 되어 있었습니다. 자녀 중 첫째는 매우 산만하고 친구 관계에 어려움을 겪고 있습니다. 둘째는 오빠에게 매우 공격적으로 대합니다. 이 가족에게는 서로를 배려하고 잘해주는 문화가 부재했습니다.

부부의 힘겨루기가 계속되면서 아내는 자녀 앞에서 남편이 성적인 면에서 자신을 만족시키지 못한다고 비난했습니다. 부부의 성관계에 관한 이야기가 자녀들에게 공개되는 것은 부모-자녀 간의 경계가 무너지는 것으로 매우 안 좋은 행동입니다. 이런 내용을 접하면 자녀들은 심리적인 상처를 받게 되고 성관계에 대해 부정적인 이미지를 만들 수 있습니다. 이 가족에게는 경계선을 제대로 세우는 구조 조정과 함께, 부부가 이런 상처를 주고받게 된 배경에 대해 심층적인 이해가 필요했습니다.

부부의 상처

아내의 가계도

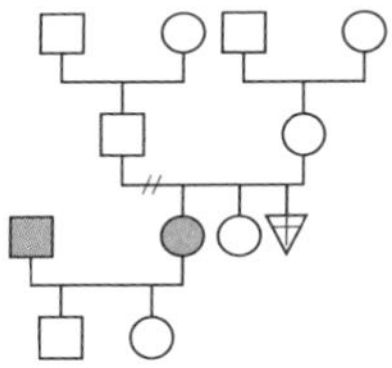

류샤오의 아내는 부모가 일로 바빠서 친조부모 손에 자랐고, 대학원에서 석사 학위를 받은 뒤 지금은 헤드헌터로 일하고 있습니다. 아내의 아버지는 능력 있는 공무원이었고, 어머니는 결혼 전에 교사로 일했습니다. 남편에게 늘 맞춰주고 져주는 편이었던 어머니는 나중에 이혼당했다고 합니다.

류샤오의 아내는 어머니의 혼전 임신으로 태어났는데, 어릴 때부터 아버지가 자신을 친딸이 맞는지 의심했다고 합니다. 어머니 역시 딸을 별로 사랑해주지 않았습니다. 어머니는 류샤오의 아내뿐만 아니라 다른 자녀들에게도 사랑을 주지 않았다고 합니다. 어머니가 왜 자녀들에게 사랑을 주지 않았는지는 류샤오의 아내도 알지 못합니다. 아마도 혼전 임신으로 성급히 결혼생활이 시작된 것을 매우 불행하게 여겼으리라 추정만 할 수 있었습니다.

류샤오의 아내 바로 밑으로 여동생이 있고 막냇동생은 산아제한 정책 때문에 낙태되었습니다. 그런데 어머니는 낙태한 아이가 아들이었다는 것을 알게 되자 크게 상심했습니다. 저는 아내가 태어나지도 않은 동생을 막내라고 표현하는 것이 인상적이었습니다. 아마도 이 자녀는 태어나지 못했지만 가족의 구성원으로 여겨졌던 듯합니다.

유복했던 어머니의 집안과는 달리 아버지의 집안은 매우 가난했습니다. 아버지는 본인의 능력으로 자수성가한 사람이었습니다. 열심히 노력해서 공무원이 되었으며, 가족이 자신을 전적으로 따르길 원하는 가부장적 사고를 가지고 있었습니다. 부부관계는 결혼 생활 초반부터 매우 좋지 않았던 듯하고, 이후 아버지는 외도를 했습니다.

이런 가정에서 성장한 류샤오의 아내는 좋은 부부 모델도, 부모-자녀 모델도 갖지 못했습니다. 자기 부모에게 사랑받고 자라지 못한 것에 대한 깊은 상처도 있었습니다. 특히 아버지에게 자기 딸이 아닐 수 있다는 의심을 받고 자라면서 아버지에 대한 원망이 컸고, 가부장적인 남편의 가치관에 근본적인 반감이 있었던 것으로 보입니다. 다른 한편으로는 행복한 가정과 사랑에 대한 갈구가 매우 컸습니다.

남편의 가계도

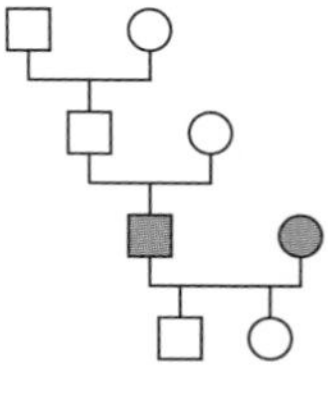

남편 류샤오는 중학교 1학년 때부터 타지에서 자취 생활을 했고, 성격이 다소 급하고 날카로운 편입니다. 대학원에서 석사 학위를 받은 뒤 일본계 회사에 관리직으로

일하고 있습니다. 그는 술과 담배를 즐기고 매번 늦게 귀가해서 아내와 자주 싸웁니다.

류샤오의 집안과 류샤오 아내의 집안 모두 가부장적인 특성이 강했습니다. 일례로 류샤오에게는 여동생이 한 명 있는데 부모님은 아들인 류샤오를 훨씬 더 사랑해주었습니다. 농민인 아버지는 성격이 급한 편이고 가부장적인 사람이었습니다. 어머니는 시부모, 시동생과 함께 살면서 시집살이를 했고 고부 갈등도 심했습니다. 이러한 문제를 어머니는 아들에게 자주 호소했고, 아들은 어머니의 보호자 역할을 해야 했던 것으로 보입니다.

어머니는 본인이 겪은 시집살이를 며느리 역시 겪게 하고 있었습니다. 며느리에게 음식 투정을 하고 냉정한 표현도 서슴지 않았습니다. 당연히 이는 고부 갈등으로 이어졌는데, 이 사이에서 남편은 아내의 편을 들어주지 않았습니다. 아버지의 가부장적인 태도를 보며 자란 데다 어머니로부터 미분화된 상태라 자신이 꾸린 가정에서 좋은 남편과 아버지의 역할을 하기가 매우 힘들었을 것입니다.

가족 세우기

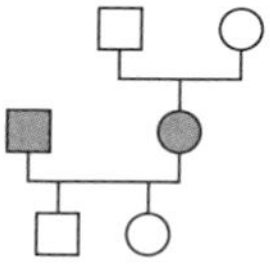

류샤오 아내의 부모는 왜 자식을 사랑해주지 않았을까요? 그 부모를 들여다보니 스물네 살 어린 나이에 아무런 준비가 되지 않은 채

결혼을 하고 아버지가 된 한 인간의 모습이 보입니다. 어머니 역시 남편의 전폭적인 지지와 사랑을 기대했는데 결혼 후 남편이 권위적인 태도를 취하자 매우 상처받았을 것입니다. 저는 먼저 부모가 부부로서 서로의 마음을 알아주도록 했습니다. 부부는 서로의 미숙함으로 행복한 결혼 생활을 함께 꾸리지 못한 것에 대해 후회와 아쉬움을 이야기합니다.

그러고 나자 부모는 자녀를 보기 시작합니다. 자신들 사이에서 상처받은 자녀들을 보니 너무나 미안하고 안쓰럽습니다. 부모는 진심으로 류샤오의 아내에게 사과합니다. 부모의 사과를 듣고 그들의 사랑을 확인하고 나자 그녀는 드디어 경직된 태도에서 벗어나 부드러워지기 시작했습니다. 류샤오 부부는 그녀의 경직된 태도가 자신을 보호하기 위한 방어기제였음을 이해하게 되었습니다.

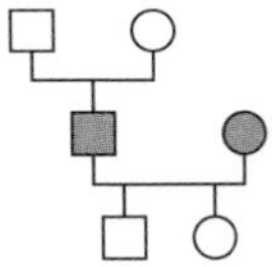

남편 역시 가족 세우기를 통해 자신과 부모의 관계 구조 및 역동을 이해할 수 있었습니다. 남편은 아내와 교제 중 결혼을 서둘렀는데 이는 어머니의 집착에서 벗어나고 싶었기 때문이고, 결혼한 뒤 어머니의 원망을 감당하기 어려워 아내를 멀리하며 어머니와의 관계를 유지한 것입니다. 이런 가족 구조의 트리우마를 극복하기 위해서는 우선 부모가 부부로서 화해해야 합니다. 아버지는 아내에게 폭력을 저지르고 서러운 시집살이를 위로하지 못한 점에 대해 사과합니다. 아버지의 위로를 듣고 어머니가 마음을 풀자 부모는 나란히 서서 자녀를 바라볼 수 있게 됩니다. 이번에는 어머니가 아들에게 지나치게 집착한 것, 아들의 결혼 생활을 방해한 일을 사과합니다. 아들은 마침내 어머니에게서 벗어나 자신의 가정을 마주하게 되고 아내를 보게 됩니다.

류샤오 부부를 보면 남편은 아내에게 인정받고 싶어하고 아내는 남편에게 사랑받고 싶어합니다. 그런데 아내는 남편을 성욕이 부족하다고, 자신을 만족시키지 못한다고, 남편이 가장 비참해하는 방식으로 비난합니다. 사랑받고 싶어하면서 그렇게 공격적인 태도를 보이니 남편은 아내에게 다가가지 못합니다. 배우자에게 안기려면 힘을 빼야 하는데, 아내는 화를 내면서 왜 자신을 안아주지 않느냐고 불평했던 것입니다. 이에 대한 남편의 복수 역시 프로급입니다. 아내가 원하는 것을 해주지 않고 아내를 멀리하면서 되갚는 구조가 된 것입니다.

류샤오의 아내는 부모, 특히 어머니에게서 받지 못한 사랑을 남편에게 갈구하고 있었습니다. 아내는 자신이 남편에게 어머니의 사랑을 갈구한다는 것을 깨닫게 되었습니다. 남편은 자신을 인정해주지 않고 밀어내는 아내에게 폭력을 쓰면서 부부 관계에 대한 욕구도 함께 사라졌다는 것을 깨달았습니다.

자신들의 끝없던 힘겨루기가 해소되고 나니 이제 자녀들이 눈에 들어옵니다. 부부 싸움에 자녀들을 끌어들인 상황도 알아차렸고요. 그 사이에서 상처받고 미분화된 채 머물러 있는 자녀들의 문제도 보입니다.

그들은 자녀에게 사과했고 자신들의 원가족 상처를 반면교사 삼아 자녀가 잘 자랄 수 있도록 필요한 사랑과 보살핌을 주겠다고 다짐합니다. 부모의 태도가 바뀌자 자녀들도 남매 간의 싸움을 멈추고 자신의 발달 단계에 맞는 아이다운 모습으로 돌아옵니다.

강한 모습을 하고 있는 사람들의 내면을 보면 이렇게 약한 모습과 사랑받고 싶은 욕구가 숨어 있습니다. 그들의 마음이 표면으로 나올 수 있도록 도와주는 것이 바로 가족 치료입니다. 부부는 이 가족 치료를 통해 서로의 진실된 감정을 만나게 되었습니다.

2부

중국 근현대사와 가족의 비극

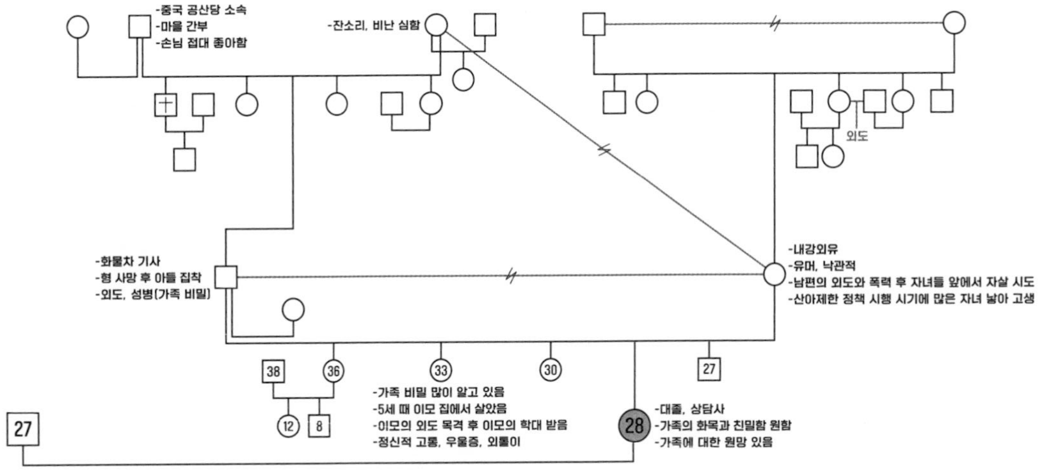
-중국 공산당 소속
-마을 간부
-손님 접대 좋아함
-잔소리, 비난 심함
외도
-화물차 기사
-형 사망 후 아들 집착
-외도, 성병(가족 비밀)
-내강외유
-유머, 낙관적
-남편의 외도와 폭력 후 자녀들 앞에서 자살 시도
-산아제한 정책 시행 시기에 많은 자녀 낳아 고생
38
36
33
30
27
12
8
-가족 비밀 많이 알고 있음
-5세 때 이모 집에서 살았음
-이모의 외도 목격 후 이모의 학대 받음
-정신적 고통, 우울증, 외톨이
27
28
-대졸, 상담사
-가족의 화목과 친밀함 원함
-가족에 대한 원망 있음

1장
산아제한 정책이 낳은 슬픔

중국의 산아제한 정책(일명 가족 계획 정책)은 많은 가정에 상처를 남겼습니다. 가족 상담을 진행하면서 산아제한 정책 때문에 비극적인 트라우마를 갖게 된 가족을 여럿 만났습니다. 리리의 가정도 그런 사례였습니다.

중국은 1978년 12월, 인구 증가율을 낮춰 2000년에는 인구를 12억 명 이하로 억제한다는 목표를 세우고 1979년 1월부터 산아제한 정책을 시행했습니다. 인구 증가와 더불어 식량문제가 심각해지면서 '1가구 1자녀' 정책을 시행한 것입니다. 이를 위반할 경우 급여 삭감, 승진 제한, 벌금 징수 등 강도 높은 처벌이 뒤따랐고, 이 때문에 아이를 낳아 몰래 키우거나 낙태를 하거나 아이를 버리는 일까지 비일비재하게 일어났습니다. 중국 사회는 남아 선호 사상의 뿌리가 깊었기에 자식을 한 명만 두어야 한다면 아들을 낳으려는 가정이 많았고, 그러다 보니 딸을 출산하면 다른 집에 보내거나 몰래 버리는 일이 많았습니다.

2010년대 들어 세계적으로 저출생과 고령화 문제가 대두되어 중국에서도 노동력 부족을 겪는 지역이 생기자 2014년부터는 부부 중 한 명이 외동이면 자녀를 두 명까지 낳을 수 있도록 법이 바뀌었고, 2016년부터는 전면적으로 '두 자녀 정책'이 시행되었습니다. 2021년에는 세 명의 자녀를 허용하기에 이르렀고, 산아제한 정책을 위반한 가정에 벌금을 부과하던 처벌 규정을 없앴습니다. 이제 산아제한 정책은 사실상 폐지되었다고 볼 수 있습니다.

산아제한 정책이 시행된 40여 년 동안 많은 가정에서 슬픈 일들이 일어났습니다. 리리의 집안 또한 이런 배경 속에서 많은 사건이 있었고, 특이한 관계도 많았고, 그러다 보니 가족으로 인한 트라우마도 많았습니다.

가족의 비밀

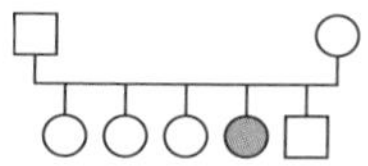

리리는 스물여덟 살 여성으로 심리 상담사로 일하고 있습니다. 리리는 가족에 대한 원망이 컸지만 가족들이 좀 더 친밀해지기를 원했습니다. 리리는 형제자매가 다섯인데 리리의 바로 위 언니는 어려서 입양을 갔습니다. 산아제한을 엄격하게 적용하던 시기여서 아들을 낳기 위해서는 딸을 많이 키울 수가 없었기 때문입니다. 언니는 다른 집으로 보낸 뒤 연락이 끊겼다고 합니다. 그다음에 리리가 태어났고, 그 뒤 태어난 리리의 동생은 아들이었습니다. 그래서 리리는 부모의 사랑을 많이 받지 못했고, 자기 성별에 대해 긍정적인 생각을 갖지 못했습니다.

부모도 사이가 그리 좋지 않았습니다. 화물차 기사로 일하던 아버지가 외도를 했고, 이 사실을 안 어머니가 아이들이 보는 앞에서 자살 기도를 한 적도 있습니다. 부모의 불화와 폭력 사이에서 자녀들이 심리적 상처를 안고 자란 것입니다. 그러나 아버지의 외도나 어머니의 자살 기도 사건은 가족의 비밀이 되어 이후 누구도 언급하지 않는 가족 비밀 또는 금기가 됩니다.

이 가족이 가지고 있는 트라우마는 아버지의 외도와 어머니의 자살 기도뿐만이 아닙니다. 어머니가 산아제한 시기에 자녀를 낳으면서 겪은 극심한 스트레스도 원인인데, 가족은 스트레스를 정면으로 접하고 대처하는 기술이 부족했습니다. 비밀을 가진 가족들의 특징은 바로 그들의 의사소통 구조입니다. 이들은 솔직하고 감정을 나누는 대화를 할 수가 없습니다. 감정을 느껴도 눌러야 하고 마치 아무렇지도 않은 것처럼 지내야 합니다. 그렇게 가상의 세계에서 적절한 타협을 하며 트라우마를 이어가게 됩니다.

어머니 원가족의 비밀

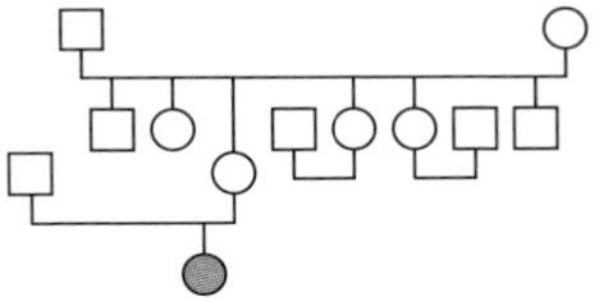

우리는 먼저 어머니의 원가족을 살펴보았습니다. 어머니에게 여동생이 둘 있는데 이 여동생들 사이에서 외도 사건이 있었습니다. 바로 아래 여동생이 그 아래 여동생의 남편과 외도를 한 것입니다. 리리의 둘째 언니는 산아제한 정책 때문에 이모 집으로 보내져 자랐는데, 이모가 다른 이모부와 외도하는 것을 알게 됩니다. 이런 상황에서 리리의 언니는 정신적으로 고통을 겪습니다. 이모들이 자신들의 수치스럽고 부끄러운 과오를 조카에게 들키자 조카에게 비밀에 부칠 것을 강요한 것입니다. 리리의 언니는 이모에게 학대당하고, 가족의 비밀을 누구에게도 말하지 못하면서 우울증을 겪게 되었습니다. 언니에게 정신질환이 발병하면서 리리도 이 사실을 알게 되었습니다.

아버지 원가족의 비밀

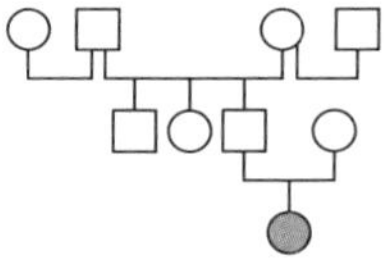

아버지의 할아버지는 중국 공산당 당원이었습니다. 마을에서 간부를 지낸 그는 손님 접대를 좋아하는 사교적인 사람이었습니다. 할아버지는 남들에게는 멋진 사람이었지만 가족에게는 그리 좋은 가장이 아니었던 것 같습니다. 할머니는 할아버지의 두 번째 부인이었습니다. 그러나 할아버지의 첫 번째 부인은 어떤 사람이고 할아버지가 어떤 이유로 두 번째 부인을 얻게 되었는지는 가족 비밀이어서 누구도 알지 못한다고 합니다. 할머니는 비난이 많은 사람이었다고 합니다. 할아버지와 할머니의 갈등은 계속되었고 할머니는 나중에 외도를 해 딸을 하나 낳았다고 합니다.

리리의 아버지는 부모와 긍정적인 부모-자녀 관계를 형성하지 못한 것으로 보입니다. 또 아버지의 형인 리리의 큰아버지가 30대에 우울증으로 자살을 했는데 이 역시 가족 비밀이었다고 합니다. 그런 상황에서도 리리의 아버지는 착한 아들 역할을 했고, 부모는 물론 아버지의 첫 번째 부인까지 돌봤습니다. 그러나 리리의 아버지는 정작 자신의 아내와 자녀들에게는 무심한 편이었고, 자신의 욕구는 몰래 불건강한 방식으로 해소하는 사람이었습니다. 이는 비밀을 가진 가족의 특징이기도 합니다. 감정을 직접적으로 소통하기 어렵기 때문에 또 다른 비밀을 만들어서 자신의 욕구를 해결하는 것이지요.

비밀에서 자유로워지기

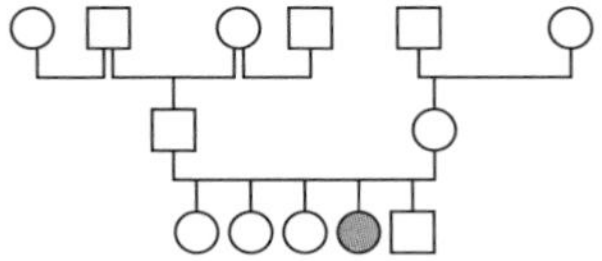

자녀들은 외도를 하는 아버지와 그 때문에 힘들어하는 어머니 사이에서 상처를 받으며 자랐습니다. 산아제한 정책 때문에 부모가 자녀들을 다른 집에 보내야 했던 것 또한 이 가족에게는 큰 상처가 되었습니다.

이 가족의 트라우마를 해결하기 위해서는 각 세대가 품고 있던 비밀에 대한 재작업이 이루어져야 했습니다. 비밀을 파헤치는 것이 아니라 어떤 일을 비밀로 만들어서 미안하다는 사과와 용서의 작업이 이루어져야 합니다. 간혹 비밀 자체는 그다지 중요하지 않은 사실이기도 합니다. 단지 당사자들이 감정적으로 이를 감당하지 못해 그것을 비밀로 만들어놓고 자기감정을 피하려고 할 때 더욱 견고하고 은밀한 비밀이 만들어지는 것입니다.

이제 가족 구성원들이 감정을 만나고 표현하면서 비밀로부터 자유로워져야 합니다. 예를 들면 어머니 쪽에서는 이모들이 외도와 관련한 자신의 상처를 서로 이야기하면서 직접적인 화해와 용서가 이루어져야 합니다. 또 조카에게 이 일을 비밀에 부치기를 요구한 것에 대해서도 사과해야 합니다. 학대한 것에 대해서도 용서를 구해야 합니다. 그래야 언니의 상처가 치유될 수 있습니다.

아버지 쪽도 마찬가지입니다. 할아버지가 두 아내에게 이중 가족을 만든 것에 대해 사과하고, 이로 인해 가족들을 심리적으로 힘들게 한 것에 대해 자신의 잘못을 인정해야 합니다. 원가족이 지닌 트라우마가 해결되고 나면 부모는 좀 더 당당하고 자신감 있는 모습으로 돌아올 수 있습니다.

화해와 용서

부모의 자존감이 회복되면 부모는 부부로서 서로의 아픔을 들어주고 용서를 구할 수 있게 됩니다. 부부의 화해 작업이 이루어지면 부모는 비로소 자녀들이 보이기 시작합니다. 부모는 자녀들에게 진심으로 이야기합니다.

"너희 앞에서 내가 엄마로서 해서는 안 될 일을 했구나. 큰 상처를 주어 정말 미안하다."

리리의 어머니는 자신이 아이들 앞에서 자살을 시도한 것은 정말 잘못한 일이라고 사과를 건넸습니다. 그리고 둘째 딸에게도 사과를 합니다. "너를 이모 집으로 보내서 정말 미안하구나. 네가 봐서는 안 될 것을 보게 하고, 이모에게 학대까지 당하게 해서 정말 미안해."

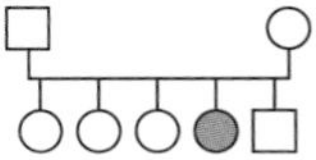

부모는 언니뿐만 아니라 내담자인 넷째 딸 리리에게도 사과를 합니다. 산아제한이라는 외부 요인의 영향 속에서 딸이 겪었을 불안과 상처를 알아주고, 리리가 가족을 위해 너무 애쓰지 않아도 된다고 말해주었습니다. 화목한 가정을 위해 부모가 노력하겠다고 하니 리리는 마음이 한결 편해지는 듯했습니다.

간혹 자녀들이 너무 애쓸 때 가족 안에서 역기능이 생기기도 합니다. 자녀가 부모를 보살피는 체계가 아니라 부모가 자녀를 보살피는 내리사랑이 자리 잡을 때 훨씬 편안한 구조가 되는 것이지요.

이 사례는 리리 혼자 참석해서 가족 치료를 받은 경우입니다. 이런 경우에 많은 사람들이 질문을 던집니다. 정작 문제의 당사자인 부모나 조부모가 참석하지 않았는데 대역들이 대신한 사과와 용서, 화해 작업이 무슨 의미가 있느냐는 질문입니다. 네, 맞습니다. 실제 조부모와 부모의 화해 장면은 없었습니다. 그러나 중요한 것은 내담자가 이 가족 치료 작업을 통해 조부모와 부모의 새로운 모습을 간접적으로 경험함으로써 자기 가족에 대한 스키마(도식)가 바뀐다는 사실입니다. 이제 내담자는 비밀로 가득 찬 가족, 소통이 안 되는 가족의 이미지 대신 부모의 사랑과 지지를 느끼는 가족의 이미지를 가지게 됩니다. 이는 내담자의 자존감에 변화를 줄뿐더러 내담자의 구체적인 행동들을 바꾸어놓을 수 있습니다.

이렇듯 가족 비밀은 가족 체계를 좀비처럼 먹어치우기도 합니다. 리리의 가족 이야기는 가족이 지닌 비밀을 해체하고 진정한 치유를 시도한 사례였습니다.

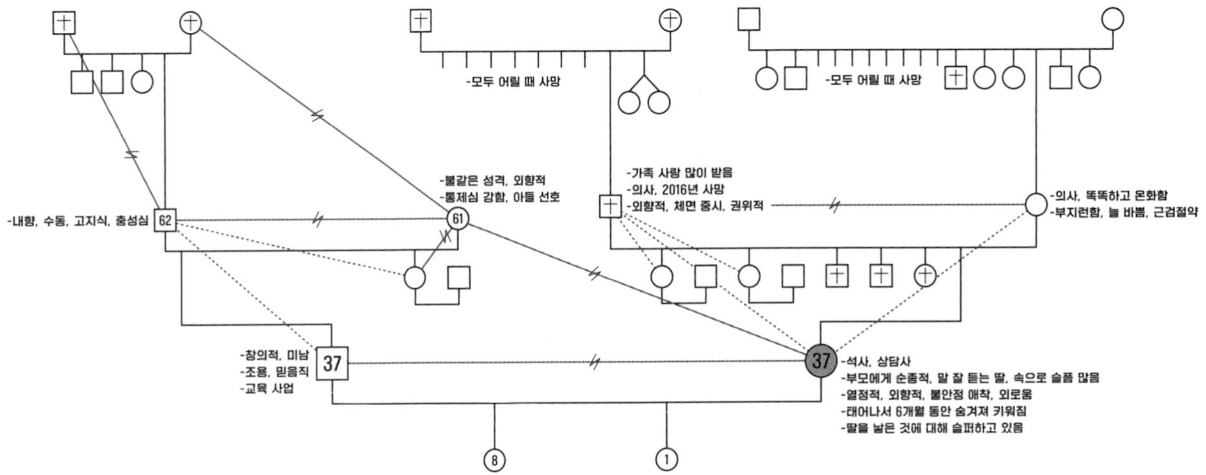

-모두 어릴 때 사망
-모두 어릴 때 사망
-불같은 성격, 외향적
-통제심 강함, 아들 선호
61
-내향, 수동, 고지식, 충성심
62
-가족 사랑 많이 받음
-의사, 2016년 사망
-외향적, 체면 중시, 권위적
-의사, 똑똑하고 온화함
-부지런함, 늘 바쁨, 근검절약
-창의적, 미남
-조용, 믿음직
-교육 사업
37
37
-석사, 상담사
-부모에게 순종적, 말 잘 듣는 딸, 속으로 슬픔 많음
-열정적, 외향적, 불안정 애착, 외로움
-태어나서 6개월 동안 숨겨져 키워짐
-딸을 낳은 것에 대해 슬퍼하고 있음
8
1

2장
죽음의 그늘이 드리운 가족

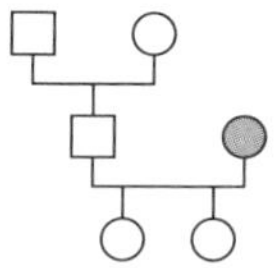

워크숍에서 처음 만난 시시는 임신 중이었습니다. 자그마한 체구에 귀여운 인상을 주었으며 얌전하고 차분해 보이는 사람이었습니다. 시간이 좀 지난 뒤 두 번째왔을 때는 시어머니와 함께였고 여덟 살짜리 딸과 갓난아이도 데리고 왔습니다. 시시는 상담사로 일하고 있고 남편은 교육과 관련된 사업을 하고 있었습니다. 남편과의 관계는 아주 좋은 편이지만 굳이 힘든 점을 찾자면 시어머니가 무섭다고 했습니다. 또 우울증이 심해서 밤에 잠을 잘 못 자고 매일 운다고 했습니다. 하지만 자신이 왜 그렇게 힘들어하는지 잘 모르겠다고 했습니다. 자신의 우울과 슬픔의 정체를 알고 싶다고 하면서 상담을 요청했습니다.

아이들의 죽음

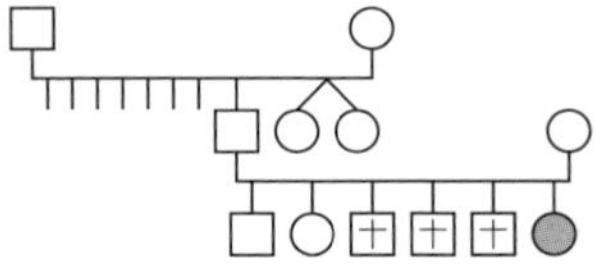

시시의 부모는 둘 다 의사였습니다. 아버지는 예순세 살에 돌아가셨는데 뛰어난 연구자였고, 말수가 적지만 사교적인 사람이었습니다. 아버지 위로 형제자매가 여러 명(일곱 명 정도) 태어났지만 모두 어려서 죽는 바람에 조부모가 시시의 아버지를 애지중지 키워 아버지는 귀한 아이로 자랐다고 합니다. 시시의 집안 내력을 살펴보니 아이들의 죽음이 많다는 점이 눈에 띄었습니다.

이런 상태라면 집안에 압도적으로 흐르고 있는 슬픈 정서를 예상해볼 수 있습니다. 부모가 자녀를 바라볼 때 잘 자라길 바라는 마음과 함께 걱정하는 마음, 그리고 죽음에 대한 두려움을 가지고 있었을 것입니다. 또 형제들의 죽음을 알고 있다면 그다음에 태어난 자녀는 죽은 자녀들의 몫까지 다하려 하는 역동이 만들어질 수 있습니다.

아버지 아래로는 여섯 살 어린 쌍둥이 여동생이 있었습니다. 아버지는 여섯 살까지는 외동으로 그리고 이후에는 외동 아들로 성장합니다. 불행히도 할머니는 아버지가 열여섯 살 때 돌아가셨습니다. 또다시 어두운 정서가 가족을 지배했을 것입니다. 시시는 아버지에 대해 상세하게 이야기하지 않았습니다. 직업과 체면을 중시하고 엄격했다는 것 이외에는 개인적인 관계 에피소드조차 없었습니다. 정서적으로 매우 먼 부녀 관계였으리라 유추해볼 수 있습니다.

아버지 가계는 (아버지가 특별히 사랑받으며 자라기는 했지만) 매우 무거운 정서가 지배하고 있었습니다. 보통 사랑받고 자란 사람은 남을 사랑하고 좋은 관계를 만들어갈 자원이 풍부하지만 아버지는 그러지 못했습니다. 아버지가 받은 감정이 그리 편안하고 밝은 사랑이 아니었던 것이지요. 그러니 아버지는 시시에게도 편안하게 사랑을 표현할 수 없었을 것입니다.

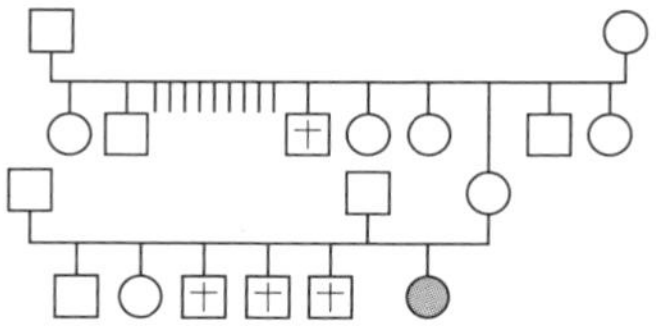

아버지와 마찬가지로 의사인 시시의 어머니는 온화하고 똑똑하며 근검절약하는 성격입니다. 시시의 어머니 집안 역시 형제자매의 죽음이 많았습니다. 시시의 외할머니는 열여섯 명을 출산했는데 일곱 명만이 살아남았다고 합니다. 거기에 더해 어머니가 열다섯 살 때 총명했던 오빠가 죽었는데, 어머니는 이때를 생생하게 기억하고 있었습니다. 그렇게 해서 살아남은 자녀는 모두 여섯 명이고 그중에서 어머니는 넷째입니다. 어머니의 가족 역시 암울하고 죽음과 관련된 어두운 정서가 깊이 스며들어 있었을 것이고, 넷째인 어머니는 그 누구에게도 특별한 사랑이나 관심을 받지 못하고 성장했을 것입니다. 어머니가 살아남는 방식은 그저 열심히 공부하고 성실하게 자기 앞가림하는 것이 최선이었을 것입니다. 이렇게 자란 어머니이기에 자녀에게 적극적인 사랑을 표현하거나 정서적 교감을 나누는 데는 서툴렀을 것입니다.

시시의 부모는 모두 불안정 애착의 회피 유형으로 서로에게 큰 요구도 기대도 없이 그저 묵묵히 살아가는 사람들입니다. 부모 양쪽 집안 모두 자녀를 보통 이상으로 많이 낳았으며 그중에 죽은 아이들이 많았습니다. 자녀들의 죽음은 부모에게 매우 큰 상실이며 슬픔입니다. 게다가 아버지 쪽으로는 일곱 명, 어머니 쪽으로는 열 명이나 되는 자녀가 죽었다면 그 마음이 어땠을까요? 어떤 부모는 이 슬픔을 억누르며 가족 비밀을 만들기도 하고, 어떤 부모는 그 슬픔을 여과 없이 자녀들에게 표현하기도 합니다. 부모들의 이러한 행동들은 자녀들에게 다양한 형태로 영향을 줍니다. 이 양쪽 가정 모두에서 감정을 억압하는 분위기가 있었을 것이고, 부모들은 모든 사실을 자녀들에게 이야기하면서 자녀들의 정서는 돌보지 않은 듯했습니다. 어머니와 아버지 모두 이 사실들을 마치 별일 아닌 듯 받아들이고 있지만 실제로 트라우마는 가족 안에서 전혀 처리되지 않고 있었습니다.

가족 세우기

시시의 원가족

시시의 부모는 모두 정서적으로는 차단되어 있고 인지적으로만 문제 해결을 하는 사람들이었습니다. 자녀들에게도 그리 다정한 부모는 아니었습니다. 시시는 형제자매 중 막내로 태어났고 위로는 오빠와 언니가 있습니다. 시시 위로 세 명의 아이들이 생겼지만 산아제한 정책 때문에 모두 낙태당했다고 합니다. 그리고 1년 후에 시시가 태어났습니다. 시시는 태어났을 당시 6개월간 숨겨져 양육되었습니다. 게다가 시시가 아들이 아니어서 아버지가 무척 서운해했다고 합니다.

시시는 태어나자마자 없는 사람이 되어야 했던 데다 자기 성별에 대해서도 부정적인 반응을 겪었기에 그로 인한 상처가 깊었습니다. 자존감이 건강하게 형성되지 못했을 것입니다. 공부 잘했던 부모처럼 오빠와 언니와 시시도 공부를 잘했고 특히 시시는 순종적이고 말 잘 듣는 딸로 성장했습니다. 그러나 따뜻한 사랑을 받은 기억 없이 냉랭한 어린 시절을 보냈습니다.

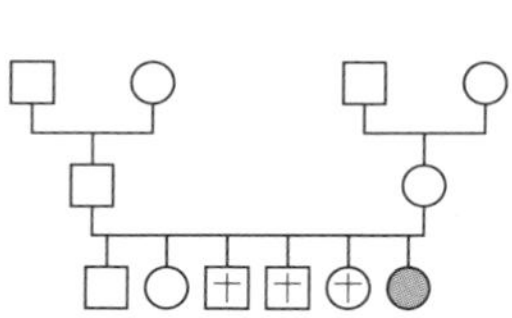

시시는 돌아가신 아버지에게서 따뜻한 사랑을 느끼지 못했고, 어머니가 자신을 다정하게 안아준 기억도 없습니다. 부모가 의사인 남부럽지 않은 집안에서 태어났지만 시시

는 부모에게 사랑받지 못하고 정서적으로 아주 빈곤한 상태로 성장했습니다.

시시의 가계도 분석을 통해 알 수 있는 것은 시시가 자녀를 임신하고 출산할 때 여러 무거운 트라우마들이 되살아날 수 있다는 사실입니다. 자녀가 죽을 수도 있다는 불안감, 여자아이로 태어나면 부모를 실망시킨다는 생각 등이 현재 시시가 둘째 딸을 낳고 다시 한번 우울로 빠져들게 된 트리거가 되었다고 볼 수 있습니다.

남편의 원가족

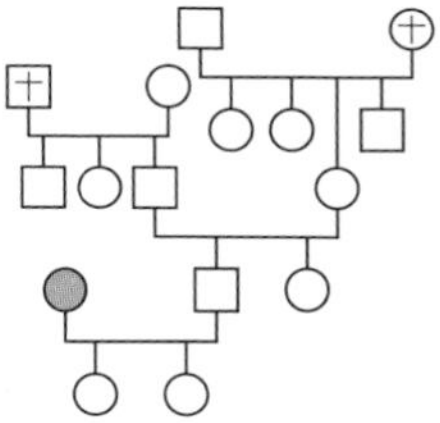

이번에는 시시의 남편 가족을 살펴봤습니다. 남편의 아버지는 위로 형과 누나를 둔 막내였으며, 어려서 아버지를 여의고 형제들과의 갈등으로 관계가 단절되었다고 합니다. 성격은 내향적이었다고 합니다. 한편 남편의 어머니, 즉 시시의 시어머니는 가난한 집안에서 성장했습니다. 농민이었던 그녀의 아버지는 엄격하고 성격이 급했고, 내향적인 성향이었던 그녀의 어머니는 남아 선호가 강해 셋째 딸인 시어머니에게는 별 관심이 없고 남동생에게만 사랑을 쏟았다고 합니다. 시어머니는 스무 살 때 어머니를 여의었습니다. 그녀는 마음의 상처가 많고 외로움을 타는 한편 자기주장이 강하며 요구가 많은 편입니다. 때로는 불같은 성격을 보이기도 합니다. 그리고 자신도 아들을 선호하고 딸을 차별 대우했습니다.

시시의 남편에게는 여동생이 한 명 있는데 대학을 졸업한 뒤 회사를 다니고 있습니다. 시어머니는 남편이나 딸보다 아들에게 많이 의지했는데 아들이 결혼하고 난 뒤로 관계가 소원해지자 허전함을 느낍니다. 남편은 어머니와의 관계에서 충성 갈등을 느끼고 있었으며, 어머니에게도 아내에게도 편안하게 다가갈 수 없는 난처한 삼각관계에 놓여 있었습니다.

그다음으로 시시와 시어머니의 관계를 살펴보았습니다. 시시가 딸을 낳았을 때 시어머니는 시시가 아들을 낳지 못한 것이 서운해서 한 달을 울었다고 합니다. 시시는 자신이 딸이어서 아버지가 속상해했던 경험이 있고, 시어머니도 아들을 좋아하니 아들을 낳아야 한다는 심리적 부담을 갖고 있었습니다. 남아 선호 정서가 남편 쪽으로나 자신의 원가족에서나 다세대에 걸쳐 대물림되고 있었습니다.

시시는 시어머니를 무서워했습니다. 며느리가 용기 내어 시어머니에게 청해서 시어머니도 가족 치료 세미나에 함께 참여했는데, 시시의 시어머니는 그렇게 무서운 사람 같아 보이지 않았습니다. 몸집이 왜소하고 인상도 강하지 않았으며 이야기를 나눠보니 말이 안 통하는 사람도 아니었습니다. 시어머니의 말에 따르면, 며느리가 도와달라고 해서 도와주면 며느리는 자기가 원하는 대로 해주지 않았다고 하면서 슬퍼하고 우울해한다는 것입니다. 그래서 왜 그러는지 물어보면 그때부터 며느리가 자신을 무서워한다고 합니다.

시시는 시어머니와 자신의 어머니를 동일시하고 있는 듯했습니다. 시시의 마음속에는 이미 '어머니는 어차피 자신의 마음을 몰라주는 사람'이라는 스키마가 존재하고 있습니다. 그 마음의 도식을 품은 채 시어머니를 대하면 시어머니 역시 자신이 아무리 이야기해도 통할 사람이 아니라고 단정하게 됩니다. 해결되지 않은 모녀 갈등이 고부 갈등으로 옮겨가 같은 관계 역동을 만들고 있었습니다. 시어머니 입장에서는 며느리를 도와주고 며느리한테 무섭다는 말을 듣는 억울한 상황이었지요. 이런 부분들을 풀기 위해서는 시시가 시어머니 앞에서 위축되지 않도록 자존감을 높일 필요가 있었습니다.

자존감 회복을 위해

우리는 시시의 자존감을 높이기 위해 부모와의 관계 개선을 시도했습니다. 시시가 부모와 정서적으로 전혀 연결되어 있지 않아서 먼저 부모를 가까이 느낄 수 있어야 했습니다. 시시와 부모 관계의 구조를 세우고 서로 대화하는 작업을 시도했습니다. 하지만 딸 시시도 어머니도 뻣뻣하게 서 있을 뿐 서로에게 다가가지 못했습니다. 내담자와 어머니 세대의 화해와 용서 작업이 바로 이루어지지 않음을 알 수 있었습니다.

어머니는 경직되어 있고 자녀를 볼 때 매우 어색해했습니다. 딸에게 사랑한다는 말도, 소중하다는 말도 쉽게 건네지 못했습니다. 어머니는 이런 말들이 매우 어색하다고 했습니다. 이 지점에서 어머니의 상처가 보였습니다. 어머니는 자신의 어머니에게 사랑받은 느낌이 없었기에 자기 자녀와도 서먹서먹한 감정만을 느낄 뿐이었습니다. 이런 경우에는 어머니의 트라우마를 다루기 위해 외조부모와 어머니 세대로 올라가야 합니다.

어머니의 트라우마 치료

먼저 외할머니와 외할아버지, 열여섯 명의 자녀를 다 세워봅니다. 그리고 자녀들에게 그들 모두가 소중한 자녀임을 말해주었습니다. 그러자 어머니는 조금씩 위축된 모습에서 벗어나 외할머니에게 자신이 얼마나 엄마의 관심과 사랑을 받고 싶었는지 이야기할 수 있었습니다. 외할머니는 딸의 말을 듣고 사과하며 딸이 너무나 소중하고 사랑스러운 존재임을 확인해주었습니다. 이렇게 어머니에게 서서히 온기가 전달되니 어머니는 자존감을 회복할 수 있었습니다.

정말 신기한 것은 아버지의 원가족 상처도 어머니와 아주 비슷하다는 점입니다. 동일한 형태의 트라우마 치유 작업이 이루어졌습니다. 부모 각자는 자신들도 형제자매의 죽음을 너무나 많이 듣고 자랐기에 자기 자녀들이 죽을 때도 큰일이 아니라고 생각했습니다. 하지만 실제로는 너무나 큰 상실감과 슬픔을 느낀 나머지 감정이 올라오지 못하게 억누르고 있었던 것입니다.

자신의 감정을 누르고 사는 사람들은 타인의 감정도 알아차리기가 어렵습니다. 또 이런 분위기에서 자란 자녀들은 자신의 감정을 직접적으로 표현하는 것이 어려울 뿐 아니라 알아차리기도 힘든 경향이 있습니다. 그러나 왠지 모르게 슬프고 무거운 감정을 가지고 살게 됩니다. 수많은 죽음을 경험한 내담자 시시의 원가족은 감정을 죽이고 사는 가족이었던 것입니다.

부모와의 관계

부모의 트라우마를 살펴보는 작업이 끝난 후에 다시 부모가 딸을 마주 대하자 그제야 외롭고 위축되어 있는 딸의 모습을 발견합니다. 부모는 진심 어린 연민을 느끼며 딸에게 사과를 합니다. 그리고 딸이 자신들에게 얼마나 소중한 존재인지를 스스로에게 그리고 딸에게 확인시켜주었습니다.

어쩌면 시시의 부모가 자녀들이 죽은 이야기를 너무 어려서부터 있는 그대로 전달한 것이 문제일 수 있습니다. 그런 이야기 속에서 자녀들은 태어나 죽을 수도 있고 살 수도 있는 존재로 여겨지기 때문입니다. 저는 그 부모에게 자녀들은 하나하나가 아주 소중한 존재임을 일깨워주고 싶었습니다. 시시에게 내면의 힘을 길러주기 위해 부모가 반복해서 시시를 아주 사랑하고 소중히 여긴다는 메시지를 전달하게 했습니다. 살아남은 자녀가 죽은 형제자매 몫까지 다 할 필요는 없다고도 말해주었습니다. 그러자 시시도 서서히 부모의 사랑을 느끼며 자존감을 회복할 수 있었습니다. 이제 부모에게 자신의 감정을 당당하게 이야기하는 것이 가능해졌고, 부모가 자신을 사랑한다고 믿게 되었습니다. 이 체험은 시어머니와의 갈등을 해결하기 위해서도 매우 중요합니다.

시어머니와의 관계

시어머니의 상처와 며느리 시시의 상처는 아주 유사한 부분이 있습니다. 두 사람 모두 남아 선호 때문에 부모의 사랑을 남자 형제들에게 양보해야 했다는 것입니다. 부모의 사랑에서 이런 차별을 경험한 자녀는 매우 분노하는 경우도 있지만 자신에 대한 근본적인 무기력과 낮은 자존감을 가지게 되기도 합니다. 아무리 애써도 부모는 이미 다른 기준을 세워 선호도를 정해놓았기 때문입니다.

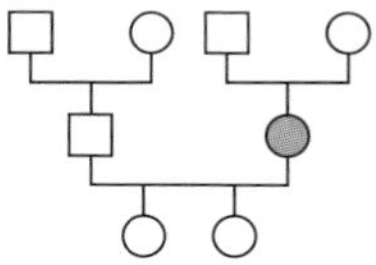

시어머니와 며느리는 상담 과정에서 자신들이 서로 비슷한 상처를 갖고 있다는 것을 알게 되어 심리적으로 좀 더 가까워졌습니다. 시시는 시어머니가 자신을 무섭게 대한 게 아니라, 자신이 어머니를 어렵게 생각하고 무서워했듯이 시어머니를 무서워한다는 것을 깨달았습니다. 시어머니의 상처를 보며 보다 인간적인 연민을 느끼기도 했고, 자신의 원가족 트라우마를 치유한 후 자존감이 올라가면서 시어머니를 좀 더 편안하게 대하게 되었습니다.

두 사람 사이의 갈등이 해결되기 위해서는 시어머니와 시시의 남편과 시시의 삼각관계, 그리고 조금 더 깊게 들어가 시어머니와 시아버지와 남편의 삼각관계 갈등이 해결되어야 합니다. 시아버지는 가계도에서 소외되고 고립된 존재였습니다. 불같은 성격을 지닌 어머니에 비해 수동적이고 고지식한 아버지는 어머니 마음에 들지 않았고, 남편에게 만족하지 못한 어머니는 남편에 대한 불만과 험담을 아들에게 늘어놓았습니다. 아들이 어머니 편을 들면서 아버지가 따돌림당하는 현상이 만들어진 것입니다.

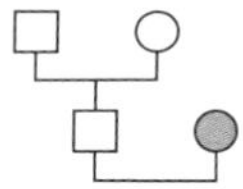

아버지에 대한 이미지를 긍정적으로 돌리는 작업이 필요했습니다. 아버지는 실제로 지혜롭고 성실한 사람이었으며 아내와 본가의 갈등 상황을 겪으며 아내 편을 들어준 사람이었습니다. 그만큼 자신의 가족에게 헌신하고 노력한 사람이었다는 것을 뒤늦게나마 재발견할 수 있었습니다. 그러자 어머니는 남편에 대한 냉담한 마음이 풀리기 시작했고 남편에게 다가갈 수 있었습니다. 시부모의 부부 관계가 바로 서기 시작하자 아들인 시시의 남편은 어머니와의 관계를 좀 더 편안하게 설정할 수 있었고, 시시와의 부부 관계도 더 편안하고 친밀해졌습니다. 부부 관계가 바로 설 때 비로소 자녀들은 부모로부터 진정한 독립을 할 수 있습니다. 시어머니를 무서워했던 시시는 이런 복합적인 가족 세우기의 구조 조정을 통해 좀 더 당당하고 편안한 관계를 이룰 수 있게 되었습니다.

자기 상처 마주하기

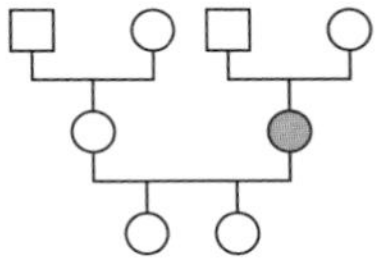

시시의 산후 우울증은 본인의 상처와도 연결되어 있습니다. 자녀를 낳는다는 것이 축복이고 기쁜 일만은 아니었던 가족 분위기, 어린 시절에 느낀 외로움, 슬픈 모습을 많이 보였던 어머니에 대한 원망, 여기에서 비롯된 우울이 모두 활성화되기 때문입니다. 이제 이 가족에게 새로이 필요한 것은 어머니들이 우울과 무기력에서 벗어나 자녀들의 탄생을 축복과 기쁨으로 받아들이는 일이었습니다.

시시는 어머니가 자신을 제대로 사랑해주지 못했던 것처럼 자신 역시 딸에게 사랑을 주지 못하고 있다는 것을 알게 되었습니다. 그리고 이제 무기력하고 우울한 엄마가 아니라 좀 더 생동감 있는 엄마가 되기로 새롭게 다짐했습니다.

행복이란 어쩌면 밋밋한 것

시시는 행복에 대한 환상을 갖고 있었습니다. 자신이 생각하는 이상적인 시어머니의 모습과 이상적인 남편의 모습이 있었고, 그런 모습을 갖춰야 행복한 가족이 된다고 믿었습니다. 그런데 사실 행복은 아주 사소한 데서 느끼는 감정입니다. 저는 시시에게 행복이라는 건 아주 밋밋하다고 말해주었습니다. 행운은 자극적입니다. 로토에 당첨되는 일 같은 것이 행운이지요. 그에 비하면 행복은 아주 소소한 데 있습니다. 따뜻한 물 한 잔을 마시는 기분, 문밖에 나왔을 때 햇빛이 환하게 내리쬐는 모습, 길가에 핀 조그만 꽃을 발견할 때나 아이들이 웃는 모습을 볼 때 느끼는 감정…… 이런 것들이 행복입니다. 우리 삶에 거창한 행복이라는 사건이 따로 찾아오는 것이 아닙니다.

시시의 가족은 이제 자녀들의 죽음이 많은 가족이라는 타이틀을 벗고, 가족 모두가 총명하고 지적 능력이 탁월한 집안이라는 타이틀을 새롭게 달았습니다.

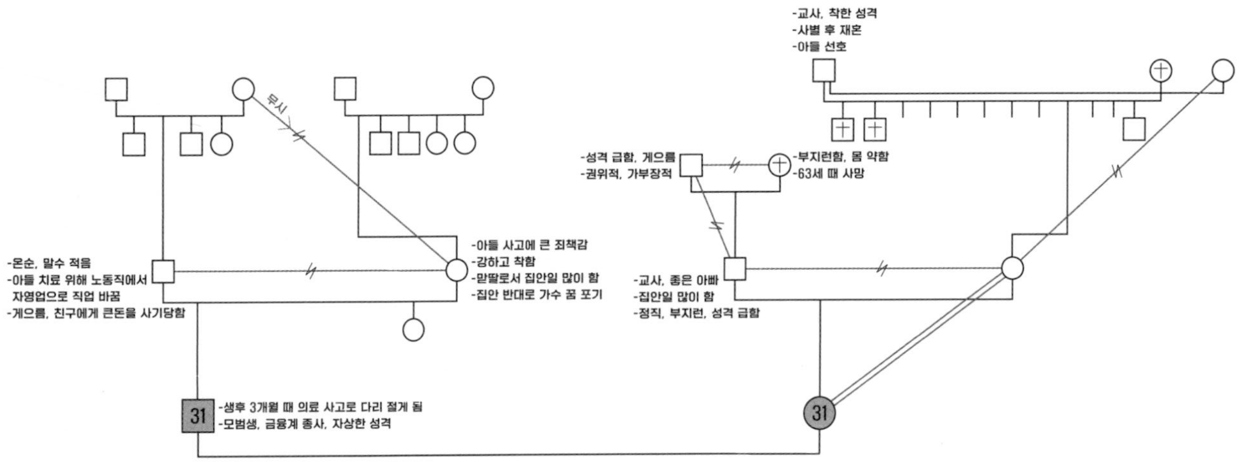

-교사, 착한 성격
-사별 후 재혼
-아들 선호
무시
-성격 급함, 게으름
-권위적, 가부장적
-부지런함, 몸 약함
-63세 때 사망
-아들 사고에 큰 죄책감
-강하고 착함
-맏딸로서 집안일 많이 함
-집안 반대로 가수 꿈 포기
-온순, 말수 적음
-아들 치료 위해 노동직에서
자영업으로 직업 바꿈
-게으름, 친구에게 큰돈을 사기당함
-교사, 좋은 아빠
-집안일 많이 함
-정직, 부지런, 성격 급함
31
-생후 3개월 때 의료 사고로 다리 절게 됨
-모범생, 금융계 종사, 자상한 성격
31

3장
자녀를 묶어두는 부모

서른한 살 동갑내기 부부인 웨이펑과 쯔신은 모범생 스타일의 엘리트였습니다. 아내인 쯔신은 예쁘고 사랑스러우면서 아주 총명한 사람이고, 남편인 웨이펑은 어릴 때 의료사고로 다리를 절게 되어 몸이 약간 불편하지만 얼굴은 참 밝은 사람이었습니다. 두 사람은 서로에게 매우 다정했고, 그들의 사랑이 전체 그룹에도 매우 긍정적인 따뜻함을 전하고 있었습니다.

남편 웨이펑과 잠시 이야기를 나누고 나니 이 사람이 갖고 있는 매력, 편안한 자신감, 이런 것들이 그대로 느껴져서 쯔신이 결혼을 참 잘했구나 하는 생각이 들었

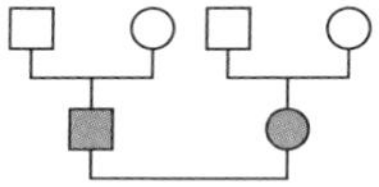

습니다. 웨이펑은 저를 처음 만났는데도 스스럼없이 다가와 말을 걸고 농담을 건네며 분위기를 편안하게 이끌었습니다.

쯔신의 부모는 사위 될 사람이 장애를 가진 사람이라며 딸의 결혼을 심하게 반대했고, 쯔신의 어머니는 지금도 이들 부부를 만나지 않는다고 합니다. 부부는 부모의 반대에도 불구하고 사랑에 대한 확신으로 결혼해서 지금까지 즐겁고 다정하게 살고 있지만, 마음 한편으로는 여전히 부모에게 축복받고 싶은 마음이 있습니다. 이 부부는 그런 것들이 상처가 되어서 부부 상담을 받으러 온 것이었습니다.

어머니 품에 갇힌 자녀들

쯔신과 부모

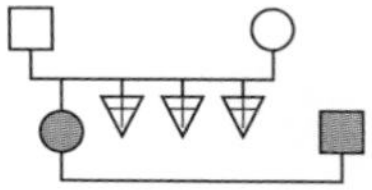

아내 쯔신의 원가족을 보면 부모 두 사람 다 교사였습니다. 쯔신의 부모는 쯔신을 낳은 뒤 산아제한 때문에 세 번이나 낙태를 했다고 합니다. 이렇게 산아제한 정책으로 형제자매가 낙태된 적이 있는 사람들은 대부분 자신이 죽은 아이들 몫까지 다 해야 한다는 과책임을 느낍니다. 자기만 살고 다른 아이들은 죽었다는 죄책감 때문에 동생들 몫까지 부모에게 잘해야 한다고 생각하게 되는 것입니다. 부모도 '너는 살았지만 네 동생들은 산아제한 때문에 다 죽었다. 그러니 너는 우리에게 잘해야 하고,

끝까지 우리를 지켜야 한다'는 식으로 암암리에 책임감을 심어 주는 경향이 있습니다. 이것이 부모와 자식이 미분화되는 계기가 됩니다.

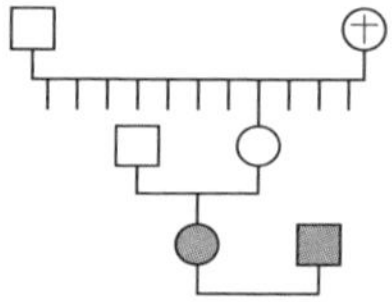

쯔신의 어머니는 부정적인 면과 긍정적인 면이 공존하는 사람이었습니다. 강하면서도 심약하고 고집스러우면서도 따뜻합니다. 그녀는 사고로 크게 다친 적이 있어서 몸이 좀 불편합니다. 국가대표 선수를 했을 정도로 키가 크고 다른 신체 조건이 뛰어났지만 사고로 인해 운동을 할 수 없게 되었고 진로를 바꾸어 교사가 되었습니다. 한편 쯔신의 어머니는 열세 살 때 자신의 어머니를 잃었습니다. 모정에 대한 결핍이 어느 정도 있었을 것입니다. 게다가 총 열한 명의 자녀 중 여덟 번째여서 부모의 관심과 사랑을 집중적으로 받지 못했을 것입니다. 열세 살 때 어머니가 돌아가신 이후 아버지가 재혼을 했는데 새어머니에게 괴롭힘을 당했다고 합니다. 그러나 어머니는 성실하게 살아왔습니다.

쯔신의 아버지는 정직하고 부지런한 타입으로 집안일을 많이 하는 사람이었다고 합니다. 쯔신은 어머니보다 아버지에 대해 훨씬 더 긍정적으로 표현했습니다. 쯔신도 아버지를 많이 닮은 것 같았습니다. 부지런하면서도 상냥하고, 요령 있게 일을 잘하면서도 남에게 부담 주지 않고 상대를 기분 좋게 만드는 힘이 있었는데, 이는 쯔신이 표현한 아버지의 성품과 같습니다.

부모의 부부 관계를 보면, 쯔신의 어머니는 아버지를 자주 비난하고 아버지는 자꾸 회피하는 패턴이었습니다. 그러니 이 어머니는 딸에게 더욱 집착하고, 딸에게 이것저것 시키며 대리 만족을 느끼기도 했던 것 같습니다. 그런데 소위 좋은 대학을 나온 총명한 딸이 장애가 있는 사윗감을 데려오니 굉장히 실망해 심하게 반대한 것입니다. 웨이펑과 쯔신은 부모의 반대에도 불구하고 결혼을 강행했는데, 쯔신의 내면으로 들어가보면 그런 어머니한테서 분리되고 싶었던 마음도 있었던 것 같습니다. 그러지 못하면 자신이 평생 어머니를 책임져야 한다는 심리적인 부담이 있었던 것입니다.

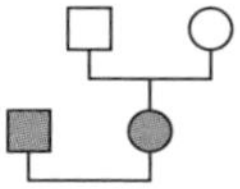

웨이펑과 부모

자녀는 결국 부모로부터 독립해야 하는데, 부부 모두에게서 어머니로부터 분화될 수 없었던 구조가 보였습니다. 웨이펑의 어머니는 온화하고 강한 사람으로, 맏이로 태어나 집안일을 도맡아 하느라 자기 꿈을 제대로 펼치지 못했습니다. 어머니의 꿈은 가수가 되는 것이었다고 합니다. 그녀는 아들이 생후 3개월 때 의료사고로 다리를 절게 된 것에 엄청난 죄책감을 느끼고 있었습니다. 웨이펑의 아버지는 말수가 적고 온순한 성격으로, 노동직에 있다가 아들을 치료하기 위해 자영업을 시작

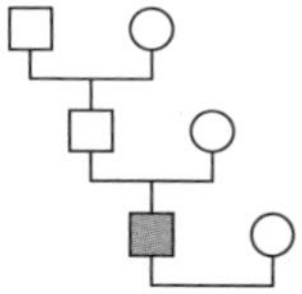

했는데 친구에게 큰돈을 투자한 뒤 사기를 당해 전부 잃었다고 합니다.

아버지는 도시 출신이고 어머니는 시골 출신이었는데, 웨이평의 친할머니가 며느리를 시골 사람이라고 무시해서 이들 부부는 사이가 별로 좋지 않았습니다. 이런 구조에서는 어머니가 아들에게 심리적으로 집착할 수밖에 없습니다. 남편과 관계가 좋지 않은 상태에서 아들을 보살피느라 집착하고, 고부 갈등이 있는 상황 또한 아들을 통해 위로받으려 합니다. 다행히 웨이평은 타고난 성정이 착하고 총명해서 다리가 불편한 것에 별로 콤플렉스가 없었습니다. 그러니 어머니 입장에서는 정말 자랑스러운 아들이었지요. 이런 식으로 부부가 다 각자의 어머니에게 묶여 있는 관계였습니다.

자신의 가정을 위한 진정한 독립

우리는 먼저 웨이펑과 쯔신 부부가 부모로부터 건강하게 독립할 수 있도록 분화 작업을 하기로 했습니다.

쯔신의 어머니가 지닌 상처 치유

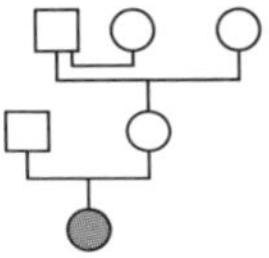

부모가 자녀를 놓아주기 위해서는 자신들의 자존감을 회복해야 합니다. 쯔신의 어머니는 부모의 사랑도 받지 못했고 계모에게 구박을 받았던 부정적 경험이 우선적으로 해결되어야 합니다. 할아버지와 할머니가 어머니에게 사랑한다고 전하자 어머니는 꽁꽁 얼어 있던 얼음이 녹는 듯 울음을 터뜨립니다. 특히 할머니가 어머니에게 자신이 일찍 세상을 떠나서 미안하다고 하자 어머니는 그동안 느꼈던 외로움이 왈칵 솟구쳤습니다. 그동안 세상이 무섭고 외로워도 혼자 이겨내야 한다고 생각하며 살아왔는데, 어머니가 "내가 너를 지켜줄게"라고 하자 긴장이 모두 풀어지는 느낌이 든 것입니다. 부모에게 사랑받는 느낌은 자신의 부부 관계에도 영향을 미칩니다. 어머니는 아버지에게 늘 비난만 해서 미안하다고 하며 용서를 구했고, 아버지는 그런 아내의 사과를 받아들이며 아내 옆에 나란히 설 수 있게 되었습니다.

그러자 쯔신도 자기 어머니에게 당당하게 이야기합니다. "엄마, 나 이제 엄마한테서 벗어나고 싶어요. 이제는 내가 선택한 사람과 함께 내 인생을 살고 싶어요."

쯔신의 어머니도 트라우마 치유를 하고 나니 딸이 달리 보입니다. 딸에게 의지하고 싶은 마음도 없어지고 그저 딸이 행복하게 살기를 바랄 뿐입니다. 자기 옆에는 이제 든든한 남편이 있기에 더욱 그랬습니다. 쯔신의 어머니는 딸뿐만 아니라 사위도 사랑스럽게 보인다고 말합니다. 사위가 자기 부모에게 너무나 귀한 자식이라는 것을 새삼 깨닫게 된 것입니다.

웨이펑의 어머니가 지닌 트라우마

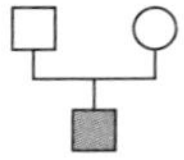

남편의 가계에서는 어머니가 아들에게 가지는 죄책감이 문제였습니다. 아들의 장애가 자신의 잘못 때문이라는 생각에서 벗어나야 했습니다. 그러기 위해서는 아버지의 도움이 필요했습니다. 그러나 아버지 역시 사기를 당하고 가정경제를 잘 이끌어나가지 못했다는 죄책감을 느끼고 있었습니다. 이에 대해서는 아내, 즉 웨이펑 어머니의 도움이 필요했지요. 웨이펑의 부모는 마주 보며 서로의 상처를 읽어주고 죄책감에서 벗어나도 된다고 말해주었습니다. 그들은 아들을 위해 서로 최선을 다한 부모였을 뿐입니다. 이를 터놓고 이야기하며 서로 알아주니 부모의 마음이 점점 가벼워집니다. 그리고 지금까지 멋지게 성장해온 아들이 더 자랑스럽고 대견하게 느껴집니다.

웨이펑의 어머니가 아들에게 이야기합니다. "이제 네가 잘 자랐으니까 더 이상 너에게 죄책감 느끼지 않을게. 그리고 너도 나에게 그렇게 책임감을 느끼지 않아도 된다." 어머니가 이렇게 이야기하자 웨이펑은 많이 편안해집니다. 웨이펑의 아버지 역시 아들에게 엄마 걱정하지 말라고 하며 엄마 옆에는 아빠가 있다고 확인시켜주었습니다.

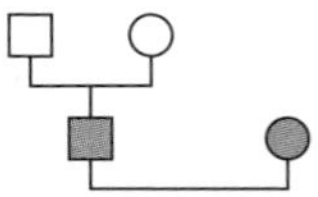

새로운 가족의 탄생

가족 세우기를 통해 웨이펑과 쯔신이 각자의 부모와 화해 작업을 한 다음에는 시부모가 며느리를 받아들이고, 장인 장모가 사위를 받아들이는 작업을 시도했습니다. 이 과정은 시부모와 장인 장모가 모두 참석하지 못했기 때문에 가상의 역할극을 통해 진행했습니다. 이렇게 서로를 받아들이는 작업을 하고 나니 부부에게 굉장히 큰 위로가 되었습니다.

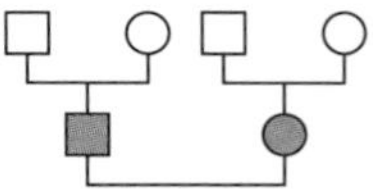

또한 이 과정에서 양가 부모의 화해도 같이 이루어졌습니다. 장인 장모는 시부모에게 총명한 아들을 낳아주고 딸의 귀한 배우자로 보내주어 정말 고맙다고 인사를 합니다. 시부모 또한 장인 장모에게 지혜롭고 귀한 딸을 보내주어 고맙다고 말합니다.

이렇게 서로 받아들이고 나니 마침내 자녀들이 자기 부모로부터 떨어져나올 수 있습니다.

웨이펑 부부의 가족 세우기 과정은 제게도 매우 인상 깊은 사례였습니다. 무작정 부모와 담을 쌓고 나와 배우자와 결혼해 사는 것과 부모의 축복을 받으면서 새로운 삶을 시작하는 것은 너무나 큰 차이가 있다는 것을 알게 된 사례이기도 했지요.

부모가 자녀에게 기대하는 바가 크거나 빚진 마음 때문에 자녀를 놓아주지 못하면 자녀 또한 부모에게 큰 책임을 느낍니다. 그러면 자녀들은 부모에게 잘해야 한다는 생각 때문에 부모로부터 분화하지 못해 자기 삶에 온전히 집중하지 못합니다. 그런 사슬을 끊어주는 것 또한 가족 세우기의 중요한 과제입니다.

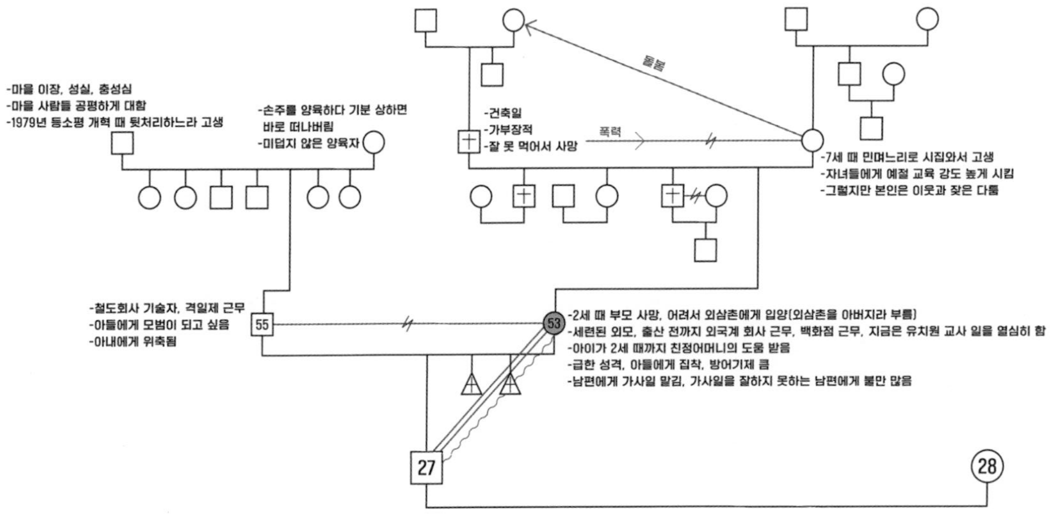

-마을 이장, 성실, 충성심
-마을 사람들 공평하게 대함
-1979년 등소평 개혁 때 뒷처리하느라 고생
-손주를 양육하다 기분 상하면
바로 떠나버림
-미덥지 않은 양육자
-건축일
-가부장적
-잘 못 먹어서 사망
폭력
돌봄
-7세 때 민며느리로 시집와서 고생
-자녀들에게 예절 교육 강도 높게 시킴
-그렇지만 본인은 이웃과 잦은 다툼
-철도회사 기술자, 격일제 근무
-아들에게 모범이 되고 싶음
-아내에게 위축됨
55
53
-2세 때 부모 사망, 어려서 외삼촌에게 입양(외삼촌을 아버지라 부름)
-세련된 외모, 출산 전까지 외국계 회사 근무, 백화점 근무, 지금은 유치원 교사 일을 열심히 함
-아이가 2세 때까지 친정어머니의 도움 받음
-급한 성격, 아들에게 집착, 방어기제 큼
-남편에게 가사일 맡김, 가사일을 잘하지 못하는 남편에게 불만 많음
27
28

4장
내면 아이의 상처와 배우자에 대한 기대

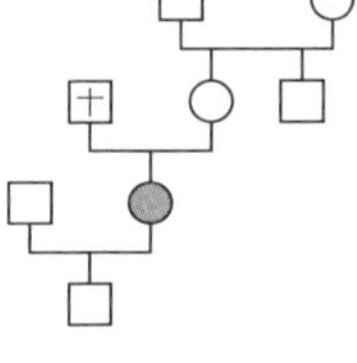

쉰세 살 류 부인은 매우 세련된 분위기를 풍기는 여성이었습니다. 그녀는 두 살 때 아버지가 돌아가시고 난 뒤 외삼촌 집에 입양되어 외삼촌을 아버지라 부르며 성장했습니다. 외삼촌의 지원 덕분에 전문대까지 무사히 공부한 터라 외삼촌을 굉장히 존경합니다. 졸업 후 외국계 회사와 백화점에서 일했고 현재는 유치원 교사로 근무하고 있는데, 아침 7시부터 저녁 8시까지 일에 매달려 있어 남편이 집안일을 맡고 있습니다. 류 부인의 남편은 철도 회사에서 32년째 일하고 있는 기술자로, 류 부인의 이야기로 유추해보면 아내에게 다소 위축되어 있는 듯합니다. 류 부인은 남들에게 좋은 인상을 주려고 노력하는 사람처럼 보였습니다.

부부 사이에는 스물일곱 살 아들이 있는데, 남편과 사이가 별로 좋지 않아서 류 부인은 아들에게 강하게 집착하는 편이었습니다. 류 부인은 남편이 자신이 원하는 대로 해주지 않아 불만이 많았고, 남편과 잘 지낼 수 있는 방법을 찾고 싶어서 가족 상담을 신청했습니다.

외삼촌 집에서 성장한 내담자

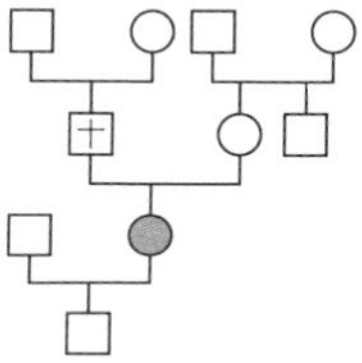

류 부인의 원가족을 살펴보면, 어머니는 일곱 살 때 민며느리로 시집와서 평생 시댁을 돌보며 살았습니다. 건축업에 종사하던 류 부인의 아버지가 일찍 세상을 떠나면서 어머니 홀로 자녀들을 키웠습니다. 그러다 네 자녀 중 막내인 류 부인은 외삼촌 집으로 보내졌고요. 류 부인의 큰오빠는 결혼 후 사망했고, 바로 위 작은오빠 역시 결혼 후 아들을 하나 낳고 부부 갈등으로 자살했다고 합니다. 류 부인의 어머니는 몸이 편찮은 시어머니를 보살피느라 자녀들을 제대로 돌보지 못했습니다. 다만 자녀들에게 예절 교육만은 매우 엄격하게 시켰는데, 사실 류 부인은 그런 교육보다는 어머니의 따뜻한 사랑이 필요했을 것입니다. 아버지에 대해서는 잘 먹지 못해서 돌아가셨다고 설명했는데, 그런 부정적인 정보를 넘어 아버지를 다시 인식할 기회가 필요한 듯 보였습니다. 부모의 사연이 슬픈 이야기였음에도 별 감정의 동요 없이 남의 이야기를 하듯 담담하게 서술하는 것도 인상적이었습니다.

류 부인은 일을 아주 열심히 해서 직장에서도 인정받고 있습니다. 그런데 저는 류 부인이 그렇게 열심히 일하는 이유가 외삼촌 집에서 성장하면서 방어기제가 형성되었기 때문이 아닌가 하는 생각이 들었습니다. 류 부인은 외삼촌에게 사랑받고 자라서 외삼촌을 좋아하고 자신은 다 괜찮다고 하지만, 사실 그녀 말대로 괜찮지만은 않았을 것입니다. 외삼촌 집으로 보내진 것은 사실 친부모로부터 버림받은 것과 마찬가지이니 그에 대한 원망도 마음 한구석에 있어 보였습니다. 그리고 외삼촌 집에서 귀여움을 받기 위해 칭찬받을 행동을 계속 해야 했던 상황도 짐작이 되었습니다. 그렇게 잘하려고만 애쓰는 가운데 편안한 상태에서 자신과 다른 사람을 이해하고 받아들이는 일에는 서툴렀습니다.

류 부인은 부모가 자신을 키워주지 않은 것에 별 불만이 없는 반면, 남편에게는 유독 불만이 많았습니다. 남편이 가사일을 제대로 하지 않는다는 것이 이유입니다. 자신을 방임한 부모에게는 관대하면서 가사를 잘하지 못하는 남편에게는 매우 야박하게 구는 것, 그런 감정은 어디서 기인하는 것일까요? 왜 배우자에게는 부모에게만큼 관대해질 수 없는 것일까요?

류 부인이 부모에 대해 이야기할 때의 특징은 말하면서 감정을 전혀 느끼지 않는다는 것입니다. 아버지가 제대로 먹지 못해서 돌아가셨다고 할 때도 무덤덤했고, 어머니가 자신에게 엄격하게 예절 교육만 시켰다고 말할 때도 무덤덤했습니다. 오빠들이 죽었거나 자살했다는 이야기를 할 때 역시 감정이 메말라 있었습니다. 여기에서 류 부인의 상처가 동결되어 있음을 알 수 있습니다.

다시 말하면 류 부인은 가족 안에서 감정을 일일이 느끼는 일이 너무나 두려웠던 것입니다. 감정을 억누르고 의연한 척하지만, 남편과의 관계에서는 자신의 감정이 올라오는 대로 받아들입니다. 또 남들의 눈을 의식하기에 남편과의 관계도 완벽하게 보이기를 바라는데, 남편이 이에 맞춰주지 않으면 심하게 스트레스를 느끼기도 합니다.

배우자와의 관계는 해결되지 않은 부모와의 관계가 다시 한 번 갈등의 수면으로 올라오는 곳입니다. 배우자에 대한 분노 안에는 부모에게 표현하고 싶었던 원망도 담겨 있습니다. 사랑에 대한 무한대의 기대, 자신의 아픔을 잘 이해해주고 해결해주기를 바라는 마음, 부모보다 훨씬 더 많이 자신을 사랑해주고 존중해달라는 요구가 배우자를 향합니다. 그러나 이러한 무한대의 기대를 채울 수 있는 배우자가 과연 어디에 있을까요? 류 부인은 가족 상담을 통해 먼저 자신의 원가족으로 인한 상처를 치유하고 부부 사이에서 자신의 모습을 재검토해야 했습니다.

부모와의 관계 재정립하기

류 부인은 우선 아버지와 대화를 시도했습니다. 류 부인은 일찍 돌아가신 아버지에 대한 그리움을 풀며 자신에게 아버지의 사랑이 필요했음을 인정하게 되었고, 아버지의 사랑이 외삼촌의 사랑보다 더 편안했을 것이라고 새로이 인식하게 되었습니다. 어머니에게도 서운함을 토로했습니다. 자신을 외삼촌 집에 맡긴 것, 그리고 사랑보다 예절 교육에만 치중한 것이 못내 서운하고 원망스러웠다고 이야기합니다. 부모가 자신의 원망을 잘 들어주고 안아주자 류 부인은 편안함을 느끼며 자신이 소중한 존재라는 느낌을 받게 되었습니다.

이러한 과정은 내담자가 자존감을 회복하는 작업입니다. 무시당하지 않기 위해 늘 긴장하고 외모나 일에서 완벽함을 추구했던 자신의 모습이 비로소 보이기 시작합니다. 긴장을 놓는 것은 부모의 든든한 사랑이 자신을 감싸줄 때 가능합니다.

부모와 화해하는 과정을 거치자 류 부인의 얼어붙었던 마음이 조금씩 풀리기 시작합니다. 이제 남편의 이야기가 들리고, 그동안 남편에게서 보지 못했던 좋은 모습도 발견하게 됩니다. 자녀에 대한 집착에서도 벗어날 수 있었습니다.

그전에는 남편이 어딘가 모르게 답답하게 느껴졌고, 그러다 보니 남편을 자꾸 비난했습니다. 하지만 자신의 가족으로 인한 상처를 회복하는 과정을 통해 남편을 다시 인식하고 받아들이게 되었습니다. 대개 아내 혹은 남편과의 문제는 오로지 배우자의 부족함에서 기인한 문제인 것처럼 여기기 쉽지만, 건강하고 따뜻한 부모를 다시 경험하는 과정을 거치고 나면 놀랍게도 자신의 배우자를 다른 관점으로 볼 수 있는 힘도 생깁니다. 류 부인은 이런 경이로움을 경험할 수 있었습니다.

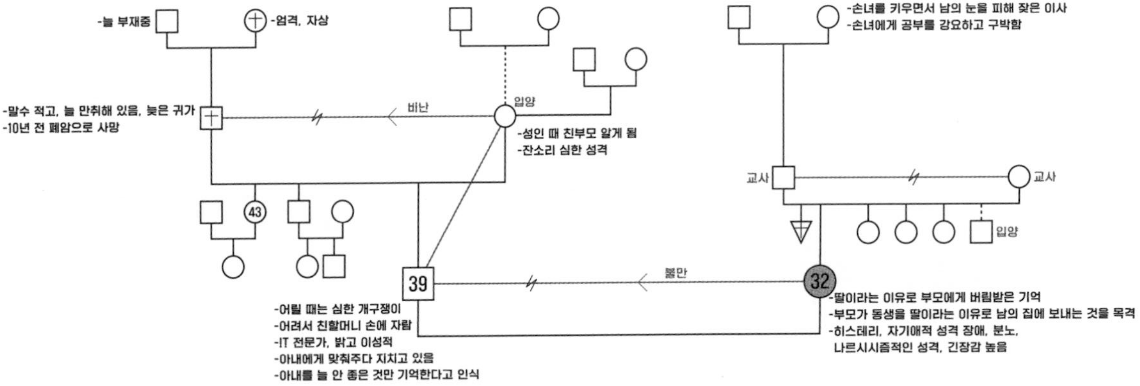
-늘 부재중
-엄격, 자상
-말수 적고, 늘 만취해 있음, 늦은 귀가
-10년 전 폐암으로 사망
비난
입양
-성인 때 친부모 알게 됨
-잔소리 심한 성격
43
39
-어릴 때는 심한 개구쟁이
-어려서 친할머니 손에 자람
-IT 전문가, 밝고 이성적
-아내에게 맞춰주다 지치고 있음
-아내를 늘 안 좋은 것만 기억한다고 인식
불만
-손녀를 키우면서 남의 눈을 피해 잦은 이사
-손녀에게 공부를 강요하고 구박함
교사
교사
입양
32
-딸이라는 이유로 부모에게 버림받은 기억
-부모가 동생을 딸이라는 이유로 남의 집에 보내는 것을 목격
-히스테리, 자기애적 성격 장애, 분노,
나르시시즘적인 성격, 긴장감 높음

5장
숨겨진 아이와 버려진 아이

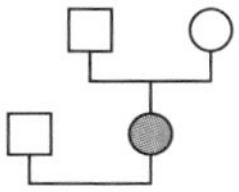

런메이는 외국에서 일하고 있다가 본국에서 가족 상담이 진행된다는 소식을 듣고 비행기를 타고 와서 가족 상담에 참여했습니다. 그 열정이 정말 대단하게 다가왔고, 얼마나 가족 상담이 절실했을지도 가늠이 되었습니다. 런메이를 처음 만났을 때 예쁜 외모와 세련된 옷차림이 눈에 띄었습니다. 런메이 부부는 5년 정도 연애를 하고 결혼한 지 3년이 되었다고 했습니다. 그녀는 남편을 IT 전문가이고 매우 밝고 이성적인 사람이라고 소개했습니다. 그런데 자신은 남편에게 불만이 많았고, 그 원인은 자신이 부모와 갈등이 있기 때문이라고 말합니다. 부부 갈등과 원가족의 상처가 어떤 연관이 있는지 잘 알고 있는 듯했습니다.

숨겨진 아이, 버려진 아이

런메이의 원가족

런메이의 원가족을 살펴보니 트라우마가 남을 만큼 가슴 아픈 일이 많았습니다. 런메이의 부모는 둘 다 교사였습니다. 첫 아이를 유산으로 잃고 두 번째 아이를 낳았는데, 이 아이가 런메이입니다. 그런데 이들 부부는 아들을 갖고 싶어 딸을 숨깁니다. 런메이는 태어나자마자 할머니에게 보내져 중학생이 될 때까지 할머니 댁에서 자랐습니다. 할머니는 런메이를 키우면서 손녀가 남의 눈에 띄지 않게 하려고 6개월마다 이사를 했습니다. 항상 불안정한 생활을 한 것이지요.

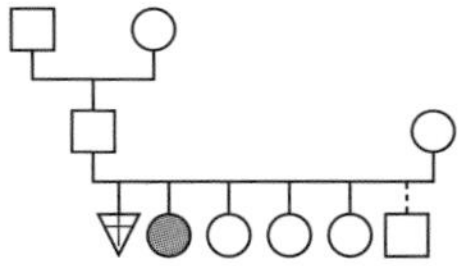

할머니는 엄격하고 차가운 사람이었고, 런메이에게 공부를 강요했습니다. 런메이는 유치원 때 글을 깨칠 만큼 총명했지만 공부를 강요당한 것이 상처로 남았습니다. 부모에게 제대로 사랑받지 못하고, 생활은 불안정하고, 공부하지 않으면 할머니에게 야단맞으며 유년기를 보낸 것입니다. 그래서인지 할머니에게 특별히 정을 느끼지 않았습니다. "가끔 한 번씩 부모님이 찾아와 너무 좋았지만 헤어질 때마다 너무 고통스러웠습니다." 런메이는 세 살 때부터 감정을 억압하는 법을 배워야 했던 것이지요.

런메이의 부모는 아들을 낳기 위해 계속 출산을 했습니다. 그런데 연달아 딸이 태어나 런메이의 바로 아래 동생은 삼촌 집으로 보내졌고, 그 아래 동생도 딸이 태어났으며, 세 번째 동생은 태어난 지 한 달쯤 되었을 때 어머니가 다른 집에 보냈습니다. 막냇동생은 그 후로 소식을 알 수 없게 되었고, 런메이는 어머니가 동생을 버린 것에 큰 충격을 받았습니다. 런메이의 부모는 끝내 아들을 낳지 못해서 남자아이를 입양합니다.

런메이는 어릴 때 다리 밑에서 상자에 담겨 버려진 아기 시체를 수없이 목격했다고 합니다. 대부분 여자아이이거나 장애가 있는 아이들이었습니다. 런메이의 가족은 부모가 교사라는 공무원직에 있었기 때문에 사회규범을 더욱 철저하게 따라야 했습니다. 그러지 않으면 직업을 잃을 위험도 있었습니다. 그래서 아이들을 할머니에게 맡겼고, 할머니 역시 이를 숨기기 위해 이사를 다녔습니다.

런메이는 중학교 때부터 부모와 함께 살게 되었는데, 오랜 시간 떨어져 지낸 탓에 부모가 낯설고 어려웠던 데다 또 다른 악몽이 시작되었습니다. 부모 역시 할머니와 마찬가지로 엄격하게 공부를 강요한 것입니다. 런메이의 부모는 할머니에게 보냈던 큰딸을 데려오긴 했는데 아이가 자신들을 잘 따르지 않고 관계가 서먹서먹하니 그저 공부만 시켰습니다. 특히 아버지가 수학 공부를 강요해서 런메이는 수학에 대한 스트레스가 심했고 유독 수학 과목을 못했다고 합니다. 공부를 아주 잘하는 편인데도 자신은 수학을 못한다는 강박관념이 생겨버린 것입니다. 학창 시절 런메이는 모범생이었고 '부모님 말씀'을 대체로 잘 따랐지만 대학에 들어가면서부터는 부모와 정서적으로 단절했습니다.

남편의 원가족

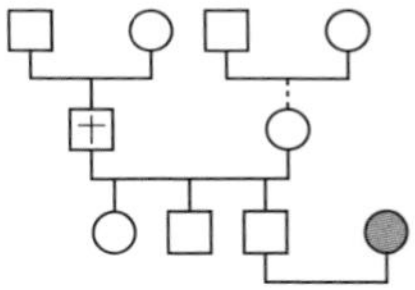

런메이 남편의 원가족을 살펴봤습니다. 아버지는 10년 전에 폐암으로 사망했는데 말수가 적은 사람이었고, 스트레스 때문에 술을 많이 마시고 늦게 집에 들어오곤 했습니다. 어머니는 양부모에게 입양되어 자랐고 그 사실을 성인이 되어서 알았다고 합니다. 어머니는 자녀들을 그다지 살갑게 보살피지 못했고, 잔소리를 많이 하고 혼을 자주 냈다고 합니다. 남편에게는 위로 누나와 형이 있는데 런메이의 남편은 누나와 형에 비해 어머니에게 많이 야단맞았다고 합니다. 한편 친할머니는 엄격했지만 자상한 분이어서 막내인 런메이의 남편을 많이 사랑해주었습니다. 가족 구조를 보면 할아버지가 집을 떠나 계셨기 때문에 할머니와 아버지가 아주 밀착된 관계를 이루었다고 합니다. 며느리인 어머니가 소외되어 있었음을 짐작할 수 있었습니다.

자기만 바라봐주기를 요구하는 아내

이들 부부의 갈등이 어떤 형태로 생겨났는지 원가족부터 펼쳐 살펴보니, 런메이의 남편은 부모에게서 온전히 사랑받지 못해 생긴 결핍을 아내에게 갈구했던 것으로 보입니다. 그런데 그 갈구가 지나친 정도는 아니었고, 그들 부부의 문제 원인은 오히려 아내 런메이의 태도였습니다.

런메이는 어려서부터 사랑받지 못하며 자랐고, 늘 버려질지도 모른다는 두려움에 떨었습니다. 그래서 남들이 자신에게 완전히 몰입해야만 안심합니다. 남편은 그런 런메이의 갈망을 채워주려고 노력하는데도 런메이는 한순간이라도 남편이 자신에게 집중하지 않는 듯한 느낌이 들면 아주 예민하게 알아챕니다. 그럴 때마다 "당신은 나를 사랑하지 않아, 나에게 관심이 없어"라고 하면서 남편에게 화를 냅니다.

런메이는 평소에도 늘 약간 긴장하고 있는 듯했습니다. 사람들이 자신을 봐주기를 바라고 자신이 어떻게 보일지를 늘 생각하면서요. 남편 또한 자신만 바라봐주기를 원합니다. 남편은 그런 아내에게 맞춰주다가 지쳐버렸습니다. 잘해주려고 노력하는데도 런메이는 늘 안 좋은 것만 기억한다고 말합니다. 하지만 런메이는 그들 부부의 문제가 남편 때문이라고 생각했습니다. 그래서 자기보다는 남편이 문제를 해결하기를 바랐습니다.

런메이의 남편은 밝고 이성적인 사람이지만 어머니에게 심하게 야단맞으며 성장한 탓에 아내가 다그치면 기가 눌려 위축되곤 했습니다. 하지만 가족 세우기를 통해 부모로부터 제대로 사랑해주지 못해 미안하다는 사과를 듣고 나자 좀 더 당당하게 아내를 대했고, 아내가 "나를 더 사랑해줘"라고 말할 때 보다 의연하게 대처하게 되었습니다. 그러자 아내 런메이도 긴장과 못마땅함이 한결 풀어집니다. 이처럼 원가족의 문제가 풀리고 나면 전보다 당당하게 자기 마음을 표현할 수 있게 됩니다.

아이를 버려야 했던 어머니의 고통

첫 상담을 마친 부부는 이후 다시 한번 참석했는데, 이번에는 런메이의 부모와 여동생이 함께했습니다.

런메이는 부모가 상담에 오게 만들기 위해 거짓말을 했다고 합니다. 상담이 건강검진 중 한 과정이라고 말한 것입니다. 그러면서 상담자인 제게도 자기 말에 호응해주기를 청했습니다. 저는 몹시 난처했습니다. 런메이의 부모는 워크숍 장소에 들어서면서부터 긴장했고 매우 방어적이었습니다. 부모는 검소한 옷차림이었고, 어머니는 얼굴이 눈에 띄게 검었습니다. 피부색이 검다기보다 표정 때문에 더 그렇게 보였습니다.

이들 부모는 가족 상담을 하는 줄 모르고 딸의 손에 이끌려 왔다가 사람들 앞에서 갑자기 가족 이야기를 하라고 하니 매우 긴장했습니다. 이들 가족에게 있었던 일들은 산아제한 시행 시기에는 절대 밝혀져서는 안 되는 비밀이었기에 자신들의 이야기를 하는 것을 몹시 조심스러워했습니다. 부모는 가족에 대해 이야기하는 것을 매우 두려워했습니다. 공무원직에 있었기 때문에 국가 정책에 반하는 행동을 하는 것이 얼마나 무서운 일인지를 내내 강조하면서요. 가족 이야기를 풀어가기가 매우 어려운 사례였습니다.

런메이의 부모는 가족 문제라면 오로지 자녀들이 아이 낳을 생각을 하지 않는 것이라고 말합니다. 결혼 안 한 자녀도 있고, 결혼을 한 자녀는 아이를 안 낳으려 해서 답답하다는 것입니다. 그런데 자녀들은 부모가 그런 말을 하는 것에 질색했고 분노했습니다. 정작 당신들은 아이들을 낳아서 제대로 키우지도 않고 버린 것이나 다름없이 남의 집에 보냈으면서 자신들에게 왜 아이를 낳으라고 하는지 이해할 수 없다고 말합니다. 부모는 산아제한 정책이 실시되던 당시에는 자녀를 여럿 낳으면 직업을 빼앗겼고 나라에서 아이를 죽이기도 했지만 지금은 그런 시기가 아니니 빨리 결혼하고 아이를 낳아야 한다고 말합니다. 자녀들은 부모와 말이 통하지 않는다고, 부모가 자신들이 원하는 것만 강요한다고 생각합니다.

부모 자녀 간의 대화는 쉽게 풀리지 않았습니다. 저는 먼저 런메이의 부모가 런메이에게 사과하도록 이끌었습니다. 처음에 런메이의 부모는 딸에게 마음을 열고 사과하지 못합니다. 런메이

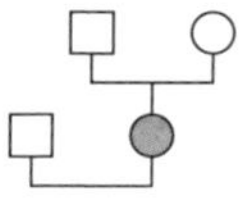

가 어렸을 때 동생들을 버린 일에 대해 원망하면 어머니는 "그래도 너를 사랑했고, 열두 살이 될 때까지 너에게 편지도 자주 보냈다. 나도 할 만큼 했어"라고 하면서 딸의 마음을 알아주기보다는 자기변명을 하기 급급했습니다. 런메이의 아버지 역시 다른 사람 말은 듣지 않고 자기 상황에 대해서만 일방적으로 이야기했습니다.

이들 부모는 자신들의 문제에 대해 터놓고 이야기하는 순간 숨겨야만 하는 비밀이 드러나기 때문에 그에 대해 엄청난 위협을 느낍니다. 직업을 잃을 수도 있고, 극단적으로는 가족 모두가 목숨을 잃을지도 모른다는 두려움에 빠집니다.

부모와 자녀들이 대화하기 위해서는 예비 작업이 좀 더 필요했습니다. 먼저 부모의 상처가 치유되어야 했습니다. 산아제한으로 인해 자녀를 떠나보내야 했던 어머니의 트라우마를 우선 다루어야 했지요. 가족 세우기 시간에 아버지는 아내에게 진심으로 사과를 하며 아내의 아픔을 읽어주었습니다. 아내가 아이를 낳아서 누군가에게 보낼 때마다 얼마나 고통스럽고 아팠을지를 알아준 것입니다.

"당신에게 그렇게 많은 아이를 낳게 하고, 아이들 하나하나가 소중했을 텐데 갖다 버리게 해서 정말 미안해요."

그랬더니 그때까지 그저 괜찮다고만 하던 런메이의 어머니가 갑자기 울음을 토해내면서 온몸을 떨었습니다.

"내가 그렇게 아이를 낳을 때마다, 아이를 버릴 때마다 얼마나 힘들었는지 당신은 알았어요? 그런 줄 알았다면 당신은 나한테 아이를 낳게 하지 말았어야 했어요."

어머니는 그동안 한 번도 표출하지 못했던 설움과 슬픔을 토해냈습니다. 어머니의 상처가 가족 세우기를 통해 가족에게 그리고 다른 참가자들에게 고스란히 전달되었고, 모두 함께 울었습니다. 아이를 낳을 때마다 버려야만 했던 어머니의 슬픔을 아버지가 알아주고, 남편으로서 아내에게 사과하자 런메이의 어머니도 마음이 조금씩 풀리기 시작했습니다.

평생을 참느라고 애썼던 어머니 앞에서 자녀인 런메이는 어머니를 원망하기만 했지 어머니의 상처를 제대로 살펴볼 생각은 하지 못했습니다. 런메이도 어머니의 마음을 위로해주었습니다. 모두가 어머니의 상처를 보듬어주자 어머니는 천천히 기력을 되찾아갔습니다. 그러자 차츰 연속적으로 기적이 일어났습니다. 어머니가 남편에게 진심으로 다가갔고, 또 자녀들의 슬픔과 원망을 들어주기 시작한 것이지요.

그렇게 폭풍우 같은 순간이 지나간 뒤 저는 그들의 얼굴이 처음과 달라진 것을 느꼈습니다. 실제로 60대 나이였던 부모는 처음에는 70대 노인처럼 보였는데, 상담이 끝나고 나니 자기 나이로 돌아온 것처럼 낯빛이 한결 맑아져 있었습니다.

느리지만 서서히 변화가 일어나다

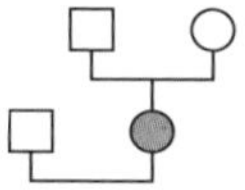

이런 과정들을 거치긴 했지만 런메이는 끝내 자기 부모와 완전히 화해하지 못했고 남편의 변화에도 만족하기 못했습니다. 하지만 런메이의 마음속에서는 변화가 조금씩 일어나고 있었습니다.

제가 보기에 런메이는 원하는 것이 많고, 자신이 원하는 것이 무엇이어야 한다는 틀이 확고하게 정해져 있는 사람이었습니다. 그래서 자신이 원하는 대로 되지 않으면 만족하지 못합니다. 가족 상담에 참여하면서도 자신이 먼 곳에서 비행기를 타고 왔으니 그만큼 기적 같은 결과를 얻을 수 있으리라고 기대한 것 같았습니다. 그런데 자신이 많은 이야기를 해야 한다고 하고, 원하지 않는데 부모를 이해해보라고 하니, 애초 기대와는 달랐는지 잘 따라오지 않으려 했습니다. 그녀 입장에서는 자신이 피해자라고 생각했기 때문이지요. 그럼에도 그녀는 꾸준히 상담에 참여했고 시간이 흐를수록 변화하는 모습을 보여주었습니다.

처음에는 스스로 방어하려는 마음이 커서 관계들이 후련하게 풀리지 않았지만, 한 번에 모든 것이 해결될 수는 없습니다. 비록 첫 분기 상담에서 런메이는 기대했던 놀라운 결과를 얻지는 못했지만 1년 뒤에 다시 상담을 신청했습니다. 다시 만난 런메이는 이전과 달리 좀 더 유연해져 있었고, 자신의 문제에 대해서도 다른 방식으로 접근하려 했습니다. 모든 것이 부모 탓이고 남편 탓이라고 생각했던 과거와는 달리, 자신에게도 문제를 만드는 특징이 있음을 인정하고 자신의 변화가 필요하다는 것을 받아들이게 된 것입니다.

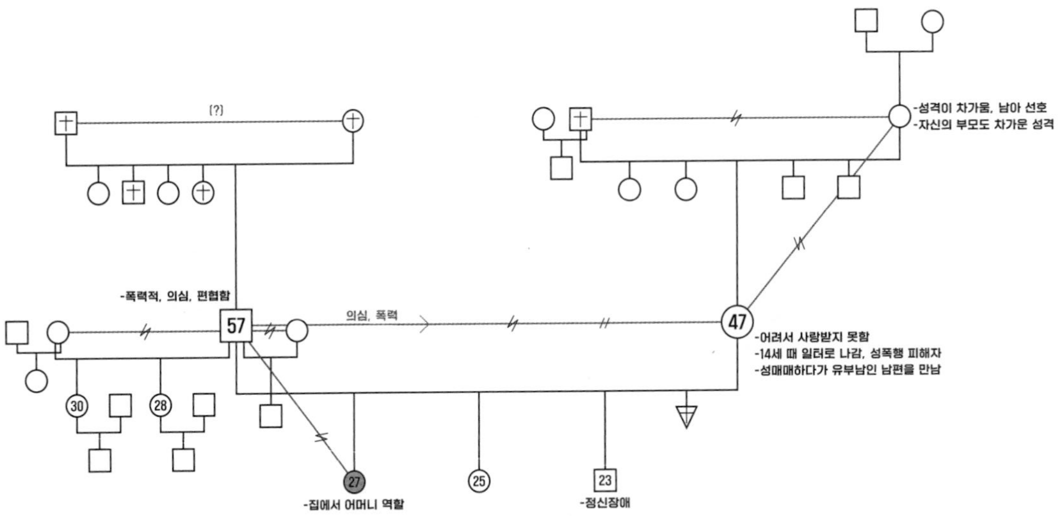
(?)
-폭력적, 의심, 편협함
57
30
28
27
-집에서 어머니 역할
25
23
-정신장애
의심, 폭력
47
-어려서 사랑받지 못함
-14세 때 일터로 나감, 성폭행 피해자
-성매매하다가 유부남인 남편을 만남
-성격이 차가움, 남아 선호
-자신의 부모도 차가운 성격

6장
대화가 불가능한 아버지

샤오란은 길 가다 연예인 캐스팅 제안을 받을 만큼 미모가 뛰어난 사람이었습니다. 그런데 그녀는 아름다운 외모 뒤에 슬픔이 많은 사람이었습니다. 20대인 샤오란은 힘든 어린 시절을 보냈고 지금도 죽고 싶을 만큼 힘들다고 했습니다. 더 어릴 때 성매매를 할 뻔한 적이 여러 번 있었고, 지금은 유부남을 만나고 있었습니다.

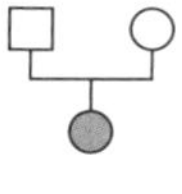

샤오란은 4년간 진행된 거의 모든 워크숍에 참석했고, 자신의 가족사를 들여다보며 얽힌 실타래를 풀고 싶어했습니다. 우리는 몇 차례에 걸쳐 그녀의 가족 사례를 다루었습니다. 가장 큰 문제는 샤오란과 아버지의 갈등이었습니다. 샤오란은 아버지의 폭력을 피해 어머니와 형제들과 함께 도망치듯 집을 나온 후 15년간 아버지를 만나지 않고 지내고 있었습니다.

처음에는 가족의 문제가 무엇인지 알아가며 해결 방향을 찾는 정도였지만, 샤오란은 매번 상담을 통해 조금씩 치유되고 힘을 갖게 되었습니다. 처음에는 아버지를 비난하기에 급급했습니다. 아버지는 자신들의 삶에서 아무런 가치도 없는 사람이며 아버지가 없어서 행복하다고 강조했습니다. 그러나 상담을 받으면서 아버지에 대한 생각과 감정이 점차 바뀌기 시작했고, 샤오란은 15년 만에 아버지에게 연락할 용기를 냈습니다. 놀랍게도 아버지에게서 답장이 왔습니다. 아버지도 몹시 놀란 것 같았습니다. 샤오란은 아버지의 마음이 조금 열린 것이 신기했고, 아버지가 자신의 안부를 물어온 일이 기뻤습니다. 하지만 샤오란은 직접적으로 만나는 것은 아직 두려워 우리 워크숍 자리에서 아버지와 만나기를 원했습니다. 그 소식을 듣고 저 역시 기대와 흥분이 엇갈리는 시간을 맞게 되었습니다.

이별과 재회

샤오란은 마침내 아버지를 만났습니다. 아버지는 기차를 열 시간 이상 타고 와서 참석했습니다. 그는 딸을 보자 매우 어색해했고 샤오란 역시 서먹함을 느꼈습니다. 그러고 보니 샤오란의 외모는 아버지의 모습을 닮았습니다. 샤오란의 숙원은 아버지와의 오래된 갈등을 푸는 것이고, 구체적으로는 아버지의 사과를 듣는 것이었습니다. 그렇지만 오랜 세월이 흐르는 동안 그들 관계에 골이 깊게 패어 쉽지 않았습니다.

다소 긴장된 분위기 속에서 가족 상담이 시작되었습니다. 그런데 샤오란의 아버지는 대화를 시작하자마자 과거를 돌아보지 말고 이제부터라도 서로 사랑하면서 살아가자고 말합니다. 딸과 나머지 가족들은 지난 과거를 생각하면 그런 식으로 대강 넘어갈 수는 없었습니다. 샤오란은 어릴 적에 아버지가 휘두른 폭력을 생생하게 기억합니다. 아버지는 샤오란을 여러 차례 때렸는데, 한번은 집 열쇠를 잃어버렸다고 심하게 때렸습니다. 또 어머니와 아버지가 싸워서 샤오란이 집을 나간 적이 있는데 그때도 아버지는 코피가 옷을 적실 만큼 샤오란을 때렸고, 자신이 경찰의 처벌을 받지 않도록 샤오란에게 창문에서 뛰어내리라고도 했습니다. 샤오란은 그런 식으로 어떤 설명도 없이 막무가내로 야단치고 때리는 아버지가 너무도 싫었습니다.

어머니는 그런 아버지를 피해 어린 동생을 데리고 집에서 도망쳐 떠났습니다. 아버지는 아내가 잘못했다고만 생각할 뿐 아내가 왜 집을 나갔는지는 이해하지 못합니다. 샤오란은 딸로서 어머니의 상처가 난 몸을 보면 어땠는지, 어머니의 부은 눈과 집 안 물건이 부서진 광경을 봤을 때 얼마나 힘들었는지 아느냐고 아버지에게 묻습니다. 그런데 아버지는 15년 만에 딸을 만났으니 좋은 것만 기억하고 싶다고 말합니다. 자신은 딱 한 번 폭력을 휘둘렀을 뿐이라고요. 이제 나이가 들었으니 과거는 들추고 싶지 않고 좋은 기억만 하고 싶다고 합니다. 또 샤오란에게 자신은 폭력적인 아버지가 아니며, 과거 일은 용서해야 한다고, 자신을 원망하지 말라고 강요했습니다.

아버지는 샤오란에게 일방적인 말만 늘어놓습니다. 돈이 필요하면 도와주겠다, 나는 네가 좋은 대학에 들어가 잘되길 바랐다, 네가 잘되어서 남동생을 잘 돌보길 바랐다…… 그런데 사실 이런 이야기들은 자녀에게 굉장히 큰 상처가 됩니다. 얼핏 좋은 이야기만 늘어놓는 것 같지만, 상대방의 마음은 전혀 알아주지 않는 이야기이기 때문입니다.

그러자 딸 샤오란은 이렇게 말합니다. "저도 아버지랑 같이 있고 싶어요. 그런데 정말 이해하기가 어려워요. 아버지가 나를 이해해줬으면 좋겠어요. 아버지는 왜 어머니 입장이나 우리 입장을 이해하지 않고 아버지 이야기만 늘 강요하시나요? 당신 입장만 생각하고 상대는 보지 않으면 그건 표면적 관계를 이어갈 뿐이잖아요. 아버지가 나를 이해하지 못하면 상담 선생님을 통해서라도 이해해줬으면 좋겠어요. 아버지를 사랑하고 아버지와 가까워지고 싶지만 당신이 잘했다고만 하시면 마음이 멀어져요. 제 이야기를 하면 아버지가 받아들이지 못할 것 같고 대화도 도움이 안 되는 것 같아서 기운이 안 나요. 잘잘못을 따지고 싶지는 않지만 사실을 인정하셨으면 좋겠어요. 폭력을 쓴 것도 인정하세요."

아버지의 상처

부녀의 대화는 평행선을 달렸습니다. 서로의 이야기가 전달되지 않았습니다.

샤오란 부녀는 서로의 이야기에 좀 더 귀를 기울이고 상대방의 입장을 이해하려고 노력할 필요가 있었습니다. 그 상태로는 도저히 상담이 진행되지 않아 저는 이들에게 이마고 대화를 시도하게 했습니다. 이마고 대화는 한쪽이 상대방의 이야기를 듣기만 하면서 받아들이는 대화법입니다. 저는 아버지에게 딸의 이야기를 가만히 들어주기를 권했지만 아버지는 듣기에 집중하지 못하고 다시 자기 이야기를 했습니다.

"네가 나에 대해 그런 생각을 하는 건 이해하지만 나도 네 엄마와 살면서 너무 힘들었다. 너는 엄마 몸에 든 멍만 봤지 아빠 몸의 멍은 못 봤을 거다. 네 엄마도 쉬운 사람 아니다. 내가 너한테 엄마랑 동생이랑 집을 나갈 때 알려달라고 했는데 너는 약속을 어겼고 그래서 화가 나 너를 때렸던 거다."

샤오란의 아버지는 의처증이 있었는데 아내를 감시하는 역할을 샤오란에게 시켰던 것입니다. 그런데 샤오란은 아버지에게 어머니가 집을 나간 것을 말하지 않았고, 아버지는 그래서 화가 났었다고 이야기합니다. 아버지는 자기 나름대로 가정을 지키려 했고 문제가 생기면 어떻게든 해결하려 했는데 샤오란이 엄마 편만 든다고 말합니다. 그러자 샤오란이 다시 이야기합니다.

"이런 이야기를 들으면 머리가 멍해져요. 엄마 이야기도 들어봐야 제대로 알 수 있을 것 같아요. 아빠 말은 어떤 것은 맞지만 어떤 것은 안 맞는 것 같아요. 저는 어려서부터 늘 아버지 이야기만 들었지 내 이야기는 하지 못했어요. 아버지는 계속 어머니가 뭘 잘못했다고 하소연하고 비난했어요. 아버지가 내게 엄마가 나쁜 사람이라고 반복해서 이야기하는 게 너무 힘들었어요. 아버지는 침대에 앉아 이야기하고 나는 밤 12시까지 서서 그 이야기를 들어야 했잖아요."

샤오란에게는 부정적인 기억들이 너무 많았습니다. 가족 세우기를 시도해봤지만 이 역시 쉽지 않았습니다. 어머니와 아버지가 대립해 있고 그 사이에 자녀 셋이 있는데, 아버지가 어머니와 자녀들을 공격하는 구조입니다. 아버지는 다시 자기 이야기만 합니다. 그래서 가족 세우기가 잘 진행되지 않았고, 저는 일단 샤오란의 아버지에게 하고 싶은 말을 다 풀어놓게 했습니다

다. 그러자 샤오란의 아버지가 거의 20분 동안 자기 이야기를 했습니다. "나는 너희 걱정을 13년 동안이나 했다. 유치원에 들어가면 가방을 사줬고 때마다 챙겼지. 한 번도 너희를 포기한 적 없다. 너희 엄마도 포기한 적 없다. 나는 정말 슬프고 외롭다……"

샤오란은 기운이 빠져 견디기 힘들어했습니다. 하지만 제가 보기에는 샤오란의 아버지도 화해하고 싶고 인정받고 싶은 마음이 간절해서 자기 이야기를 계속하는 것 같았습니다. 자신의 이야기를 누군가 들어줬으면 하는 마음이 엿보였습니다. 샤오란의 아버지도 이 상담에 참석하기 위해 고속열차를 열 시간이나 타고 오는 등 나름대로 노력을 쏟고 있었지요.

샤오란은 아버지의 이야기를 들으면 심장이 벌렁벌렁하고 가슴이 답답하다고, 아버지를 이해하고 싶다고, 그렇지만 아버지로부터 이해받고 싶어하는 가족들도 있다고 말합니다. 그러자 이 아버지는 지난 이야기는 딸에게도 상처가 될 것이고 이제 더 이상 하고 싶지 않다고 말합니다. 샤오란은 15년 동안 헤어져 있던 아버지를 만난다고 기뻐했는데, 아버지가 자기 이야기만 하니 화가 납니다. 아버지 입장에서는 딸이 자신을 믿고 용서해주기를 기대했는데 가족들이 자신의 이야기를 듣지 않으니 서운합니다. 아버지 입장에서도 전부 이야기할 수 없는 아내와의 사연이 있었던 듯합니다. 샤오란의 부모는 세 살 때 이혼했지만 이혼한 상태에서 같이 살았습니다. 어머니는 아버지와 싸우면 아들을 데리고 집을 나갔고, 아버지는 아내를 찾아다녔다고 합니다. 샤오란은 열다섯 살 이후 아버지와 연락을 끊은 채 살아왔고요.

부모의 원가족

어머니의 원가족

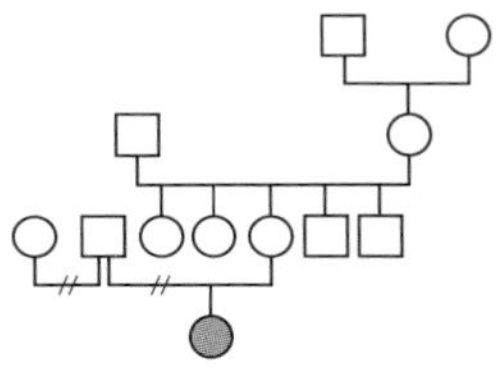

샤오란의 어머니는 아주 미인입니다. 이 어머니도 쉽지 않은 삶을 살아온 사람이었습니다. 샤오란의 어머니는 아들을 선호하는 집안에서 셋째 딸로 태어났습니다. 부모는 딸을 원하지 않았기에 딸들에게 제대로 사랑을 주지 않았습니다. 부모는 딸이 열일곱 살이 되자 돈을 벌어오라며 탄광으로 보내버립니다. 그런데 탄광이 남자가 많은 곳이다 보니 샤오란의 어머니는 제대로 보호받지 못하고 성폭행을 당하는 등 많은 일을 겪었습니다. 그곳을 벗어나려 발버둥치다 이후 성매매를 하게 되었습니다. 그러다 자포자기하는 마음으로 열아홉 살에 유부남인 샤오란의 아버지를 만나 혼전 임신으로 가정을 꾸리게 됩니다. 이렇게 샤오란의 가족이 형성된 것입니다.

결혼을 하니 남편은 아내를 자꾸 의심했습니다. 남편은 아내가 다른 남자와 관계를 맺으면 어쩌나 하는 걱정을 하고, 아내는 남편이 전 부인과의 관계를 정리하지 않는 것에 대해 항의해서 싸움이 일어났습니다. 아내는 남편에게 맞아 피를 철철 흘리며 아이들 셋을 데리고 가출했습니다. 샤오란의 아버지는 자신이 그때 아내와 아이들을 얼마나 애타게 찾았는지 모른다고 말합니다. 어찌 되었건 자신은 아내와 자녀들을 사랑했고 책임지고 돌보려 했는데 자기 마음을 몰라줬다고 하면서요. 하지만 당시 샤오란의 어머니와 아이들은 아버지가 찾아낼까 봐 불안해하며 도망다녔습니다.

샤오란의 어머니가 눈에 띄는 외모를 가져서인지 아버지의 의처증이 더 깊었던 것 같습니다. 실제로 어머니는 살기 위해 많은 남자들을 만났고 그들의 도움으로 버틴 시절이 많았다고 합니다. 이러한 생존 전략은 샤오란에게도 이어졌습니다. 현재 샤오란은 청소년 상담사로 일하고 있지만 이전에는 매우 무질서한 생활을 했으며 학업을 중단한 적도 있었습니다. 샤오란은 외모가 매우 뛰어나서 한 예술학교에 발탁되어 입학했는데 친구들에 비해 턱없이 가난하고 가정환경이 열악해 학교에 적응하지 못했습니다. 결국 자퇴를 하고 학교 밖에서 방황하다가 상담을 받으며 다시 학업을 이어갔습니다. 그때 샤오란이 만났던 남자들 중에는 유부남이 많았고, 샤오란은 상대 남자의 가족들로부터 헤어지지 않으면 죽이겠다는 협박을 받기도 했습니다. 그런 협박을 받으면 괴로웠지만, 자신도 유부남 애인의 아이를 유괴하겠다는 식으로 거칠게 맞받아치기도 했습니다. 샤오란도 순탄하지 않은 삶을 살아왔지요.

샤오란 어머니의 원가족을 더 살펴보았습니다. 샤오란의 외할머니와 외할아버지의 부부 관계는 늘 갈등 관계였고, 외할머니가 일방적으로 외할아버지를 비난하는 형태였습니다. 외할머니는 어머니의 동생으로 태어난 두 아들만 예뻐했다고 합니다. 외할머니 역시 자신의 어머니에게 사랑받으며 자라지 못했고 맏이로서 동생들을 돌보느라 고생이 많았다고 합니다. 어머니의 가계에서는 불안정 애착이 대물림되고 있었습니다.

아버지의 원가족

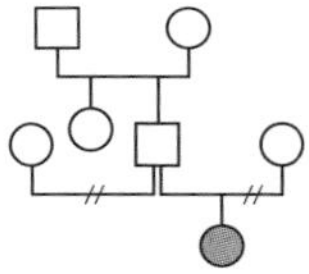

샤오란의 아버지 원가족에게서도 많은 상처가 눈에 띕니다. 아버지는 다섯 살 즈음에 누나가 때려 한쪽 눈을 실명하게 되었다고 합니다. 이 장애 때문에 아버지는 평생 힘들어했고 해결되지 않은 분노의 감정을 가지고 있었습니다.

또 샤오란의 아버지는 문화대혁명 시기를 거치면서 제대로 된 교육을 받지 못했습니다. 문화대혁명은 1966년부터 1976년까지 당시 중국의 최고 지도자였던 마오쩌둥이 주도한 사회주의운동입니다. 당시 정치적으로는 대약진운동의 실패로 마오쩌둥의 입지가 불안정한 상황이었고, 경제적으로는 농업국가인 중국에서 중공업정책을 지나치게 강조한 결과 수천만 명이 굶주리는 등 위기가 닥쳤습니다. 절대적 권력을 회복하기 위해 마오쩌둥은 전근대적 문화와 자본주의를 비판하면서 강력한 사회주의 실천을 강조했고, 홍위병을 조직해 전국을 장악하려 했습니다. 문화대혁명의 바람과 함께 중국 전역은 경직된 분위기에 휩싸였고, 당원 숙청으로 수많은 사람들이 죽고 경제는 오히려 더 피폐해졌으며 부정부패 또한 만연했습니다. 1976년 9월 마오쩌둥 사후 문화대혁명은 종결되었고 결과적으로는 실패로 끝났습니다.

문화대혁명이 한창이던 당시 정부에서는 남자들이 교육을 받으면 저항하며 들고일어날까 봐 시골로 보내 육체노동을 시키곤 했습니다. 그렇다 보니 제대로 교육받지 못한 남자들이 많았습니다.

샤오란의 아버지는 자신의 원가족에 대해 말하지 않았고, 샤오란 역시 아버지의 원가족 정보는 잘 몰랐습니다. 그러나 아버지는 가족을 돌보려는 마음이 없는 사람은 아니라는 것은 알 수 있었습니다. 오히려 아내가 아이들을 데리고 떠난 후 매우 큰 상처를 받았고, 자신이 가족을 떠나게 한 것이 아니라 가족으로부터 버림받았다고 생각하고 있었습니다.

가족 상담의 의미

샤오란의 가족 상담은 매우 힘든 사례 중 하나였습니다. 샤오란의 아버지는 상담이 시작되면서부터 자기 이야기만 했고, 그 사이에 다른 사람이 끼어들 여지는 없었습니다. 부녀가 서로 상대에게 이해받기를 간절히 원했기에 여러 기법의 대화 나누기와 가족 세우기를 통해 서로의 입장을 이해하도록 이끌어봤지만, 샤오란의 아버지는 대화에 호의적이지 않았고 오로지 자기 입장만 이야기했습니다. 자신은 가족을 사랑했고 도망치는 아내를 늘 찾아 헤맸다고 호소하며 폭력을 행한 것이나 가족에게 잘못한 일은 전혀 인정하지 않았습니다.

한마디로 샤오란의 아버지는 대화가 잘 안 통하는 사람이었습니다. 자꾸 과거는 잊고 새 출발을 하자고만 합니다. 어쩌면 이는 문화대혁명을 겪은 세대의 특징일 수도 있겠습니다. 이 세대는 모두 잊고 새 출발을 하면 된다는 식의 억압의 방어기제가 있습니다. 그래서 다른 사람들이 옛날이야기를 꺼내면 거부 반응을 보이며 회피하려 합니다.

가족 세우기는 결국 실패로 돌아갔고, 가족 상담을 통해 아버지와 소통하고 싶었던 샤오란의 얼굴에는 실망과 슬픔이 가득했습니다. 아버지의 변함없는 태도와 일방적인 이야기에 샤오란뿐만 아니라 모두가 안타까워했습니다. 그래도 샤오란은 아버지가 이 자리에 와주어 감사하다고 했습니다.

다행히도 샤오란은 상담이 끝난 후 동생들과 함께 아버지와 식사 자리를 마련했고 그 자리에서는 큰 갈등 없이 함께 식사를 했다고 합니다. 더욱더 다행인 것은 그로부터 1년쯤 지나 아버지가 세상을 떠났는데 샤오란은 아버지와 대화할 수 있는 자리를 만들었던 것에 매우 감사해했습니다. 비록 마음이 뻥 뚫리는 화해의 자리는 아니었지만 그래도 한 번 만난 덕분에 아버지의 부고를 들을 수 있었던 것이 매우 다행이라고 했습니다. 만약 그러지 못했다면 샤오란은 아버지를 계속 원망하고 화해하지 못한 것을 자책했을 것이라고요.

가족 상담은 모든 가족에게 완벽한 화해와 용서의 장을 만들어주지는 못합니다. 하지만 미완성인 채로도 어떤 가족은 많은 도움을 받으며, 자신들에게 가장 적당한 속도로 변화를 만들어갑니다. 가족의 문제가 완벽하게 해결되지 못하더라도, 그런 변화의 기회를 얻는 것만으로도 가족 상담의 큰 의미가 있지 않을까요?

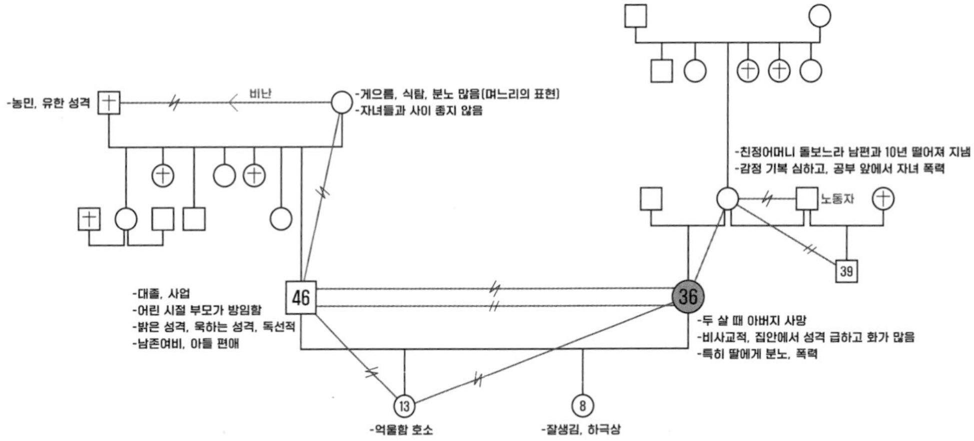
-농민, 유한 성격
비난
-게으름, 식탐, 분노 많음(며느리의 표현)
-자녀들과 사이 좋지 않음
-친정어머니 돌보느라 남편과 10년 떨어져 지냄
-감정 기복 심하고, 공부 앞에서 자녀 폭력
노동자
39
46
-대졸, 사업
-어린 시절 부모가 방임함
-밝은 성격, 욱하는 성격, 독선적
-남존여비, 아들 편애
36
-두 살 때 아버지 사망
-비사교적, 집안에서 성격 급하고 화가 많음
-특히 딸에게 분노, 폭력
13
-억울함 호소
8
-잘생김, 하극상

7장
남아 선호와 남매의 불화

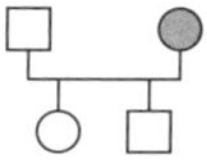

량옌은 두 자녀가 심하게 싸우는 문제로 상담을 요청했습니다. 량옌은 서른여섯 살이고, 큰아이는 열세 살 딸, 둘째가 여덟 살 아들입니다. 두 아이가 싸울 때마다 큰딸이 억울하다고 하는 상황인데, 자세히 들여다보니 두 아이만의 문제가 아니라 이 가정에 구조적으로 문제가 있어 보였습니다.

부모가 아들만 예뻐하니 딸에게는 자기 편이 없습니다. 그러다 보니 남동생이 누나를 우습게 봅니다. 가족 안으로 좀 더 들어가 살펴보니, 부부 갈등이 있어 관계가 소원하고 가족 간에 대화가 별로 없고 거리감이 있었습니다. 어머니는 아들만 예뻐하고 딸에게 모든 화를 쏟아내고 있었습니다.

중국의 가족을 살펴보면 남아 선호로 인한 문제가 많이 드러납니다. 남아 선호의 뿌리가 워낙 깊은 데다가, 산아제한 등으로 한 자녀 정책이 시행되다 보니 더욱 견고해졌습니다. 옛날부터 집안을 잇는 것은 장남이고 집안에 아들이 꼭 있어야 한다는 인식이 지배적이다 보니 아들을 낳기 위해 딸을 열 명도 넘게 낳거나 아들을 낳지 못하면 양자를 들이는 일도 비일비재했습니다. 특히 첫아이가 딸인 집에서 둘째를 임신하면 성별 검사를 해서 딸일 경우 낙태하는 일도 많았습니다. 그렇다 보니 오늘날에도 아들을 꼭 낳고 싶어하거나 의식적으로든 무의식적으로든 자녀들 중 아들만 예뻐하는 부부가 자주 보입니다.

부부의 원가족

아내의 원가족

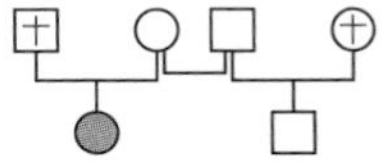

량옌의 아버지는 량옌이 두 살 때 간경화로 사망했고 이후 어머니는 재혼을 했습니다. 의붓아버지 역시 재혼이었습니다.
의붓아버지도 첫 결혼에서 사별을 했는데 전 부인과 사이에서 아들이 있었습니다. 의붓아버지가 자기 친아들을 매우 예뻐했던 것에 비해 량옌의 어머니는 딸을 별로 사랑해주지 않았습니다. 어머니는 폭력적이었고, 량옌은 어머니의 화풀이 대상이었

습니다. 어머니가 남편의 아들에게 잘해준 것은 아니었습니다.

어머니는 감정 기복이 심했고, 공부를 앞세워 아이들에게 폭력을 가했습니다. 항상 공부해라 숙제해라 하면서 자녀들을 들들 볶았고, 자녀들에게 정서적인 지원은 해주지 못했습니다. 아버지는 노동자로 동네 사람들과는 친밀하게 수다도 떨곤 했지만 가족에게 다정한 아버지는 아니었습니다. 량옌은 좋은 애착을 형성하는 법을 경험하지 못한 것이지요.

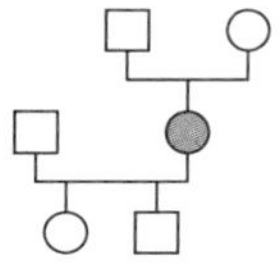

그런 관계가 자기 자식들에게도 그대로 대물림되고 있었습니다. 남편과 관계가 좋지 않고 아이들과도 관계가 안 좋은데, 특히 자신의 상처를 딸에게 투사해 화풀이를 많이 하고 있었습니다. 간혹 이런 사례를 보게 됩니다. 자신을 많이 닮은 딸을 너무 미워하거나, 정반대로 그 아이를 자기라고 생각해서 지나치게 편애하는 경우입니다. 량옌은 아이를 미워하는 쪽이었습니다. 딸아이는 자주 억울함을 호소했는데, 아마 량옌 역시 성장기에 억울함을 많이 느꼈을 것입니다.

량옌은 사교적인 성격이 아닙니다. 특히 집에서는 성격이 급하고 분노를 쉽게 느낍니다. 딸에게 감정을 유난히 거침없이 표출하고 두 아이에게 숙제와 공부를 강요합니다. 자신의 어머니가 공부를 강요해서 본인도 힘들고 싫었으면서 자기 자녀에게 똑같이 반복하고 있는 것입니다.

남편의 원가족

남편은 능력 있고 성격도 좋은데 키가 작아서 아내의 이모가 결혼을 반대했고, 그 일로 자존심이 상했다고 합니다. 남편은 대학을 졸업한 뒤 사업을 하고 있으며, 밝은 성격이지만 쉽게 욱하고 남존여비 사상이 강해 아들만 예뻐합니다. 아들과 딸이 싸우면 아들 편을 들고 딸을 야단칩니다.

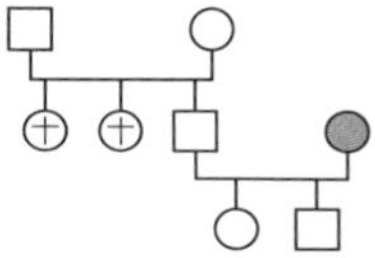

량옌의 남편은 다섯 남매 중 막내인데, 남편의 부모 역시 자녀들과 관계가 그리 좋지 않았습니다. 남편의 어머니는 게으르고 식탐이 많고 화가 많고 욕을 많이 합니다. 그래서 자녀들 모두와 관계가 좋지 않고, 막내딸과 그나마 관계가 괜찮은 편입니다. 이는 며느리인 량옌의 관점에서 묘사한 것이어서 저는 시어머니를 미워하는 량옌의 마음이 투사되었을 수도 있다고 봤습니다. 남편의 아버지는 농민으로 성격이 부드러운 사람이었지만, 아내가 지적이 심하고 자주 비난하니 다소 기가 죽어 있었습니다. 량옌의 남편은 이들 부모에게 별로 사랑받지 못하고 성장한 것 같았습니다.

서로의 상처가 보일 때

량옌 가족의 문제는 아들과 딸이 심하게 싸우는데 그럴 때 아버지는 무조건 아들 편을 들고 어머니 역시 딸에게 "누나가

참아야지"라고 해서 남매 사이에서 하극상이 일어나고 딸이 상처받는다는 것입니다. 량옌은 자신이 딸에게 어머니와 비슷한 행동을 하고 있다는 것을 인지했고, 자신이 왜 그런 행동을 하게 되었는지를 깨달았습니다.

그래서 먼저 량옌과 친정어머니의 화해 작업을 시작했습니다. 어머니가 딸에게 "정말 미안하다"라고 사과합니다. 돌아가신 친아버지는 "내가 너를 끝까지 키우지 못하고 두 살 때 세상을 떠나서 정말 미안하다. 아빠로서 의무를 다하지 못했구나. 하지만 나는 너를 아주 사랑하고 있고, 하늘나라에서 우리 딸을 지켜줄 거야" 이렇게 이야기합니다. 그러자 량옌은 위로를 받고 힘을 얻어 당당한 모습으로 남편에게 서운한 점을 이야기합니다. 자신을 보살펴주지 않아서 서운하다고 이야기하니 남편도 아내가 너무 화가 많고 성미가 급해서 힘들었다고 털어놓습니다. 이렇게 부부의 대화가 시작됩니다. 대화를 나누면서 부부가 다시 편안해지고 나란히 서게 되니 부부의 눈에 두 자녀가 보이기 시작합니다.

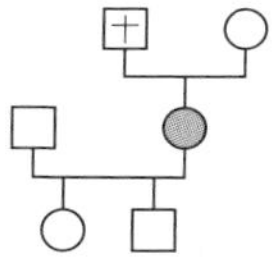

딸을 보니 너무 안쓰럽습니다. 아들을 보니 참 영특한 아이지만 누나를 함부로 대하는 모습도 보입니다. 이제 부모가 나란히 서자 두 자녀가 적절한 거리에서 엄마 아빠에게 하고 싶은 이야기를 합니다. 그러고 나니 큰딸이 다시 힘을 얻으면서 동생을 편안하게 대하고 동생도 누나를 존중하게 됩니다.

각자의 자리를 찾고 나서 가족의 상처를 다시 바라봅니다. 량엔은 사실 엄마로서 딸과 너무 붙어 있어서 그동안 딸을 더 함부로 대했습니다. 딸을 딸로 생각하지 않고 마치 자기 자신처럼 생각한 것입니다. 그 배경에는 량엔의 어린 시절 상처가 있었습니다. 엄마가 자기편이 되어주지 않고 의붓 오빠의 편을 들어주었던 일인데, 엄마로서는 자기 딸의 편을 들면 자식을 편애하는 것으로 보일까 봐 그랬던 것이지요.

량엔은 남편의 입장도 다시 이해하게 되었습니다. 자신이 남편을 비난하고 화를 내면 남편이 자신을 대하기가 쉽지 않다는 것을 깨달은 것이지요. 가족 세우기를 하면서 남편은 아내가 다가오자 죄책감을 느꼈다고 말했습니다. 아마 그 죄책감은 자기 어머니에 대한 죄책감이었을 것입니다. 늘 외로워하는 어머니를 두고 아내 편을 들어주면 어머니에게 죄를 짓는 것 같아 마음이 무거웠을 것입니다. 며느리는 시어머니가 심술이 많고 게으르다고 표현했는데, 시어머니에게도 트라우마가 있었습니다. 시어머니는 두 자녀가 사망한 상처가 있습니다. 그런데 그 슬픔을 누구도 보살펴주지 않았던 것입니다.

서로 자기 상처를 이야기한 것에 대해 격려받고 관계를 다시 조정하는 과정을 통해 량엔 가족은 각자가 지닌 본연의 아름다운 면과 당당함을 발견하게 되었습니다. 그런 과정에서 량엔은 딸과 아들 둘 다 사랑스러운 자녀라는 것을 느끼게 됩니다. 가족 세우기를 통해 량엔 가족은 놀라운 변화를 보여주었습니다.

3부

상처의 대물림, 이제는 끊어내야 할 때

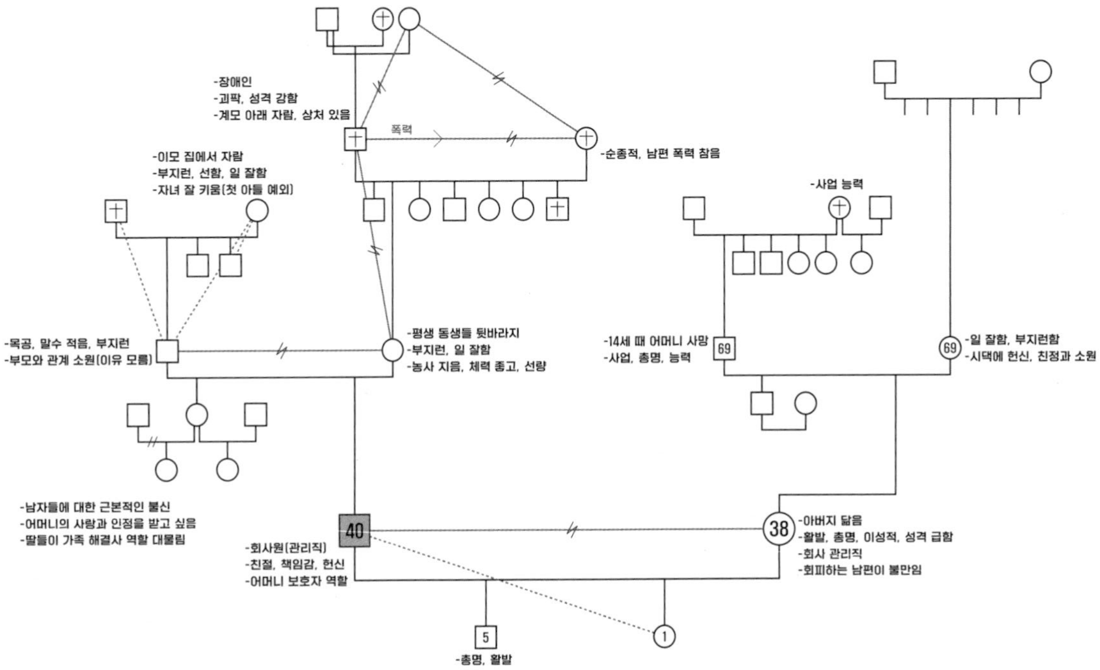

-장애인
-괴팍, 성격 강함
-계모 아래 자람, 상처 있음
폭력
-순종적, 남편 폭력 참음
-이모 집에서 자람
-부지런, 선함, 일 잘함
-자녀 잘 키움(첫 아들 예외)
-사업 능력
-목공, 말수 적음, 부지런
-부모와 관계 소원(이유 모름)
-평생 동생들 뒷바라지
-부지런, 일 잘함
-농사 지음, 체력 좋고, 선량
-14세 때 어머니 사망
-사업, 총명, 능력
69
69
-일 잘함, 부지런함
-시댁에 헌신, 친정과 소원
-남자들에 대한 근본적인 불신
-어머니의 사랑과 인정을 받고 싶음
-딸들이 가족 해결사 역할 대물림
40
-회사원(관리직)
-친절, 책임감, 헌신
-어머니 보호자 역할
38
-아버지 닮음
-활발, 총명, 이성적, 성격 급함
-회사 관리직
-회피하는 남편이 불만임
5
-총명, 활발
1

1장
딸들의 슬픔

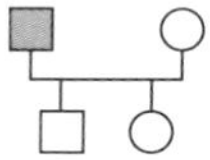

웨이신은 마흔 살 직장인입니다. 성실하고 착실하며 어디서든 스스로 나서서 봉사하고 조용히 궂은일을 하는, 선한 인상을 주는 사람이었습니다. 아내는 서른여덟 살, 부부에게는 다섯 살 된 아들과 이제 막 한 살이 된 딸이 있습니다. 그는 아내와의 관계 때문에 고민하고 있었습니다. 자신은 부부 사이에 별문제가 없는 것 같은데, 아내는 자꾸만 뭔가 문제가 있다고 한다는 것입니다. 그는 아내가 느끼는 문제가 뭔지 알고 싶어했습니다. 남편이 느끼기에 부부 사이는 그리 나쁘지 않은데도 아내는 남편과 소통이 잘 안 된다고 생각합니다. 아내의 불만을 해결하기 원해서 가족 상담을 신청했지만 아내는 바쁘다는 이유로 상담에 참석하지 않았고 남편만 참석한 가운데 가족 상담이 이루어졌습니다.

남편의 가계도: 상처와 분노의 대물림

웨이신의 원가족

먼저 웨이신이 어떤 사람인지 이해하기 위해 그의 원가족을 살펴봤습니다. 그는 둘째로 누나가 한 명 있습니다. 어머니는 매우 지배적인 타입으로, 체력이 좋고 일도 잘해서 모든 일을 해결하는 강한 어머니였습니다. 아버지는 그런 어머니에게 위축되어 기가 죽어 있고 말수도 적었으며 조용조용한 타입이었습니다.

그렇다 보니 이 가족 중 분위기를 주도하는 사람은 어머니입니다. 워낙 부지런하고 일도 잘하니 목소리가 큰 사람이 된 것입니다. 어머니는 느리고 야무지지 못한 아버지가 못마땅해 자꾸만 지적하고 싫은 소리를 하고 무시합니다. 그러니 아버지는 아내를 멀리하려 하고 자기만의 굴 속으로 들어가려 합니다. 아버지는 아내가 섬세하지 못한 것이 불만입니다.

웨이신의 어머니는 아버지뿐만 아니라 자녀들과도 갈등 관계에 있었습니다. 특히 누나가 어머니 때문에 많이 힘들어합니다. 어머니는 자신이 열심히 일하는 만큼 딸도

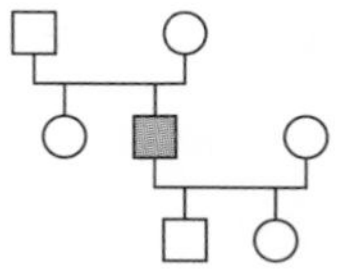

열심히 일해서 가족 안에서 큰 역할을 하기를 바라는데, 딸의 어떤 노력에도 어머니는 만족하지 못합니다. 아들에게도 집착을 보입니다. 성인이 되어 가정을 꾸리고 있는 아들을 아이처럼 대하면서 "넌 내 말만 들으면 돼" 하는 식으로 이끌었습니다.

웨이신은 어린 시절 어머니에게 늘 잔소리를 들었는데, 아버지도 누나도 어머니를 제대로 따르지 않았다고 합니다. 다들 그러니 아들은 자신이 어머니를 잘 따르면 어머니에게 인정받고 사랑도 받을 것 같다고 생각해서 착하고 말 잘 듣는 아들로 성장했습니다. 선하고 조용히 일 처리를 잘하는 모습이 그의 첫인상에서도 그대로 느껴졌는데 그 이유가 성장 과정에 있음을 알게 되었습니다.

저는 웨이신의 이야기를 들으면서 의문이 들었습니다. 웨이신의 어머니는 왜 그런 사람이 되었을까? 왜 혼자서 모든 일을 챙기고 책임지려고 할까? 그러면서 동시에 주변 사람들까지 힘들게 하고 일은 일대로 다 도맡아 하고…… 왜 그렇게까지 할까? 우리는 그의 어머니를 이해하기 위해 어머니의 원가족을 살펴봤습니다.

어머니의 원가족

어머니의 원가족을 보니 많은 부분을 이해할 수 있었습니다. 웨이신의 어머니는 7남매 중 둘째로 태어났는데, 바로 위의 형제가 오빠라 맏딸로 자랐습니다. 웨이신의 외할아버지는 뇌에 문제가 있어 운동신경 장애가 있었고 그 때문에 굉장히 짜증이 많고 화를 자주 냈습니다. 폭력적인 외할아버지로 인해 어머니의 원가족 분위기는 늘 어둡고 불안했습니다. 남에게 잘하는 순종적인 사람이었던 외할머니는 남편이 때리면 그저 맞으면서 참았다고 합니다. 웨이신의 어머니는 그런 부모의 모습을 보면서 자기 어머니를 불쌍하게 생각했고 아버지에게는 불만이 많았습니다.

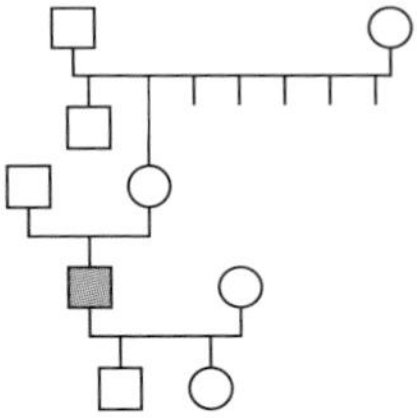

그런데 웨이신의 어머니는 친정어머니를 착하고 순종적인 사람이었다고 하면서도 어머니에 대한 트라우마가 있었습니다. 다섯 살 때 동네에서 놀다가 남의 집 밭에서 오이를 훔쳤는데, 그 일로 어머니에게 죽겠다 싶을 만큼 심하게 맞았다고 합니다. 자기 어머니에 대해 상반되는 기억이 있는 것입니다. 이 이야기를 아들 웨이신에게도 자주 했기 때문에 웨이신도 잘 알고 있었습니다.

부모에게 사랑을 받지 못하고 자라는 와중에도 어머니는 가족 안에서 맏딸이었기 때문에 많은 일을 해야 했습니다. 그리고 많은 일을 하면서 능력을 인정받다 보니 그것이 몸에 배어 어디서든 자신이 주도해서 이끌게 된 것입니다. 웨이신의 어머니는 부모 모두에게 폭력을 당했기 때문에 화가 많은 어른이 되었습니다. 가족에 대해 내면에 화를 품고 있기 때문에 자기 가족을 편안하게 대하는 능력을 갖추지 못했습니다.

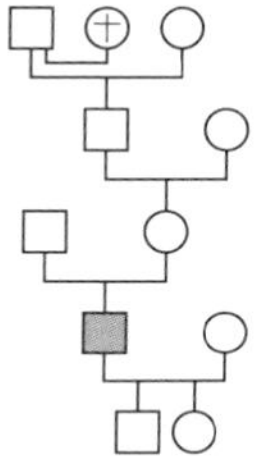

웨이신의 외할아버지는 뇌의 문제 말고도 심리적인 아픔이 있는 사람이었습니다. 가난했던 어린 시절에 친어머니가 돌아가시고 계모 손에 자랐는데 성장 과정에서 구박을 많이 받았다고 합니다. 어린 시절의 상처들은 심리적으로 고스란히 마음에 남아 굉장히 큰 화가 되고, 정서적으로 화가 많은 사람이 되면서 폭력적인 성향을 띠게 될 수 있습니다. 웨이신의 외할아버지의 경우 이것이 나중에 자기 가족을 괴롭히는 양상으로 나타났습니다.

이런 부모 아래 성장했기 때문에 어머니는 좋은 가족 모델을 갖지 못했습니다. 가족이 어떻게 하면 평화롭고 행복하게 살 수 있는지 잘 몰랐고, 폭력과 화를 보고 자랐기 때문에 자기 가족에게 그대로 반복하는 경향도 있었습니다.

아버지의 원가족

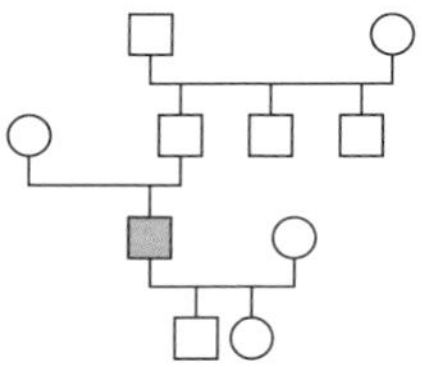

웨이신의 아버지는 말수가 적고 다소 위축된 사람이었습니다. 아버지의 원가족을 보니 아버지는 아래로 남동생이 둘인 맏아들인데도 불구하고 힘이 없고 인정받지 못하는, 소외된 존재였습니다. 중국에서도 우리나라와 비슷하게 대체로 맏아들이 힘이 있는 편인데, 특이하게 웨이신의 아버지는 가족과 굉장히 거리감이 있었습니다. 웨이신도 아버지가 친가에 대해 이야기하는 일이 별로 없었다고 말합니다. 친할머니는 부지런하고 선한 사람이었는데 맏아들만큼은 예외적으로 잘 챙겨주지 않았고 관계가 소원했습니다. 그런 관계가 된 데에는 가족의 비밀이 있었을 것 같지만 웨이신도 자세히 알지는 못했습니다.

웨이신의 아버지는 갈등 상황에서 회피하고 억압하는 타입인데 이런 면이 은근히 대물림되어 웨이신에게서도 그러한 특징이 보입니다. 이를테면 웨이신 역시 아내가 문제 제기를 하는데도 뭐가 불만인지 모르겠다고 하면서 자꾸 문제를 덮고 싶어 합니다.

이런 가족의 역동 속에서 자란 웨이신은 목수인 아버지를 닮아 손재주가 뛰어나고 헌신적이며 책임감이 있다는 특징을 지녔습니다. 그리고 가족에게 잘해야 한다는 생각을 갖고 있고 누나를 불쌍하게 여깁니다. 누나가 몹시 노력하는데도 어머니한테 인정받지 못하니 연민이 생긴 것입니다.

이 집안에서 아버지는 일을 제대로 처리하지 못하고, 실제로 어떤 일을 잘하더라도 평가절하되었습니다. 무엇보다 어머니가 아버지를 무능력한 사람으로 대하기 때문에 딸(웨이신의 누나)은 남자에 대해 부정적인 상을 갖게 되었습니다. '남자들은 왜 이렇게 시시하지? 왜 뭐든 제대로 하는 사람이 없지?' 웨이신의 누나는 첫 번째 결혼 후 이혼했는데, 그 이유 역시 아내 눈에 남편이 듬직하지 못했기 때문입니다. 그러고 나서 두 번째 결혼을 했는데 그 사람과도 관계가 쉽지 않습니다. 현재 누나는 채소 장사를 하면서 고생하며 살아갑니다. 웨이신은 이런 누나의 삶을 보면서 자신이라도 좋은 남자의 모델을 보여주고, 성실하게 가정을 잘 지키는 모습을 보여줘야 한다는 사명감과 책임감을 갖게 되었습니다.

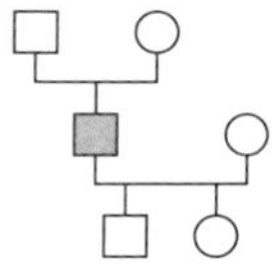

웨이신의 가족 구조에서 눈여겨볼 또 하나의 상황은, 부부가 아이 둘을 키우며 맞벌이를 하고 웨이신의 아버지가 아들 집에 머무르며 아이들을 돌보고 있다는 점입니다. 처음에는 아버지와 어머니가 같이 와서 함께 살았는데 두 사람이 자주 싸워서 어머니는 다시 고향으로 돌아갔고, 고향에 살고 있는 누나가 어머니를 돌보고 있습니다. 중국에서는 부모 중 한쪽이 자녀의 집에 살며 손주를 봐주느라 부부가 따로 사는 경우가 많습니다. 어머니가 아들네를 도와주면 아버지는 딸네 집에 가서 도와주는 등 노년기에 접어든 부부가 관계를 해체하고 손주를 돌보며 살아가는 것입니다. 우리나라에서는 부부가 같이 살면서 자식을 돕는 경우가 많은데 이와 비교해볼 때 중국에서는 부부가 떨어져 지내는 경우가 의외로 많습니다.

웨이신의 누나는 인정 욕구가 많습니다. 어머니에게 사랑받고 인정받고 싶어서 어머니 집 근처에 살면서 거의 매일 오가는 등 무척 애를 씁니다. 그런데 지금 어머니는 우울증을 앓고 있고 폭력적인 성향을 띠는 데다 치매 증상도 약간 보여 자기 생활을 잘 챙기지 못합니다. 치매가 원인인지 아니면 어머니는 정상인데 그저 편한 딸에게 자신의 힘든 감정을 다 쏟아내는지는 알 수 없지만 어머니는 딸을 매우 괴롭히고 있었습니다. 그 뒤치다꺼리를 누나가 다 감당하고 있습니다. 그렇게 보살피면서 어머니에게 인정받고 싶은데, 어머니는 딸이 헌신적으로 돕는데도 이것도 못한다 저것도 못한다 하면서 구박하고 못되게 굽니다. 웨이신의 누나는 그런 것들이 마음에 큰 상처로 쌓여 있었습니다.

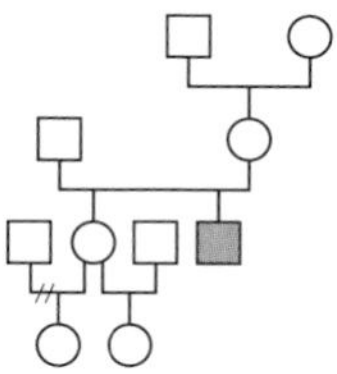

어머니는 자신의 부모에게 사랑받지 못하는 것을 보상받고자 집안일을 많이 하고 애쓰면서 가족을 돌보았었는데, 그것이 딸에게 대물림되어 웨이신의 누나도 비슷한 역할을 반복하고 있었습니다. 어머니는 자신이 받았던 상처를 고스란히 딸에게 전하고 있었습니다. 상처가 치유되지 않았을 때는 대물림이 더 뚜렷하게 나타나는 경향이 있습니다. 어머니는 딸을 통해 그 나이였을 때의 자신을 만나게 되고 자신이 얼마나 힘든 시간을 보냈는지 의식적으로 혹은 무의식적으로 말하고 싶어합니다. 행여 딸이 자신보다 더 편하게 살면 억울함이 올라오기도 하고 부모에게 받았던 매우 모질고 가혹한 요구들을 딸에게 해보기도 합니다. 이 모든 것이 치유되지 않은 어머니의 상처가 만들어내는 역동이므로, 가족들은 가계도 분석을 통해 찬찬히 해석해가면서 통찰해나가야 합니다.

현재 웨이신의 누나는 자기 삶을 제대로 살지 못할 만큼 어머니를 챙기는 데 전념하고 있습니다. 누나는 딸이 둘 있는데 큰딸은 전남편과의 사이에서 낳았고 둘째 딸은 현재 남편과의 사이에서 낳았습니다. (이 사실은 둘째 딸에게는 비밀로 하고 있습니다.) 큰딸은 어머니 혹은 외할머니처럼 가족의 해결사 역할을 맡고 있습니다. 늘 "제가 엄마를 도와줘야 할 것 같아요. 할머니가 늘 불만을 가지시니까 제가 할머니를 좀 더 찾아뵈어야겠어요"라고 합니다.

이 집안의 슬픔은, 여자들이 가족에게 끝없이 희생하는데 인정받지 못한다는 것입니다. 그리고 남자들은 대대로 무기력하고 위축되어 있었습니다. 이런 배경을 살펴보니 웨이신의 문제는 친절하고 책임감 있지만 동시에 골치 아픈 사안은 좋은 게 좋다는 식으로 덮으려 한다는 점이었습니다.

아내의 가계도: '정보 없음'과 단편적 기억 사이

이번에는 웨이신 아내의 가계도를 살펴봤습니다. 회사에서 관리직으로 일하는 아내는 웨이신보다 훨씬 활달한 타입에, 이성적이면서 총명한 사람입니다.

아내의 원가족

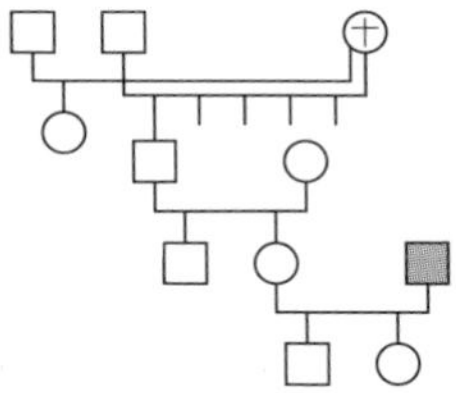

아내의 아버지는 열네 살 때 모친을 여의었습니다. 그녀는 사업 능력이 뛰어나 돈을 잘 벌었다고 합니다. 아내의 친할머니는 두 번 결혼했는데 아버지는 두 번째 결혼에서 태어난 장남이었습니다. 아버지는 자기 어머니의 뒤를 이어 사업을 시작했는데 모친에게서 능력을 이어받았는지 무척 잘 경영했다고 합니다. 그만큼 총명하고 능력 있는 사람이었습니다. 아내의 어머니는 현명하고 부지런하며, 명절에는 보름 내내 마흔 명의 식사를 차려낼 만큼 일가친척에게 잘하는 사람이었습니다. 그렇게 가족과 시댁에 헌신적이었지만 친정과는 소원한 편이었습니다.

웨이신의 아내는 위로 오빠 하나를 두었는데, 오빠도 어머니를 닮아 부지런하고 일을 잘하고 자기 사업을 잘 꾸려가고 있습니다. 아내가 상담에 참석하지 않아서 남편을 통해 아내의 원가족을 짚어봤는데, 대체로 일을 잘하고 부지런한 사람들이었다는, 다소 미화된 특성들만 나타났습니다. 이 가족 안에서도 힘든 부분이 없지는 않았을 텐데 그런 것들은 아내가 남편에게 가족 이야기를 자세히 하지 않아 알 수 없었습니다. 아내가 웨이신에게 실제로 이야기하지 않았을 수도 있지만 웨이신이 워낙 좋은 게 좋다는 식으로 덮는 타입이어서 그 스스로가 단편적으로만 기억할 가능성도 있습니다.

웨이신의 아내가 남편 웨이신에게 가지고 있는 불만은 자신이 제대로 이해받는 것 같지 않다는 것, 남편과 정서적인 교류가 잘 이루어지지 않는다는 것입니다. 웨이신은 매사에 다 괜찮다는 식으로 덮고 지나가고, 아내가 힘든 점을 이야기하면 "알았어, 내가 잘할게" 하며 넘어가는데 아내는 이런 남편의 태도를 믿지 못하겠다고 합니다. 마치 건성으로 대답하는 듯 느끼는 것이지요. 실제로 웨이신은 아내가 힘든 점을 이야기하면 심리적 부담감을 크게 느낀다고 했습니다. 이는 웨이신이 이미 원가족에서부터 갖고 있는 심리적 부담과도 연결됩니다.

웨이신은 어릴 때부터 어머니에게 전폭적인 사랑을 받았고, 어머니가 웨이신에게 많이 집착하는 형태였습니다. 그러다 보니 웨이신이 어머니의 보호자 역할을 하게 되었는데, 그는 어머니의 고민을 들어주는 것이 항상 부담스럽고 버거웠다고 합니다. 그 연장선상에서 아내가 불만을 이야기할 때도 마찬가지로 자신이 해결사 역할을 해야 한다는 부담을 느꼈을 것입니다.

이 가족이 갖고 있는 또 하나의 문제는 웨이신의 아버지와 웨이신 부부의 갈등이었습니다. 아버지가 같이 살면서 아이들을 돌봐주기는 하지만 적극적인 성격이 아니다 보니 최소한의 안전을 챙기는 정도일 뿐이지 교육적 차원에서 잘 키워주지는 못했습니다. 웨이신의 아버지는 심심할 때 폭력적인 프로그램을 자주 보는데, 웨이신 부부는 각각 다섯 살, 한 살인 아이들이 할아버지와 함께 지내면서 그런 프로그램을 보는 것이 불만입니다. 그런 점을 아버지에게 이야기하면, 아버지는 자신이 아들네를 위해 고향을 떠나 손주들을 돌보고 있는데 그런 것마저 못 하면 너무 답답해서 견딜 수 없다고 호소합니다. 또 그는 고향에 두고 온 아내도 걱정이 된다고 했습니다. 아내가 비난을 많이 해서 싫기는 하지만 지금은 정신이 온전하지 못하니 걱정이 되는데, 요금이 많이 나올까 봐 아들 눈치가 보여 전화를 잘 못 한다는 것입니다. 반면 웨이신은 아버지가 전화를 무료로 걸 수 있도록 해드렸는데 활용을 잘 못하신다고 합니다. 이런 여러 가지 오해들을 상담 과정에서 조금씩 풀어가야 했습니다.

해결사가 되어야 했던 아들

웨이신의 아내가 참석하지 못했기 때문에 우리는 웨이신에 대해 집중적으로 살펴봤습니다. 그는 어머니로부터 심리적으로 떨어지지 못한 상태에서 어머니에게도 해결사, 아내에게도 해결사, 심지어 아버지와 누나에게도 해결사 역할을 하려 했습니다. 그러다 보니 어느 순간 좋은 게 좋은 거라는 식으로 다 덮고 싶어지고, 그런 과정에서 가족 간에 갈등이 쌓이고 있었습니다.

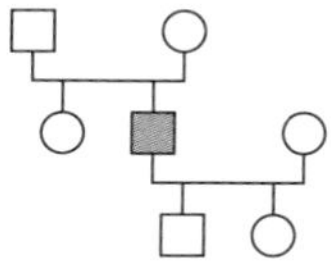

웨이신의 가족 중 중요하게 짚고 넘어가야 할 사람은 어머니입니다. 어머니는 화가 많고 포악해서 주변 사람들을 힘들게 하지만, 이 어머니 입장에서 보면 갑갑합니다. 자신은 평생 동안 가족을 챙기느라 늘 일만 하며 애써왔는데, 아무도 자신을 사랑해주지 않고, 남편도 마음에 들지 않고, 자녀들도 자기편이 아닙니다. 그런 데서 오는 화와 스트레스가 치매를 만들어 정신마저 오락가락한 상태였습니다. 이 가족은 가장 먼저 어머니의 상처를 다루어야 했고, 웨이신 역시 어머니에 대한 이미지를 바꿀 필요가 있었습니다. 그래서 어머니의 원가족으로 다시 돌아갔습니다.

가족 세우기를 통한 어머니와 조부모의 화해

우선 외할머니와 어머니와의 관계가 치유되어야 했습니다. 특히 다섯 살 때 외할머니에게 죽도록 맞은 기억을 평생 가지고 있는 어머니의 상처를 반드시 보듬고 가야 합니다. 웨이신의 외할머니는 어머니에게 사과를 하고 용서를 구했습니다. 외할아버지 역시 자신이 아프고 힘든 것을 딸에게 가감 없이 표출한 것에 대해 사과하고 용서를 구했습니

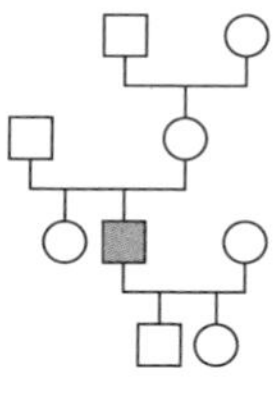

다. "정말 미안하다. 너는 우리의 첫딸이고 부모의 사랑을 많이 받고 싶었을 텐데, 태어나자마자 의무만 지니고 가족의 해결사 역할을 하게 만들어서 많이 미안하다."

그리고 어머니가 "네가 아무것도 몰랐을 다섯 살 때 그깟 오이를 서리했다고 심하게 때려서 정말 미안하구나. 오죽 한이 되었으면 네가 평생 기억하고 있겠니" 이렇게 사과의 말을 하면서 "너는 우리에게 아주 소중한 딸이란다. 엄마 아빠가 너를 항상 뒤에서 지켜줄 거야" 하고 말해줍니다.

웨이신의 어머니는 그제야 마음이 풀리기 시작합니다. 어머니는 외할아버지와 외할머니가 용서를 구하고 화해를 청하자 좀 더 부드러워지기 시작했고 마음의 여유를 갖기 시작했습니다.

가족 세우기를 통한 아버지와 조부모의 화해

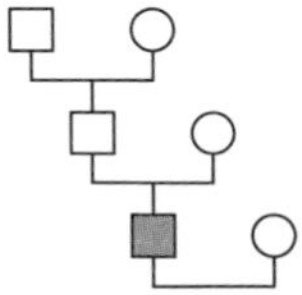

이번에는 아버지의 상처가 어디서 왔는지 보기 위해 아버지의 원가족도 살펴봤습니다. 아버지는 사랑받지 못한 아이였습니다. 그래서 "너는 하늘에서 뚝 떨어진 아무런 존재가 아니라 우리에게 아주 소중한 자식이다. 너는 우리 사이에 첫아이로 태어나서 아주 큰 기쁨을 줬어"라는 이야기를 듣자 아버지는 자존감이 올라가고 한결 편안하고 당당한 사람이 되었습니다.

부모의 부부 화해 작업

조부모와 아버지의 대화로 아버지의 자존감이 올라가자 그

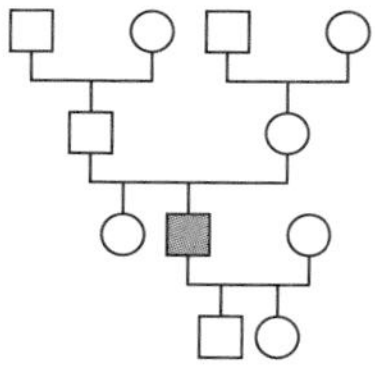

전에는 아내 앞에서 위축되었던 아버지가 훨씬 더 당당하게 아내를 대하게 되었습니다. 이제 부부가 나란히 섰고 남편이 먼저 아내에게 말합니다. "그동안 내가 많이 무기력했지요? 내가 늘 적극적이지 못하고 기죽어 있고 위축되어 있어서 당신이 참 답답했을 텐데, 그런 점이 참 미안해요." 부모의 사랑을 새롭게 경험한 어머니는 이제 남편의 이야기가 제대로 들립니다. 어머니는 아내로서 남편에게 사과합니다. 성미가 급하고 늘 남편을 비난했던 자신의 태도를 미안해하며 힘들었을 남편의 마음을 알아주었습니다. "내가 성질이 급해서 늘 화를 냈지요. 정말 미안해요." 다시 아버지가 어머니에게 말합니다. "내가 당신 성에 차지 않는 남편이라 미안해요. 그렇지만 나도 참 힘들었어요. 내 속도로 따라가기 힘들 만큼 당신이 너무 급하고 빨라서요." 아버지와 어머니가 이렇게 서로 사과하고 속이야기를 하면서 두 사람의 관계는 풀어졌습니다.

부부 각자가 갖고 있는 한이 너무 크면 부부 대화가 금방 풀리지 않습니다. 각자 자기 부모와 화해와 용서 작업을 한 뒤 자신 안에 온기를 느끼게 되면 배우자가 건네는 사과의 말이 들립니다. 내적 힘이 없는 상태에서는 상대방에게 화해의 말을 들어도 마음이 풀리지 않거든요. 자기 안에 불편한 감정이 많아 미안하다는 말 한두 마디에 감정을 풀기가 싫고 억울하기 때문입니다. 그러나 부모에게서 따뜻한 이야기를 충분히 듣고 나면 자기 안에 힘이 생기기 때문에 배우자의 말을 더 여유롭게 받아들이고 사과를 수용하게 됩니다.

웨이신과 부모의 화해

저는 가족 세우기를 통해 웨이신이 어머니와 아버지를 이전과는 다르게 만날 수 있도록 이끌고자 했습니다. 아버지는 약한 사람이고 어머니는 일을 잘하면서 목소리 큰 사람으로 여기는 것이 아니라 전보다 더 안정된 가족 각자로 느낄 수 있도록 말입니다. 부모의 부부 화해가 이를 위한 전제입니다.

부모가 두 자녀에게 부모로서 카리스마를 갖게 되면 너무 잘하려고 애쓰는 딸과 아들을 보고 안쓰러운 마음이 들기 시작합니다. 이제 부모는 "아니야, 너희 그렇게 애쓰지 않아도 괜찮다. 너희는 우리에게 있는 그대로 너무 소중한 아이들이고 태어나서 이렇게 잘 자라준 것만으로도 이미 너희 할 일을 다 했단다"라고 이야기해줍니다. 그러고 나면 자녀들도 훨씬 더 편안해집니다. '이제는 내가 부모님 걱정하지 않아도 되는구나. 오히려 부모님의 사랑, 부모님의 기도를 통해 내가 내 삶을 더 잘 살아갈 수 있겠구나.'

웨이신은 아내를 바라보는 눈에 여유가 생깁니다. 그전에 '아내는 도대체 뭐가 불만이지?'라고 생각했던 부분들이 이제는 '아, 불만이었겠구나' 하고 공감하게 됩니다. "내가 여기저기 다 챙기면서 당신을 외롭게 하고, 겉으로는 노력한다고 했지만 정서적으로 당신 곁에 머물러주지 못해서 미안해"라고 하며 화해를 청하니 아내와 아이들이 훨씬 더 편안해집니다. 긴장되었던 가정의 분위기가 편안하게 바뀌면 아이 역시 아이다운 모습으로 돌아갑니다.

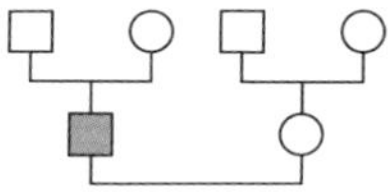

폭력적인 부모라 할지라도 그들의 면면을 살펴보면 사실 착한 사람들입니다. 평생 가족을 돌보기 위해 열심히 일하고 필사적으로 살아낸 사람들이지요. 다만 가족에게 받은 상처 때문에 난폭한 사람이 되었습니다. 어머니는 상처 때문에 포악한 사람이 되었고, 아버지는 상처 때문에 무기력한 사람이 되었습니다.

이 가족은 어머니가 실질적인 힘을 쥐고 있는데, 그것은 어머니가 정서적으로 애착 관계의 중심에 있기 때문입니다. 대외적으로는 아버지들이 더 힘이 크지만, 가족 내에서는 이렇듯 어머니들에게 힘이 있는 경우가 많지요. 반면 가정에서 아버지들이 힘을 가지고 있는 경우에는 폭력적인 형태로 힘을 갖는 경우가 많습니다. 자녀들이 의지할 수 있는 자애롭고 강한 아버지라는 구도로 힘이 있는 경우보다는, 가족에게 소리 지르고 가족을 못살게 굴고 돈을 쥐락펴락하면서 힘과 권위를 유지하는 경우가 많습니다.

위에서 아래로 자연스럽게 흐르는 사랑

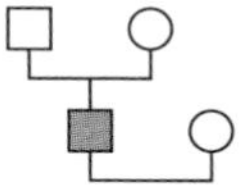

긴 시간이 흘렀습니다. 저는 가족이 좋은 감정들을 찾아낼 수 있기를 바라며 모든 과정을 함께합니다. 좋은 감정은 억지로 느끼게 한다고 해서 느껴지는 것이 아닙니다. "화해하세요"라고 하면 화해가 이루어지고, "사랑하는 눈으로 바라보세요"라고 하면 그대로 될까요? 그렇지 않지요. 당사자가 진정으로 화해를 원하려면 부모로부터 내리사랑을 받아야 합니다. 제 작업은 가족 세우기를 통해 자녀가 부모를 보호하거나 사랑해줘야 하는 치사랑 또는 역사랑을 다시 물 흐르듯 아래로 순조롭게 내려가는 내리사랑으로 바꾸는 일입니다. 부모의 사랑을 받고 나면 사람들은 기운이 달라집니다. 훨씬 여유 있고 당당해지며 남을 대할 때도 더 편안하고 자신감 있어집니다. 상대가 화를 내더라도 무시하거나 무서워하지 않고, 상대방 역시 자신을 함부로 대하지 않게 됩니다.

이 집안에서 대물림되는 특징은 딸들은 가족을 위해 희생하고 아들들은 보호받고 편하게 지낸다는 것입니다. 중국에서는 이런 가족을 자주 볼 수 있었습니다. 상대적으로 딸이 희생하는 집안이 많았던 우리나라와도 비슷한 면이 있지요. 그런 가정에서 성장한 웨이신의 누나에게는 '내가 뭘 해도 엄마는 불만을 갖는다'는 슬픔이 있습니다. 아침 7시부터 어머니 집에 가서 온갖 집안일을 다 하는데도 어머니는 불만만 말합니다. 그렇게 인정받지 못하는데도 치매인 어머니를 돌봐야 한다는 책임감 때문에 그 일을 계속합니다. 자신이 가족 문제를 해결해야 한다는 보이지 않는 끈이 이 딸을 꽉 붙잡고 있는 것입니다. 웨이신의 어머니도 평생 자기 부모와 형제자매, 자녀들을 돌보느라 늘 가족에 묶여 있었고, 웨이신의 누나도 똑같은 패턴을 반복하며, 웨이신 누나의 딸도 마찬가지로 그런 역할을 계속해서 맡고 있습니다. 이들은 그렇게 해야만 한다는 무의식적인 끈이 너무 강렬하기 때문에 가족 세우기를 통해 그 고리를 풀어놓는 작업을 해야 합니다.

자녀들은 가족 세우기를 통해 힘있는 어머니를, 잔소리하는 폭력적인 어머니가 아니라 자신에게 사랑을 충분히 주고 기댈 수 있는 든든한 어머니를 경험해야 합니다. 그런데 어머니에게 그런 내적 힘이 있으려면 남편과 부모에게 존중과 사랑을 받아야 합니다. 그러면 자기 안에 자원이 있기 때문에 여유 있는 눈으로 자녀한테 내리사랑을 줄 수 있습니다. 이렇게 만드는 작업이 가족 세우기입니다. 그래서 가족 세우기가 제대로 이루어지려면 몇 세대 위로 거슬러올라가 시작해야 합니다. 트라우마가 심한 가족일수록 보다 윗세대에서부터 문제를 해결해야 하고요. 가족 트라우마는 오래전부터 대물림되고 있기 때문입니다.

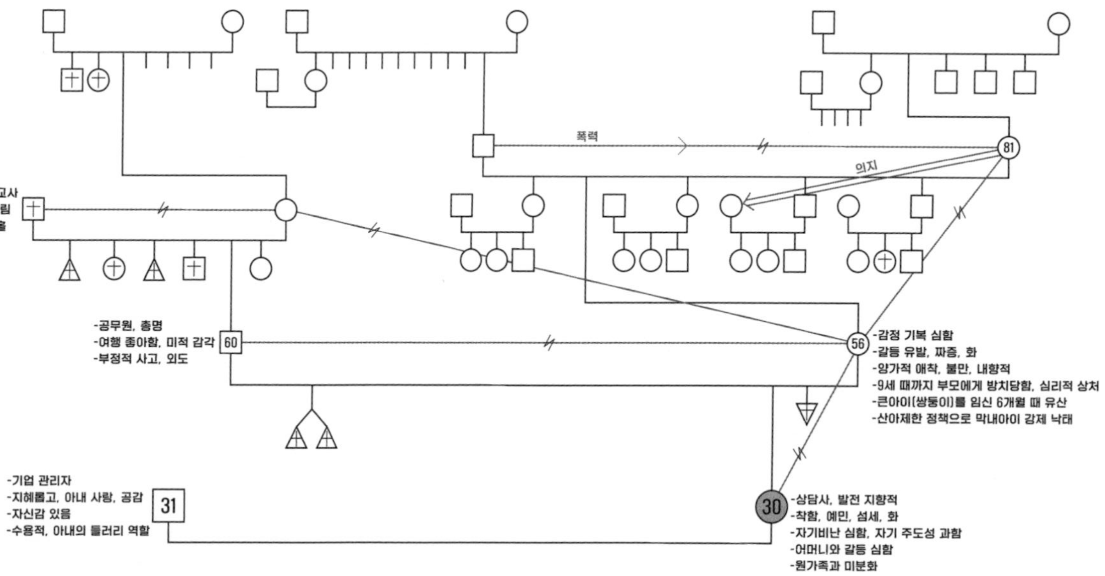
-중학교 교사
-서예, 그림
-가족 소홀
폭력
의지
81
-공무원, 총명
-여행 좋아함, 미적 감각
-부정적 사고, 외도
60
56
-감정 기복 심함
-갈등 유발, 짜증, 화
-양가적 애착, 불만, 내향적
-9세 때까지 부모에게 방치당함, 심리적 상처
-큰아이(쌍둥이)를 임신 6개월 때 유산
-산아제한 정책으로 막내아이 강제 낙태
-기업 관리자
-지혜롭고, 아내 사랑, 공감
-자신감 있음
-수용적, 아내의 들러리 역할
31
30
-상담사, 발전 지향적
-착함, 예민, 섬세, 화
-자기비난 심함, 자기 주도성 과함
-어머니와 갈등 심함
-원가족과 미분화

2장
사나운 엄마와 집이 무서운 딸

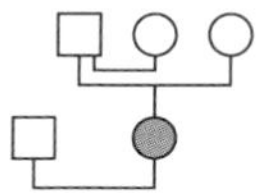

30대 초반인 샤오메이는 상담사로 일하고 있는, 예쁘고 싹싹한 여성입니다. 총명하고 매사에 열심이면서 자신의 그런 면을 남들에게 보여 인정받으려는 욕구도 있었습니다. 한편 약간 예민한 편이어서 섬세하면서 불안정했고, 자기 주도성이 과하면서도 자기 비난을 많이 했습니다.

샤오메이는 아버지에 대한 감정과 어머니와의 갈등 때문에 매우 힘들어했습니다. 샤오메이를 매우 예뻐하고 아껴준 아버지가 외도를 했는데, 어머니 때문에 아버지를 싫어해야만 하는 상황을 고통스러워했습니다.

샤오메이는 남편과 좋은 관계를 유지하며 결혼 생활을 하고 있지만, 워낙 자기 원가족과 미분화되어 있어서 남편이 샤오메이에게 계속 맞춰주고 있는 듯한 인상을 받았습니다. 샤오메이의 남편은 서른한 살로 회사 관리자로 일하고 있고, 아내를 사랑하고 아내에게 공감해주는 지혜로운 사람이었습니다. 또 한편으로는 아내에게 약간 기가 눌려 있는 듯했습니다.

부모의 원가족

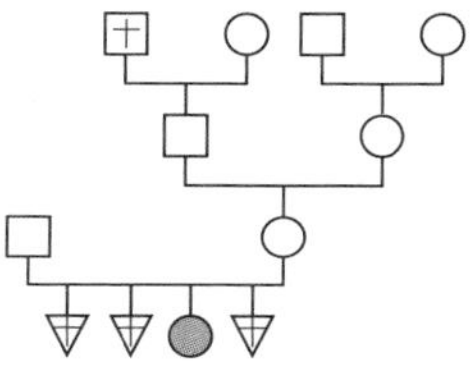

샤오메이는 외동딸입니다. 위로는 두 명의 형제자매가 유산되었고 아래로는 한 명이 산아제한 정책으로 강제 낙태되었다고 합니다. 샤오메이는 자라면서는 그런 사실을 몰랐다가 1년 전에 알게 되었습니다. 샤오메이의 어머니는 감정 기복이 심하고 심신증(psychosomatics, 심리적인 원인으로 신체에 일어나는 병적인 증상)이 있어 자주 몸이 아프다고 말합니다. 양가적 애착에 사로잡힌 어머니는 늘 불만과 짜증이 많아, 이 집안의 갈등이 대개 어머니에게서 시작됩니다.

다섯 남매 중 둘째였던 샤오메이의 어머니는 아홉 살 때까지 자신의 외할머니 손에 자랐으며, 내향적이고 심리적인 상처가 많습니다. 어머니(샤오메이의 외할머니)가 큰딸만 예뻐하고 큰딸에게 많이 의지해서 샤오메이의 어머니는 어린 시절 내내 가족 안에서 소외감을 느꼈기 때문입니다. 샤오메이의 외할아버지는 자신의 아버지를 한 살 때 여의었고 열여섯 살 때부터 자립해서 살아 독립심이 강한 사람이었습니다. 결혼 후에도 늘 밖에서 지내고 가족에 소홀해서 샤오메이의 외할머니는 자녀들을 혼자서 감당하기가 어려웠습니다. 그래서 아이를 하나라도 친정어머니에게 맡겨야 했습니다. 샤오메이의 어머니 가족은 늘 갈등이 많았고, 외할아버지는 툭하면 가정 폭력을 행사했다고 합니다.

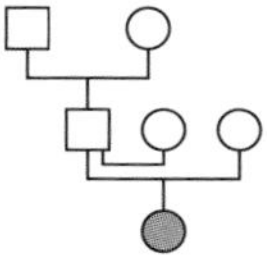

샤오메이의 아버지는 공무원이고, 여행을 좋아하며 미적 감각도 있는 사람이었습니다. 중국에서는 어떤 문제가 생기면 공무원을 통해야만 해결이 되기 때문에 공무원이라고 하면 사회적으로 성공한 사람으로 봅니다. 아버지의 부모, 즉 친가 쪽 할머니와 할아버지는 두 사람 다 중학교 교사였고, 서예와 그림에 뛰어난 사람들이었습니다. 그런데 할머니가 둘째 아들인 샤오메이의 아버지에게 집착하는 경향이 있어서 며느리와 고부 갈등을 일으켰습니다. 며느리를 라이벌처럼 여겨서 시집살이를 심하게 시킨 것이지요. 샤오메이의 아버지는 결혼 생활 중 외도를 했는데 한동안 그 사실을 감추다 나중에 아내가 알게 되었습니다. 이전에도 부부 갈등이 있었지만 그 후로 더 심해졌다고 합니다.

어머니에게서 벗어나기

샤오메이의 원가족에서는 부모의 갈등이 가장 큰 문제이기 때문에 먼저 샤오메이의 부모가 서로 이해하는 과정이 필요합니다. 샤오메이는 상담 중 "엄마가 나를 잡아먹을 것 같아요"라고 말하기도 했는데, 샤오메이가 그런 생각에서 벗어나려면 부모가 화해를 하고 부부로서 바로 서야 합니다.

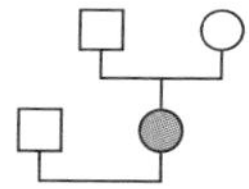

가족 세우기를 진행해보니, 샤오메이는 항상 어머니 편이었고 아버지가 외도를 하면서 집에 잘 들어오지 않아 원망스러웠지만, 한편으로는 아버지를 많이 그리워하고 있었습니다. 하지만 어머니의 마음을 배려하다 보면 아버지에게 다가갈 수 없었지요. 그런 부분에 대해 이야기 나누면서 부모의 화해 작업이 이루어졌습니다.

샤오메이는 어머니에 대해 양가적인 감정을 갖고 있었습니다. 어머니가 너무 싫으면서도 늘 어머니 걱정을 합니다. 어머니에 대한 그런 감정은 가족 세우기를 통해 어느 정도 내려놓을 수 있었습니다. 또한 샤오메이는 어머니가 아버지에게 불평불만을 늘어놓아도 아버지가 그것을 애정으로 받아들일 수 있는 사람이라고 믿어야 한다는 것, 부모의 불화까지 자신이 다 해결해야 한다는 강박에서 벗어나야 한다는 것을 받아들이게 되었습니다.

그다음으로는 어머니와 외할머니의 화해를 시도했습니다. 샤오메이는 두 사람의 화해가 실제로 가능할지 의문을 품었습니다. 그런데 여기서는 이 두 사람의 화해가 실제로 이루어지는지가 중요한 것이 아닙니다. 샤오메이가 머릿속에 어머니와 외할머니가 화해하는 장면을 담는 것이 목적입니다. 그래야 샤오메이가 어머니를 좀 더 힘있는 사람으로 바라볼 수 있습니다. 또 어머니를 미워하면서도 어머니를 자신이 보호해야 한다는 올가미에서 벗어날 수 있습니다.

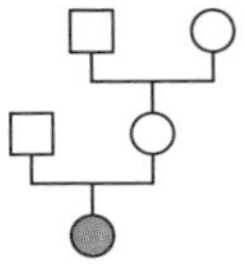

어머니는 산아제한 정책 때문에 강제로 낙태 수술을 당했고, 그런 식으로 산모와 태아를 다루어도 세상이 무관심하던 시대였습니다. 그런 상황에서 샤오메이를 잘 키워낸 것입니다. 샤오메이는 어머니가 어머니로서 최선을 다한 것이라는 점을 인식하며 어머니를 재조명해나갔습니다.

모녀의 화해와 관계의 균형 찾기

샤오메이 가족 사례의 핵심은 외할머니와 어머니의 화해, 또 샤오메이와 어머니의 화해 등 모녀의 화해였습니다. 그 사이사이에는 가정에 소홀한 아버지가 있었습니다. 삼각관계가 대물림된 셈이었지요. 샤오메이의 남편도 부부 사이에서 힘이 약한 편이고 아내에게 맞춰주기만 합니다. 그런 삼각

관계의 대물림을 끊으려면, 샤오메이는 부부 관계에서 자기 주도 강박을 조금 내려놓고 배우자를 믿으며 균형을 이루어나가야 합니다.

어머니가 가정 안에서 힘을 휘두르고 아버지가 방관자적 태도를 취하면서 가정에 무심하면 자녀들은 그 안에서 혼란을 겪습니다. 아버지가 외도까지 하는 상황에 처하면 자녀는 자신이 어머니 편이 되어야만 한다고 생각하게 되는데, 그러느라 아버지를 필요로 하고 그리워하는 마음을 숨기면 결국 또 다른 상처가 생깁니다. 자녀는 아버지가 아버지의 자리에 제대로 서 있을 때 아버지를 든든하게 여길 수 있고, 자신이 부모 사이에서 애써야 한다는 마음의 짐을 내려놓을 수 있고, 또 자기 가정 안에서도 힘의 균형을 이룰 수 있습니다.

어머니가 자녀에게 잘해주는 것처럼 보이지만 심리적으로 옭아매고 있다면, 그런 사랑은 건강한 애정이 아닙니다. 이런 가족 간 삼각 구조는 동서고금을 막론하고 보편적으로 나타나는데, 중국 가족 상담 시간에도 자주 만나게 되었습니다.

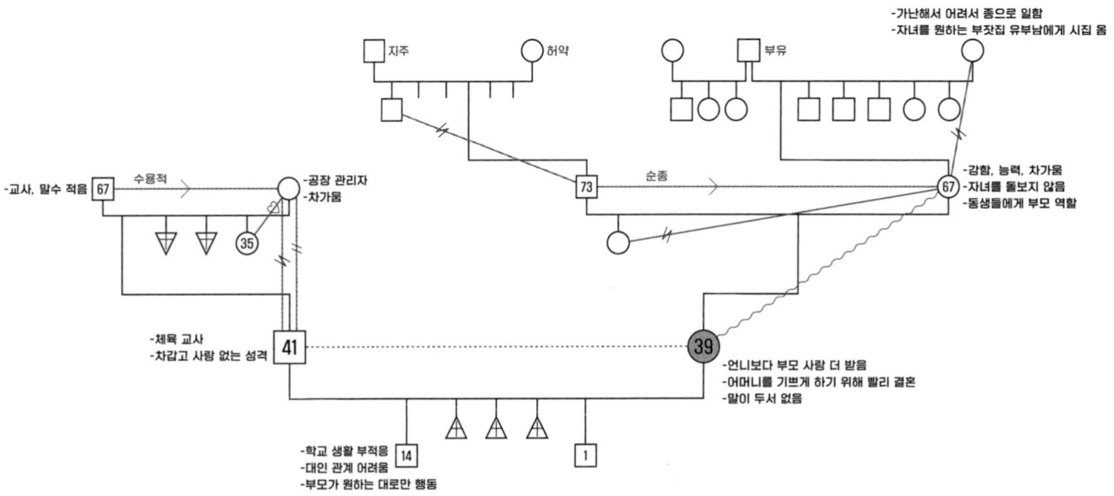
-가난해서 어려서 종으로 일함
-자녀를 원하는 부잣집 유부남에게 시집 옴
지주
허약
부유
수용적
순종
-교사, 말수 적음
67
-공장 관리자
-차가움
35
73
67
-강함, 능력, 차가움
-자녀를 돌보지 않음
-동생들에게 부모 역할
-체육 교사
-차갑고 사랑 없는 성격
41
39
-언니보다 부모 사랑 더 받음
-어머니를 기쁘게 하기 위해 빨리 결혼
-말이 두서 없음
-학교 생활 부적응
-대인 관계 어려움
-부모가 원하는 대로만 행동
14
1

3장
대인 관계가 힘겨운 아이

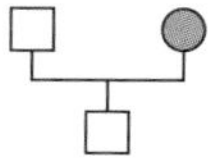

서른아홉 살 리 부인은 열네 살 아들과 이종사촌 동생과 함께 워크숍에 참석했습니다. 아들은 학교에 잘 적응하지 못하고 대인 관계에 어려움을 겪고 있었습니다. 또 부모에게 따뜻함을 느끼지 못한 채 부모가 원하는 대로만 행동합니다. 한편 몸이 약하고 발달이 느려서 아이의 친할머니는 아이를 싫어하기까지 합니다.

리 부인은 이런 상황을 안타까워하며 아이 문제를 해결하기 위해 상담에 참석했는데, 아이가 자기 문제를 제대로 보지 못하고 부모나 할머니 할아버지의 문제로만 돌릴까 봐 걱정된다는 이유로 아이를 워크숍 공간에 들어오지 못하게 했습니다. 참 아이러니한 상황이었습니다.

치사랑의 대물림

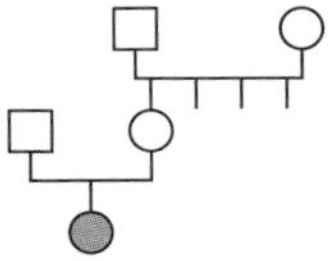

리 부인은 언니보다 부모의 사랑을 더 많이 받았다고 합니다. 남편은 이상형은 아니었지만, 어머니를 기쁘게 하기 위해 일찍 결혼했습니다. 자신의 행복을 위해서가 아니라 어머니에게 효도하기 위해 결혼을 했다는 점이 특이하게 여겨졌습니다. 부모의 보호자 역할을 하는 자녀들이 보이는 전형적인 특징이지요. 이들은 자신이 어떤 삶을 살아야 할지 고민하는 것이 아니라 부모를 위해 무엇을 해야 할지를 먼저 생각합니다. '결혼을 빨리 하는 게 좋을까?' '이 사람은 부모님이 좋아할 배우자감일까?' 미분화된 자녀들은 이런 생각을 우선순위에 두기 쉽고 그러면서 많은 관계가 엉키고 맙니다.

어머니의 원가족

리 부인의 어머니는 능력이 많고 강한 사람인데, 성격이 차갑고 자녀를 잘 돌보지 않았습니다. 어머니는 자신의 동생들에게 부모 역할을 하느라 정작 자기 자녀들에게는 부모 역할을 하지 못했습니다. 어머니가 부모 형제를 돌보려고 애쓰다 보니 리 부인 자신이 어머니를 생각해주고 돌봐야 하는 구조가 되어버렸습니다. 치사랑이 대물림된 것입니다.

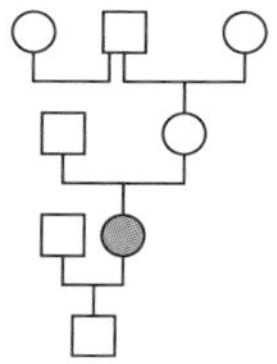

외할아버지는 아들을 더 많이 낳기 위해 리 부인의 외할머니를 첩으로 들였다고 합니다. 그래서인지 외할머니는 아들을 선호하는 사람이었습니다. 어려서 집안이 너무 가난해 종살이를 하다 부잣집 유부남에게 시집을 왔고, 가난에서 벗어나기 위해 아이들을 많이 낳은 것입니다. 이런 가정에서 첫딸로 태어난 어머니는 환영받지 못하는 존재였고, 부모와 형제자매에게 헌신하는 역할을 통해 자신의 존재 의미를 찾았습니다. 외할머니, 어머니로 이어지는 불안정 애착, 그리고 자녀가 부모에게 사랑을 주어야 하는 치사랑의 형태가 드러납니다.

아버지의 원가족

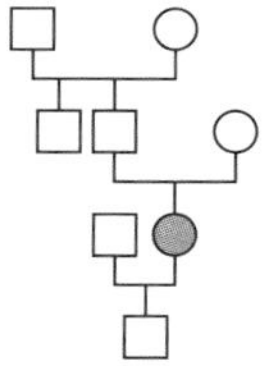

리 부인 아버지의 가족은 형에게 모든 관심과 사랑을 쏟았습니다. 그래서 리 부인의 아버지는 별로 사랑받지 못했고, 유산도 많이 받지 못했습니다. 결혼 후에는 아내 즉, 리 부인의 어머니에게 매우 순종적인 태도를 취했습니다. 중국 가정에서는 한국과 다르게 이런 부부관계가 많이 보입니다.

남편은 자기 어머니와 관계가 별로 좋지 않았는데, 공장 관리자로 일했던 어머니는 성격이 차가운 사람이었습니다. 아들에게 무관심해서 나중에는 관계가 거의 단절되었다고 합니다. 어머니는 낙태를 한 번 하고 딸을 얻었고 딸(남편의 여동생)과는 관계가 좋다고 합니다. 남편의 아버지는 교사로, 말수가 적고 수용적인 사람입니다.

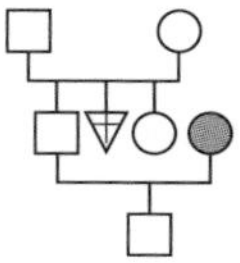

감정 표현이 부족한 부모

리 부인은 어머니와의 관계에서 사랑받지 못한 상처가 컸습니다. 그녀는 자기가 원하는 삶을 사는 게 아니라 어머니가 원하는 삶에 맞춰 살아왔습니다. 저는 이것을 풀어주기 위해 가족 세우기를 통해 리 부인이 어머니에게 느끼는 감정을 자꾸 표현하게 했습니다.

리 부인이 답답하게 느끼는 부분이 무엇인지, 왜 어머니를 기쁘게 해드리기 위해 결혼을 서둘렀는지, 어머니에게 원망스러운 부분이 있는지, 그녀가 미처 인식하지 못했던 부분들을 수면 위로 끌어올리기 위해 리 부인에게 많은 질문을 던졌습니다. 처음에는 감정을 만나는 것이 어렵습니다. 그럴 때는 가족 역할 대리인을 통해 자신의 감정을 만나게 하고, 형태가 불분명한 감정들은 서서히 탐색해보는 작업을 통해 만나게 합니다. 가족 세우기를 통해 구조를 세우고 나면 감정 찾기 작업은 좀 더 수월

해집니다.

이 가정에서는 남편도 아내도 감정을 느끼고 표현하는 것을 어려워했습니다. 그러다 보니 아들이 부모에게 따뜻함을 느끼지 못했는데, 리 부인은 이런 애정 결핍에서 오는 외로움을 그저 아들의 성격 특징이라고만 보고 있었습니다. 다행히도 이 가족은 상담 과정에서 아들의 특징이 자신들의 만들어놓은 구조의 산물이라는 것을 깨달았습니다. 바꾸어야 할 것은 아들이 아니라 자신들이라는 것을 받아들였습니다. 이런 인식은 가족 각자가 자신에 대해 진정으로 이해하고 수용한 뒤에야 가능해집니다.

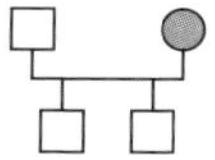

가족 세우기를 통한 가족 상담은 자신이 느끼는 솔직한 감정들을 들여다보는 작업입니다. 그런데 자신의 부모를 좋게만 보려고 하면, 또 감정을 덮고 괜찮다며 넘어가려고 하면 가족 세우기가 제대로 진행되지 않습니다. 가족 세우기는 이성으로 문제를 풀어가는 과정이 아니라 정서적으로 풀어가는 과정임을 다시 한번 깨달았던 시간이었습니다.

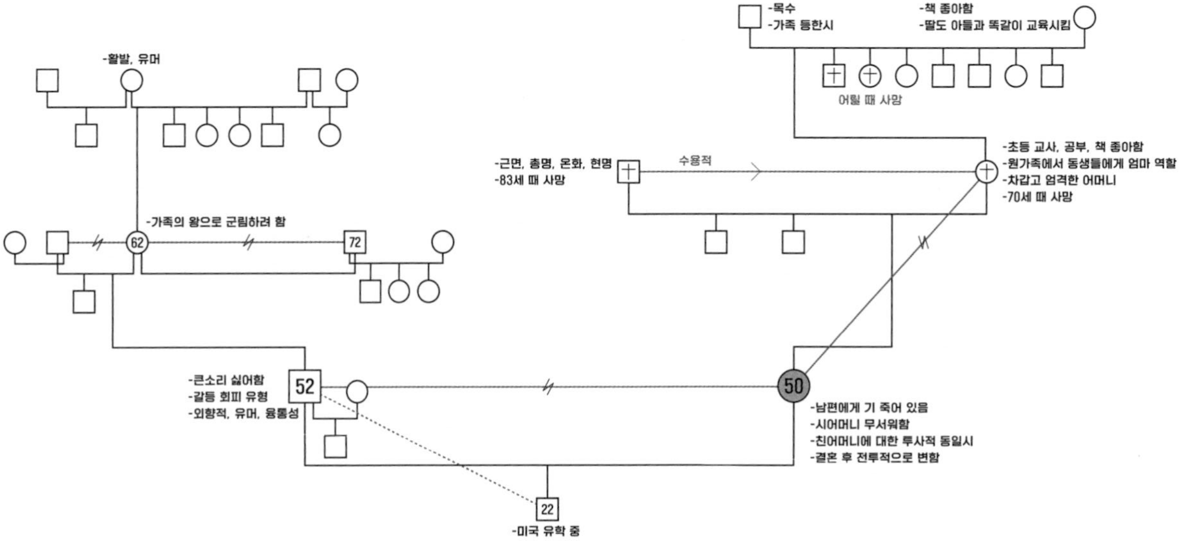
-활발, 유머
-목수
-가족 등한시
-책 좋아함
-딸도 아들과 똑같이 교육시킴
어릴 때 사망
-근면, 총명, 온화, 현명
-83세 때 사망
수용적
-초등 교사, 공부, 책 좋아함
-원가족에서 동생들에게 엄마 역할
-차갑고 엄격한 어머니
-70세 때 사망
-가족의 왕으로 군림하려 함
62
72
-큰소리 싫어함
-갈등 회피 유형
-외향적, 유머, 융통성
52
50
-남편에게 기 죽어 있음
-시어머니 무서워함
-친어머니에 대한 투사적 동일시
-결혼 후 전투적으로 변함
22
-미국 유학 중

4장
상처 주는 어른들

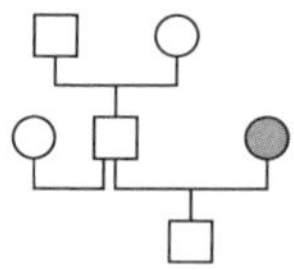

쉰 살인 장 부인은 남편, 시부모와 갈등이 깊었습니다. 그녀는 남편의 화 때문에 기가 죽어 있습니다. 아이를 임신했을 때 시부모가 아기를 봐준다는 명목으로 집에 들어와 같이 살게 되었는데, 그때부터 시집살이가 시작되면서 여러 가지 갈등이 불거졌습니다.

부부는 무역 회사를 함께 경영하고 있습니다. 남편은 외도를 해서 따로 아이까지 두었지만, 부인은 이를 따지지도 못합니다. 이혼을 하면 혼자 살아갈 일이 막막하기 때문입니다. 남편의 외도 사실은 가족 안에서 공공연한 비밀입니다. 부인은 남편과의 부부 갈등도 문제지만 고부 갈등으로 인해 매우 괴로워하고 있었습니다. 시어머니가 가족 안에서 왕으로 군림하려 하기 때문입니다. 이렇게 힘없는 아내인 장 부인은 어떻게 하면 부부 관계를 회복할 수 있을지, 어떻게 하면 남편과 시어머니 앞에서 더 당당해지고 그들에게 존중받을 수 있을지 방법을 찾고 싶어 했습니다.

부부의 가족 관계: 상처의 대물림

남편의 원가족

남편은 외향적이고 유머러스하며 똑똑한 사람입니다. 융통성도 있고 대범합니다. 밖에서는 호인인 남편이 왜 아내한테는 상처를 주고 나쁜 사람이 되는지 살펴봤습니다.

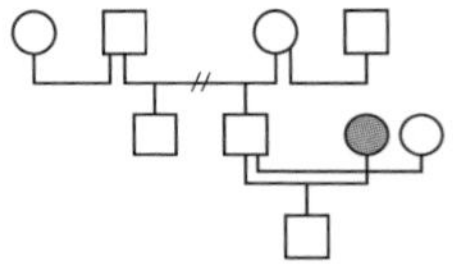

남편의 부모는 이혼을 했습니다. 그 후 어머니는 현재 살고 있는 새아버지와 재혼합니다. 남편의 친아버지 역시 재혼을 했고 현재 남편은 친아버지와 단절되어 있습니다. 남편의 새아버지 역시 첫 결혼에서 아이가 셋이 있습니다. 어머니와 아버지 사이에서 태어난 자녀는 형과 자신 둘인데, 형은 아버지 쪽으로 가서 지냈고 지금은 형과도 관계가 단절되었습니다.

남편의 어머니는 의대를 졸업한 재원이었으나 알 수 없는 사정으로 우체국에서 근무했습니다. 똑똑하고 자기주장이 강하며 주도성이 강해서 남들을 지휘하는 스타일입니다. 이 어머니 역시 복합 가정에서 자랐습니다. 남편의 외할머니는 첫 결혼에서 아들을 하나 낳고 이혼을 했고 두 번째 결혼에서 남편의 어머니를 첫딸로 낳았으며 아래로 4남매를 더 낳았습니다. 외할아버지 역시 외할머니와의 결혼이 두 번째 결혼이었으며 첫 번째 결혼에서는 딸을 하나 낳고 이혼했다고 합니다. 이 가족은 복합 가정의 형태가 대물림되고 있었습니다.

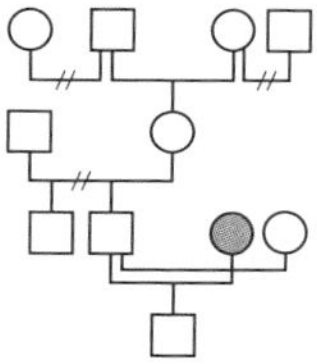

남편은 과주도성을 가진 어머니 밑에서 자라면서 많이 힘들었던 것 같습니다. 부모가 이혼하고 새아버지와 생활하며 자신의 감정을 알아주는 사람이 없는 가운데 갈등 회피 유형이 되었습니다. 표출되지 못한 욕구는 갈등 상황에서 간혹 분노로 터져나왔습니다. 어머니로 인해 느끼는 압박감과 부담이 매우 심했던 듯했습니다. 시어머니는 장 부인의 남편에게 자신과 새아버지를 부양해야 한다고 늘 강조했습니다. 이런 부담감이 있는 상태에서 남편은 아내와 어머니의 고부 갈등을 보며 그 어떤 중재도 할 수 없을 만큼 막막함을 느꼈을 것입니다. 갈등이 고조되면 남편이 할 수 있는 것은 아내에게 화를 내는 일이었습니다. 남편의 화는 자신의 무기력과 무력감에 대한

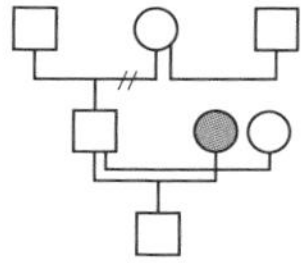

표현이었습니다.

아내의 원가족

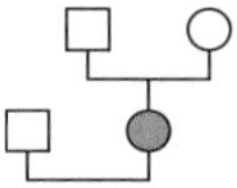

장 부인의 어머니는 초등학교 교사였습니다. 처음에는 어머니에 대해 긍정적인 이야기가 많이 나왔습니다. 그러나 좀 더 깊이 들어갈수록 어머니는 짜증과 화가 많은 사람이었고, 원가족에서 어머니 자신의 동생들에게 엄마 같은 역할을 했다는 것이 드러났습니다. 중국에서는 부모를 대신해 동생들을 돌보느라 자기 자녀를 제대로 돌보지 못하는 사람들이 많습니다. 장 부인은 어머니가 동생들(장 부인의 이모와 외삼촌)을 보살피는 착한 사람이라고만 생각했는데, 자녀인 자기 입장에서 보니 딸에게 차갑고 엄격하고 무심한 어머니였던 것을 인식하게 되었습니다.

장 부인의 어머니는 성실하고 착한 큰오빠를 예뻐한 반면, 둘째 오빠는 말썽을 부린다는 이유로 매달아놓고 때리기 일쑤였습니다. 어머니가 너무 엄하게 훈육을 해서 장 부인은 어머니를 무서워했습니다. 장 부인은 어머니에 대한 이런 감정을 남편에게도 느끼고 있었습니다. 이를 투사적 동일시라고 하는데, 어머니가 하는 행동을 남편이 하게끔 만들기도 하고, 그러면 어머니에게 당할 때와 똑같은 감정을 느끼면서 부부 갈등이 일어납니다.

여든셋의 나이로 돌아가신 장 부인의 아버지는 군인이었고 온화하고 현명한 사람이었다고 합니다. 어머니가 워낙 강하다

보니 아버지는 상대적으로 아내에게 맞춰주는 편이었고 자녀들에게도 따뜻한 아버지였다고 합니다.

투사적 동일시에서 벗어나기

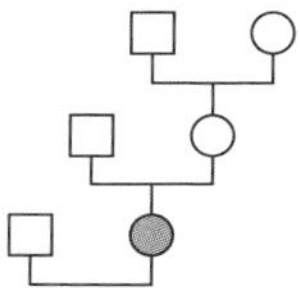

장 부인의 부부 갈등과 고부 갈등을 이해하고 해결하기 위해서는 먼저 장 부인과 어머니의 화해 작업이 필요합니다. 남편과 시어머니와 당당하게 대화하기 위해서는 장 부인의 자존감이 높아야 하는데, 이는 어머니에게 사랑받은 기억이나 경험 없이는 불가능하기 때문입니다. 게다가 장 부인은 남편과의 관계나 시어머니와의 관계에서 자신의 어머니를 투사해서 보고 있기 때문에 우선 친정어머니와의 관계 치유가 필요합니다. 어머니가 딸의 슬픔을 보지 못하는 배경에는 이 집안에 자녀가 부모와 형제자매를 돌보는 치사랑이 대물림되고 있는 가족사가 있습니다. 치사랑을 내리사랑으로 바꾸는 것이 이 가족 치료의 핵심입니다.

우선 어머니가 외할머니와 대화를 합니다. 외할머니는 자기 딸(장 부인의 어머니)에게 가족의 짐과 책임을 과하게 지게 한 것에 대해 사과합니다. 그리고 딸이 얼마나 소중한 아이인지 말해줍니다. 이런 따뜻한 사랑의 말을 들은 장 부인의 어머니는 그제야 자신의 마음과 딸의 마음을 느낍니다. 장 부인의 어머니는 자기 원가족을 돌보느라 정작 자기 딸에게는 제대로 애정을 주지 못했다는 것조차 느끼지 못하고 있었습니다. 너무 고단하게 살아온 것이지요. 그런데 이제 와서 보니 딸이 외롭게 울고 있습니다. 그런 모습을 보면서 엄마는 딸에게 미안함과 아픔을 느끼고 사과합니다.

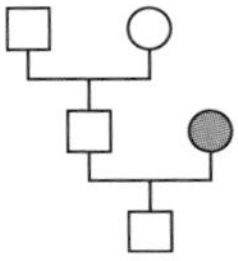

어머니와의 화해와 용서 작업이 이루어지고 나자 장 부인은 어머니를 마음으로 받아들였고, 그러고 나니 남편이 다시 보입니다. 남편의 화가 무섭지 않고 남편도 무기력 때문에 그렇게 불건강하게 대처했다는 것을 알게 됩니다. 시어머니도 무섭지 않습니다. 자존심 강한 어머니가 며느리에게 무시당할까 봐 세게 행동한 속내도 보입니다. 장 부인에게 자신감이 생기자 다른 사람들에 대한 인식이 바뀌었고, 그러자 잘못 맞추었던 퍼즐을 제자리에 끼운 것처럼 관계가 풀리기 시작한 것입니다.

어머니와 관계가 풀리고 나서 투사적 동일시가 없어지자 장 부인은 남편이 남편으로 보이고, 자신은 부모에게 사랑을 받는 사람이라는 인식 아래 한층 당당해집니다. 이제 남편은 아내를 함부로 대하지 못하고, 시부모 역시 며느리 장 부인을 존중하게 됩니다. 투사적 동일시란 어떤 관계에서 생긴 상처를 다른 관계에서 그대로 반복하는 것입니다. 장 부인의 경우를 보면, 마치 최면에 걸린 듯 '우리 엄마가 나에게 무관심했고 무섭게 대했듯이 남편도 그러겠지'라고 생각하고 반응하는 것이지요. 부모와의 관계가 편안해지니 남편의 행동들도 무던하게 느껴집니다.

또한 남편 가족에 대한 가계도 분석 과정은 장 부인이 남편을 이해하는 데 큰 도움이 되었습니다. 다른 사람들은 다 자기보다 강하다는 오해가 관계들의 갈등을 부추겼다는 것도 깨닫게 되었습니다. 또한 자기 가족의 치사랑 대물림과 남편 가족의 복합 가정 대물림을 발견하고는 이제는 그런 대물림이 반복되지 않도록 해야겠다고 다짐합니다. 부모의 사랑을 확인하고 힘을 얻는 장 부인을 보면서, 우리를 진정으로 강하게 만드는 것은 무엇보다 부모의 사랑이라는 것을 새삼 느끼게 되었습니다.

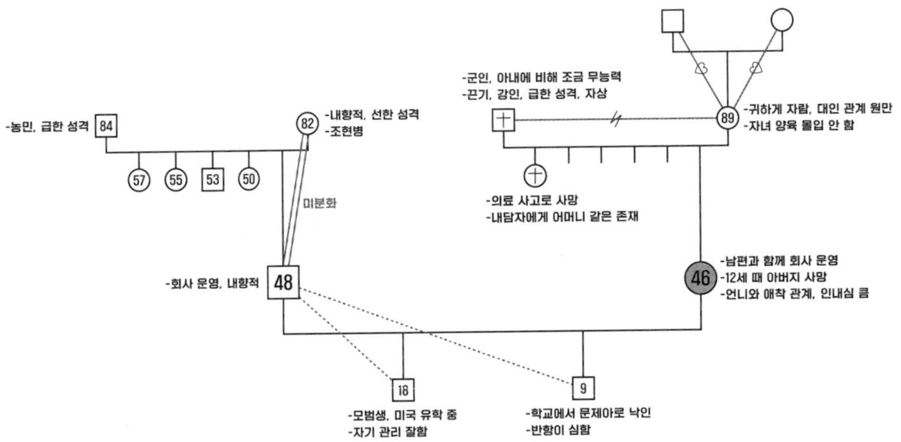

-농민, 급한 성격
84
57
55
53
50
82
-내향적, 선한 성격
-조현병
미분화
48
-회사 운영, 내향적
-군인, 아내에 비해 조금 무능력
-끈기, 강인, 급한 성격, 자상
89
-귀하게 자람, 대인 관계 원만
-자녀 양육 몰입 안 함
-의료 사고로 사망
-내담자에게 어머니 같은 존재
46
-남편과 함께 회사 운영
-12세 때 아버지 사망
-언니와 애착 관계, 인내심 큼
18
-모범생, 미국 유학 중
-자기 관리 잘함
9
-학교에서 문제아로 낙인
-반항이 심함

5장
'문제아'의 문제는 다른 곳에 있다

마흔여섯 살인 허우위주는 아홉 살인 둘째 아이가 반항이 심해서 상담을 받으러 왔습니다. 그녀는 두 살 많은 남편과 같이 회사를 운영하고 있습니다. 부부가 둘 다 석사 학위를 받은 뒤 회사를 잘 이끌어나가고 있고 다른 문제는 전혀 없었습니다. 첫째인 큰아들은 모범생이고 미국에서 대학을 다니고 있습니다.

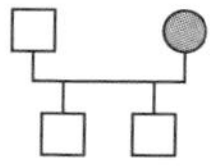

다만 부모에게 반항하고 학교에서는 문제아로 낙인찍힌 둘째 아이가 부부의 걱정이었습니다. 이야기를 들어보니 남편은 아이들과 관계가 소원

하고 허우위주가 아이들을 전적으로 챙기고 있었습니다.

부부의 원가족

허우위주는 열두 살 때 아버지가 돌아가셨습니다. 아버지에 대해서는 좋은 기억을 갖고 있는데, 아버지는 끈기 있고 강인한 군인으로 성격이 다소 급했지만 자상한 사람이었습니다. 친정어머니는 부유한 집안의 딸로 귀하게 자랐고, 성품이 착하며 대인 관계도 원만한 편입니다. 결혼한 뒤에는 원가족과 떨어져 먼 곳으로 이사해 살았는데 남편이 일찍 세상을 떠나고 나서 고생을 많이 했습니다.

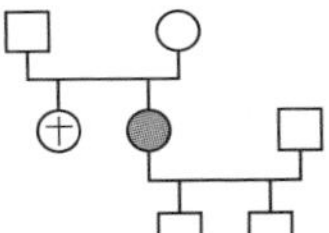

어머니는 남편을 잃은 뒤 자녀 양육에 그리 몰입하지 않았던 것으로 보입니다. 그러다 보니 큰언니가 엄마처럼 자신을 키웠다고 합니다. 자연스럽게 허우위주는 언니와 애착 관계가 강하게 형성되었고 언니에 대해 굉장히 좋게 기억합니다. 그 언니가 약 9년 전 의료사고로 세상을 떠나고 말았습니다. 허우위주에게는 너무도 큰 충격이었습니다. 어머니가 돌아가신 것처럼 충격을 받은 것입니다. 둘째 아들이 태어나고 얼마 안 된 시점이었는데 언니의 죽음은 허우위주를 우울증으로 몰아갔고, 이때 애착 관계가 막 시작되고 있던 아들과 관계가 소원해졌습니다.

정말 의도치 않게 둘째 아들은 우울한 엄마에게 정서적인 지지나 보살핌을 충분히 받지 못한 채 자랐습니다. 이런 애착 장애의 트라우마는 자녀에게 깊은 흔적을 남기게 됩니다.

남편의 어머니는 내향적이고 심리적으로 약했으며 조현병이 있었습니다. 남편은 어머니를 돌보느라 어머니와 분화되지 못했습니다. 남편에게는 가족의 범위가 원가족에게 집중되어 있었고, 그러다 보니 아내 혼자 자녀를 보살피는 구조가 되어버렸습니다.

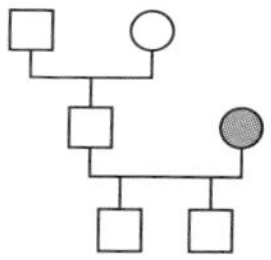

자기 가족으로 돌아오기

먼저 허우위주에게는 언니의 죽음에 대한 애도 작업이 필요하고, 허우위주의 남편은 자신의 어머니와 분화하는 작업을 해야 합니다.

허우위주는 언니를 떠나보내는 애도 작업을 통해 사랑의 방향을 바꾸어 자기 가족을 향하도록 했습니다. 허우위주가 자기 슬픔 때문에 아이에게 전폭적인 사랑을 주지 못하고 있었기 때문입니다.

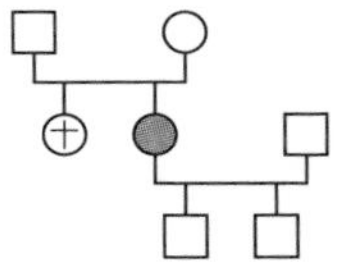

남편 역시 자신의 어머니에 대한 충성 갈등에서 벗어나 자기 가족에게 관심을 더 많이 가지도록 노력하기로 했습니다. 그동안 자신의 가족을 돌보면 어머니에게 죄책감을 느꼈는데, 이제는 이런 갈등에서 벗어나 온전히 자기 가족에게 애정을 쏟기로 했습니다.

부모들은 아이들의 문제 원인을 아이 자체에서 찾으려고 하지만 사실 부부의 문제를 해결하면 아이의 문제 또한 자연스럽게 해결되는 경우가 많습니다. 그저 아이를 탓하기보다는 부부 각자가 어떤 아픔을 가지고 있는지, 그로 인해 가족 안에서 어떤 태도를 보이고 있는지 돌아보면 아이의 문제를 인식하는 데에도 많은 도움이 됩니다.

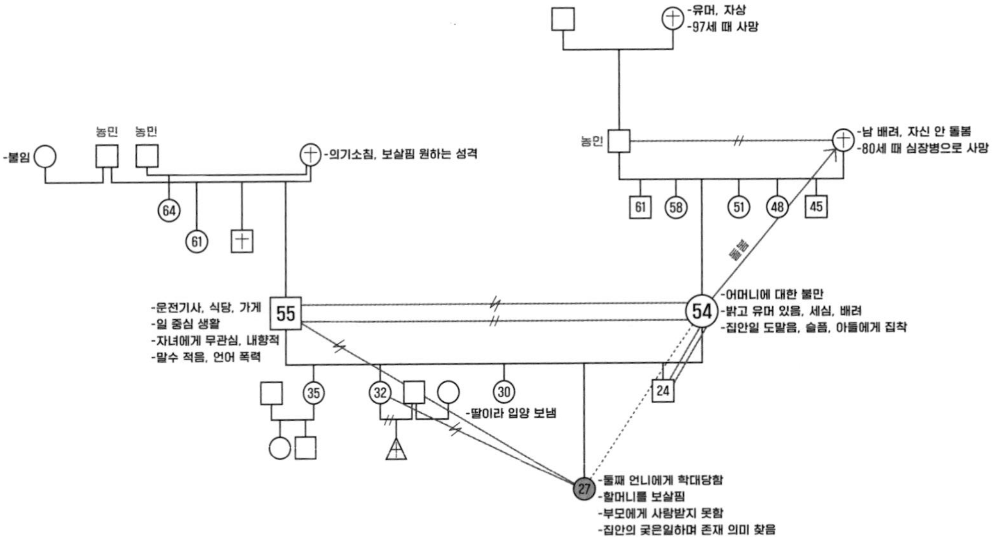
-유머, 자상
-97세 때 사망
-불임
농민
농민
-의기소침, 보살핌 원하는 성격
농민
-남 배려, 자신 안 돌봄
-80세 때 심장병으로 사망
64
61
61
58
51
48
45
돌봄
-운전기사, 식당, 가게
-일 중심 생활
-자녀에게 무관심, 내향적
-말수 적음, 언어 폭력
55
54
-어머니에 대한 불만
-밝고 유머 있음, 세심, 배려
-집안일 도맡음, 슬픔, 아들에게 집착
35
32
30
-딸이라 입양 보냄
24
27
-둘째 언니에게 학대당함
-할머니를 보살핌
-부모에게 사랑받지 못함
-집안의 궂은일하며 존재 의미 찾음

6장
언니의 학대

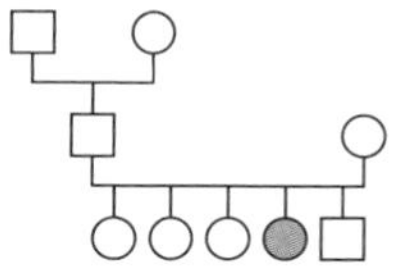

스물일곱 살인 하오란은 미혼 여성으로 대학을 졸업하고 안전 교육과 관련된 일을 하고 있습니다. 하오란은 둘째 언니에게 학대당한 상처가 있었습니다. 어린 시절 부모에게 사랑받지 못하고 언니에게도 구박받아 매우 위축되고 자존감 낮은 사람이 되었습니다. 집안에서는 사랑받기 위해 궂은일을 도맡아 하고 친할머니를 보살피면서 자기 존재감을 느꼈습니다. 하오란은 이런 가족 사정을 누군가에게 이야기하고 싶었고 자신의 문제를 털어내고 싶어했습니다.

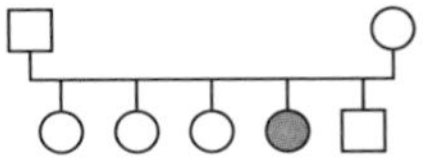

하오란의 아버지는 운전기사였는데 현재는 식당을 운영하고 있고 일에 열심인 사람입니다. 자녀들에게는 무관심한 편이었지요. 어머니는 아들에게 집착해서 딸을 넷 낳은 뒤 또다시 임신해서 아들을 얻었습니다. 딸 중 한 명은 다른 집으로 입양을 보냈습니다. 이렇게 아들 위주로 돌아가는 집이다 보니 딸들이 상처가 많을 수밖에 없었습니다. 특히 둘째 언니는 스트레스를 하오란에게 퍼부었고, 하오란은 그 피해를 고스란히 입었습니다. 우리는 가계도를 살펴보며 그들의 상처가 어디서부터 시작되었는지 살펴보기로 했습니다.

부모에게 사랑받지 못했던 이들

어머니의 원가족

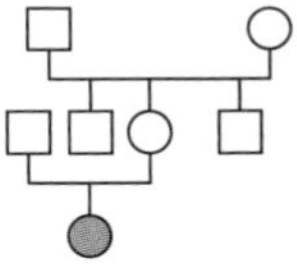

어머니 역시 친정어머니를 보살피고 있는데, 그런 성향이 하오란에게도 대물림된 듯했습니다. 하오란의 어머니도 하오란도 자기 어머니를 돌보는 치사랑, 위로 역류하는 사랑을 하고 있습니다.

외조부모 부부는 갈등으로 인해 단절되어 있었습니다. 어머니는 냉랭한 기운이 감도는 집안 분위기에서 성장했다고 합니다. 외할아버지는 큰외삼촌에게 집착했고 외할머니는 막내 외삼촌에게 집착했습니다. 어머니는 딸이어서 부모로부터 인정이나 사랑을 받지 못하며 자랐습니다. 아들 위주로 돌아가는 가정, 딸들이 방임되는 구조가 대물림되고 있었습니다.

아버지의 원가족

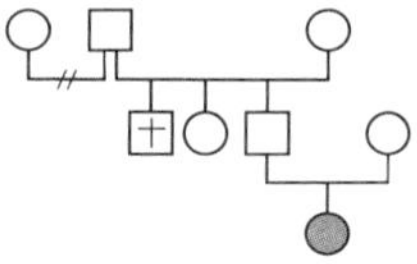

아버지 쪽 원가족을 보면, 친할아버지가 첫 번째 부인에게서 자식을 얻지 못해서 아이를 낳으려고 두 번째 결혼을 했습니다. 두 번째 부인, 즉 하오란의 친할머니는 딸 하나와 아들 둘을 낳았는데 큰아들은 30대 때 죽었고 둘째 아들, 그러니까 하오란의 아버지가 셋째로 태어났습니다.

친할아버지와 친할머니는 아이를 낳기 위해 결합한 부부이다 보니 애정이 있는 관계는 아니었습니다. 그런 가정에서 하오란의 아버지는 가족의 따뜻함을 경험하지 못했고 자신이 꾸린 가족에게도 그런 따뜻함을 주지 못했습니다. 아버지는 그저 일에만 집중했을 뿐 가정에서 자신이 무엇을 해야 하는지 모르는, 사랑 표현에 미숙한 사람이었습니다.

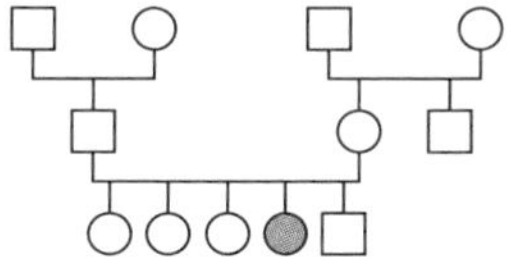

하오란의 부모 역시 냉랭한 부모 아래에서 자라 따뜻함이라고는 모르는 가정생활을 하다 보니 자녀들

에게 안정된 애착을 주지 못했습니다. 그래서 다섯 명의 자녀 모두 부모에게 상처를 받았고, 특히 둘째 딸은 자신의 상처를 넷째 동생에게 쏟아냈습니다.

부모와 언니의 사과

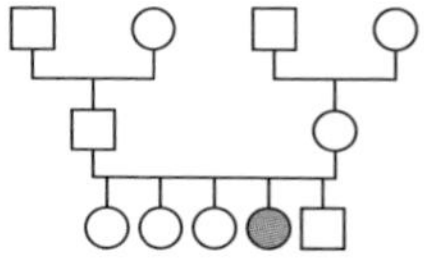

이 가족의 트라우마를 치료하기 위해서는 우선 부모와 조부모의 사과와 용서가 필요합니다. 먼저 외조부모가 부부 대화를 통해 서로의 마음을 전달하고 받아주었습니다. 부부로서 서로에 대한 감정이 누그러들자 부부는 한 팀으로 서서 딸을 바라보았습니다. 외할머니도 외할아버지도 딸인 어머니에게 냉랭한 가정 분위기를 만들어 불편하게 하고 또 아들만 위하느라 딸들을 방치했던 일을 사과했습니다. 부모에게 따뜻한 위로와 사랑을 느낀 어머니는 다시 자신의 부부 관계를 돌아봅니다. 그러자 남편에게 무심했던 것이 미안하게 느껴졌습니다. 아버지 역시 친할아버지와 친할머니 부부의 대화가 이루진 뒤 부모와 자녀로서 사과와 용서의 시간을 가집니다. 부모의 따뜻한 사랑을 느끼자 아버지 역시 전에는 일만 보였지만 이제는 가족이 보인다고 말합니다.

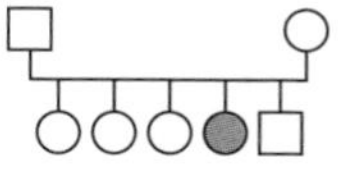

부모는 서로에게 사과를 하고 상대가 얼마나 소중한 사람인지를 새삼 깨달았습니다. 그

러고 나자 드디어 자녀들을 바라보고 자녀들이 느꼈을 외로움을 알아차립니다. 먼저 부모가 서로에게 자신이 아내로서 남편으로서 사랑을 주지 못해 미안하다고, 아이들을 잘 돌보지 못해 후회된다고 이야기를 나눕니다.

부모는 자신들의 상처를 고스란히 대물림하고 있었던 것이 못내 미안했습니다. 자녀들에게 미안함을 표현하고 한 자녀 한 자녀가 매우 고맙고 소중한 존재임을 말해주었습니다. 그렇게 부모가 자기 자리를 찾으니 자녀들이 각자 자기 슬픔과 상처들을 이야기할 수 있게 됩니다. 특히 둘째는 동생을 괴롭힌 것에 대해 진심으로 사과하며 용서를 구했습니다. 이렇게 부모의 화해와 사과, 둘째 언니의 사과가 이루어지면서 하오란은 다소 마음이 풀렸습니다.

부모가 자녀들을 소중히 여겨주지 않으면 부모와 자녀의 갈등이 자녀들 사이의 갈등으로까지 번질 수 있습니다. 부모에게 사랑받지 못하는 데서 생긴 상처와 불만족을 다른 형제자매에게 풀게 되는 것이지요. 이처럼 불행은 다른 사람에게 전달되면서 또 다른 가해자와 피해자를 만들어냅니다.

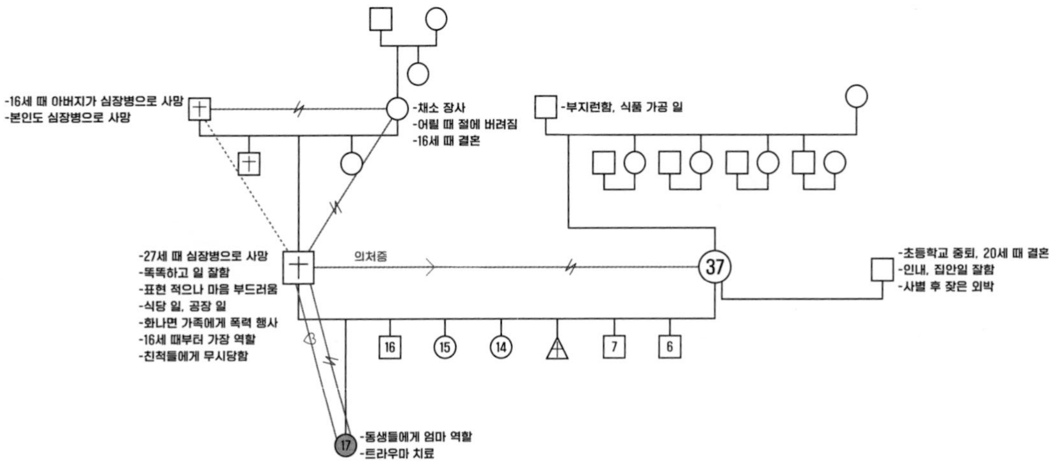

-16세 때 아버지가 심장병으로 사망
-본인도 심장병으로 사망
-채소 장사
-어릴 때 절에 버려짐
-16세 때 결혼
-부지런함, 식품 가공 일
-27세 때 심장병으로 사망
-똑똑하고 일 잘함
-표현 적으나 마음 부드러움
-식당 일, 공장 일
-화나면 가족에게 폭력 행사
-16세 때부터 가장 역할
-친척들에게 무시당함
의처증
37
-초등학교 중퇴, 20세 때 결혼
-인내, 집안일 잘함
-사별 후 잦은 외박
16
15
14
7
6
17
-동생들에게 엄마 역할
-트라우마 치료

7장
엄마가 된 큰딸

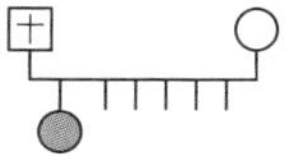

샤오통은 열일곱 살로 워크숍에서 만난 내담자 중 가장 어려웠습니다. 가족 치료는 성인 내담자가 요청하는 경우가 대부분입니다. 10대는 주로 부모의 손에 이끌려 옵니다. 그런데 샤오통은 가족 안에서 이미 가장의 역할을 하고 있었고, 자신의 가족 문제를 어떻게 풀어야 할지 몰라 상담을 신청했다고 했습니다.

샤오통을 보는 순간 저는 두 가지 인상을 받았습니다. 하나는 아주 똑똑한 아이의 모습이고, 다른 하나는 너무나 깊은 무기력에 빠져 있는 듯한 성인의 모습이었습니다. 까딱하면 완전히 우울증의 나락에 빠지고 말 것처럼 아슬아슬한 느낌이 드는 소녀였습니다.

샤오통에게는 아래로 동생이 다섯 명 있습니다. 나이 차이가 많이 나지 않고 다들 고만고만한 터울이었습니다. 열여섯 살, 열다섯 살, 열네 살, 그 아래로 터울이 약간 있는 일곱 살과 여섯 살 동생이었습니다. 샤오통은 한두 살밖에 차이가 나지 않는 동생들에게 거의 부모와 같은 역할을 하고 있었습니다.

아버지는 1년 전에 심장병으로 세상을 떠났습니다. 아버지는 똑똑하고 일을 잘하고 강한 사람이었다고 합니다. 표현은 잘 안 했지만 마음은 부드러웠고, 식당이나 공장에서 요리사로 일했다고 합니다. 아버지가 죽은 뒤 어머니는 아이들을 전혀 돌보지 않았습니다. 샤오통의 어머니는 초등학교를 중퇴하고 스무 살에 샤오통의 아버지와 만나 결혼했는데, 집안일을 잘했고 남편 일을 도우며 지냈습니다. 그런데 남편이 죽고 나서는 외박이 잦아졌고 이후 남자 친구가 생겼습니다. 나중에는 큰딸에게 아이들을 다 맡기다시피 하고 남자 친구의 집에 가서 지내고 있었습니다. 무책임한 어머니의 모습이 느껴졌으나 어머니가 왜 그렇게 했어야 하는지, 그 심리에는 무엇이 있는지 알아봐야 했습니다.

부모가 물려준 슬픔

어머니의 원가족

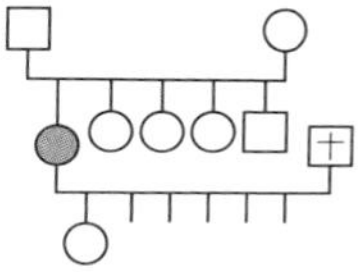

어머니는 5남매 중 맏이인데 어머니 역시 동생들을 돌보면서 자랐습니다. 외할아버지는 부지런한 성격으로 식품 가공업 일을 했습니다. 그러나 외할머니에 대해서는 긍정적인 이야기가 나오지 않았습니다. 잔소리가 많았고 어머니가 외할머니를 보살펴주는 역할을 했습니다. 어머니의 형제자매 순서를 보면 자매가 첫째부터 넷째까지 이어지고 그다음이 막내아들이었는데, 아마도 아들을 낳기 위해 계속 아이를 낳은 듯합니다.

어머니는 스무 살에 결혼했고 이모들도 모두 열아홉 살 때 결혼했다고 합니다. 어머니를 비롯해 이모들의 학력은 모두 초등학교 중퇴입니다. 아들인 외삼촌만 중학교까지 마쳤습니다. 부모에게 적절한 보살핌이나 지지, 후원이 없이 자라다가 모두 일찍 결혼함으로써 자신의 원가족으로부터 독립한 것으로 보입니다.

간혹 불행한 가정에서 자란 사람들은 도피성 결혼을 하면서 가족의 굴레에서 벗어나고자 합니다. 그러나 새로운 삶에 대한 준비를 제대로 하지 못한 채로 성급히 결혼을 하면 결혼 생활은 삐거덕거리기 일쑤입니다. 여우를 피하려다 호랑이를 만나는 경우도 있습니다. 그러면 불행한 가족사가 또 다른 형태로 계속됩니다.

자녀들을 제대로 돌보지 않으면서 많은 자녀를 낳는 것도 이 가족의 특징입니다. 이런 가정에서 자란 자녀는 또다시 이른 나이에 부모 곁을 떠나고자 합니다. 준비되지 않은 결혼이 이어지면서 가족 패턴이 대물림됩니다.

어머니도 부모를 보살피는 역할을 어린 시절 내내 했습니다. (외할머니는 손주들을 사랑하고 맛있는 음식을 해주기도 했지만 내리사랑을 베푸는 할머니는 아니었습니다.) 그렇게 외할머니와 외할아버지를 보살피는 역할을 하다가 결혼한 만큼, 남편이 죽고 나니 막막하고 고생의 연속인 앞날이 보이는 듯했을 것입니다.

어머니는 동생들을 돌보면서 힘든 성장기를 보낸 자신의 역할을 딸에게 고스란히 물려주었습니다. 똑똑한 딸인 샤오통은 묵묵히 어머니가 방치해놓은 집안일을 해나갔습니다. 엄마와 다섯이나 되는 동생들을 돌보면서 학업을 이어가고 있었습니다.

아버지의 원가족

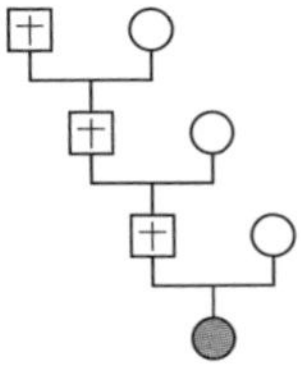

샤오통의 친할아버지는 열여섯 살 때 아버지를 여의었다고 합니다. 친할머니는 자기 부모에게 버림받고 절에서 살다 열여섯 때 결혼했다고 합니다. 사랑을 경험한 기억이 없기에 자식도 남편도 사랑하기가 힘들었을 것으로 보입니다. 아버지는 이런 부모 아래에서 따뜻한 가족을 경험하지 못한 채 성장했지만 성실하게 일하며 꿋꿋이 살아왔습니다. 다만 한번 화가 나면 폭발하는 성격으로 폭언과 폭력을 행사했다고 합니다.

친할머니는 열여섯 때 결혼함으로써 성인이 되었고, 아버지는 열여섯 살 때부터 가장 역할을 했으며, 샤오통은 열여섯 때 아버지를 잃었습니다. 딸이 아버지와 같은 나이에 성인으로서 가장 역할을 하게 되는 대물림이 보입니다. 우연의 일치겠지만 이런 대물림은 가계도 분석을 하다 보면 종종 눈에 띄는 현상입니다.

가족 세우기

샤오통은 처음에는 아버지에 대해 좋은 이야기만 했습니다. 그러다 점차 아버지의 문제점이 드러납니다. 샤오통의 아버지는 화가 나면 가족에게 무자비하게 폭력을 행사했습니다. 열여섯 살 때부터 가장 역할을 하며 친할아버지가 진 빚을 다 갚았지만 여전히 마을 사람들과 친척들에게 무시당했다고 합니다. 아버지에게도 설움이 많았던 것이지요. 자기 부모의 뒷감당을 하느라 평생 고생하다 일찍 세상을 떠난 사람이었습니다.

아버지의 어머니, 즉 샤오통의 친할머니는 채소 장사를 했고, 열여섯 살 때 결혼을 한 남편과 사이가 별로 좋지 않았습니다. 샤오통의 아버지는 부모에게 제대로 보살핌을 받지 못한 채 자수성가해서 살아야 했습니다. 샤오통의 부모도 사이가 안 좋았습니다. 아버지는 의처증이 있어서 술을 마시기만 하면 가족을 때리고 괴롭혔습니다.

엄마는 엄마답게, 딸은 딸답게

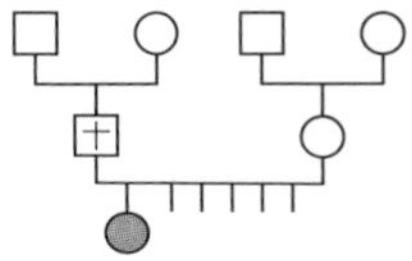

샤오통은 너무 무거운 가족의 짐을 홀로 지고 있었습니다. 지금까지는 꾹 참으며 자신에게 주어진 책임을 그저 감내하며 살아왔습니다. 그런데 가족 세우기를 진행하면서 자신이 진 짐을 제대로 마주 보고 어머니가 자신들을 버리고 도망간 현실을 직시하자 너무 힘든 나머지 실신 상태가 되었습니다. 간혹 가족 세우기를 하면서 내담자가 너무 격한 정서를 느끼는 경우 이런 비상 상황이 일어나기도 합니다. 이럴 때는 내담자를 침착하게 안정시키면서 감정을 잘 보듬어 주어야 합니다. 한참이 지난 뒤 샤오통이 다소 안정을 되찾아 가족 세우기를 다시 이어갈 수 있었습니다.

저는 샤오통이 어머니에게 "나는 더 이상 동생들의 엄마가 아니에요"라고 제대로 이야기하게 했습니다. 그저 잘하려고만 하는 샤오통은 자신이 너무 과도한 역할을 해내고 있다는 사실조차 모르고 있었습니다. 그 역할이 얼마나 힘겨운지, 그리고 자신이 얼마나 부모의 사랑과 보호가 필요한지 서서히 느끼기 시작했습니다. 그러고 나자 샤오통은 조금씩 스스로 힘을 되찾았고, 그동안 짊어지고 있던 동생들의 엄마 역할에서 벗어나면서 마음의 온기를 되찾았습니다.

처음에 샤오통은 자칫하면 깊은 우울증에 빠질 것처럼 위태로워 보였는데, 이제는 영리한 면이 더욱 살아난 듯했습니다. 상담을 진행하는 동안 제가 파트너와 한국어로 주고받는 대화를 옆에서 들으면서 한국어 단어 몇 개를 배울 만큼 총명한 친구였지요. 이렇게 똑똑한 아이가 가족의 어긋난 구조 속에서 과책임에 억눌려 있어 자기 능력을 제대로 펼치지 못했던 것입니다.

이렇게 딸이 가장의 역할과 엄마의 역할을 할 수밖에 없는 상황에서 그 상황을 딸이 너무 잘 감당할 경우 아이러니하게도 어머니가 가족을 더욱 등한시하게끔 만들기도 합니다. 그동안 샤오통이 동생들을 보살피며 가정을 잘 꾸려왔기 때문에 샤오통의 엄마는 샤오통을 믿고 가정에 더욱 소홀했던 것이지요. 이는 분명 바로잡아야 하는 요소입니다. 엄마는 엄마의 역할과 위치로, 딸은 딸의 역할과 위치로 가야 합니다. 샤오통은 더 이상 엄마 역할을 떠맡지 않고 딸의 역할로 돌아오도록 노력해야 합니다.

가족 치료를 하면서 간혹 '착한' 가족 구성원이 다른 구성원을 '나쁜' 사람이 되게 만드는 역동을 보게 됩니다. 가족 치료는 일부 구성원만 치유하는 과정이 아니라 가족 모두를 치유하는 과정입니다. 결과적으로 가족 모두가 좋은 사람이 되도록 하는 구조 조정이 이루어져야 합니다.

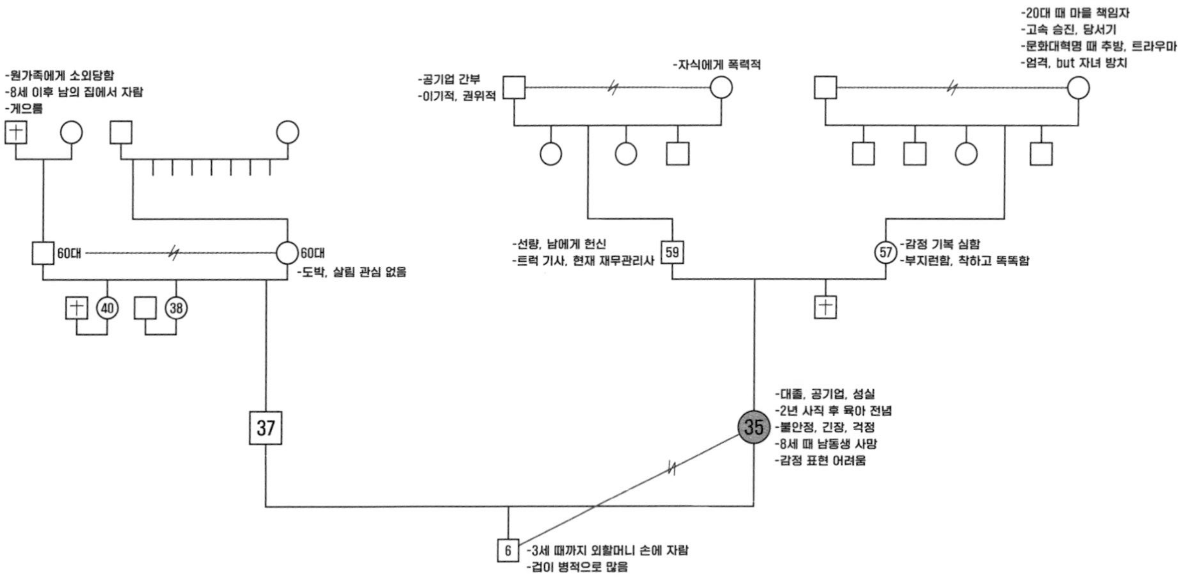
-원가족에게 소외당함
-8세 이후 남의 집에서 자람
-게으름
60대
60대
-도박, 살림 관심 없음
40
38
37
-공기업 간부
-이기적, 권위적
-자식에게 폭력적
-20대 때 마을 책임자
-고속 승진, 당서기
-문화대혁명 때 추방, 트라우마
-엄격, but 자녀 방치
-선량, 남에게 헌신
-트럭 기사, 현재 재무관리사
59
57
-감정 기복 심함
-부지런함, 착하고 똑똑함
35
-대졸, 공기업, 성실
-2년 사직 후 육아 전념
-불안정, 긴장, 걱정
-8세 때 남동생 사망
-감정 표현 어려움
6
-3세 때까지 외할머니 손에 자람
-겁이 병적으로 많음

8장
슬픔에 빠진 부모들과 과주도성 자녀들

서른다섯 살 유안멩은 대학을 졸업한 뒤 공기업에서 기술자로 일했습니다. 결혼한 뒤 여섯 살 난 아들을 두었는데, 2년 전에 회사를 그만두고 지금은 육아에 전념하고 있습니다. 유안멩은 약간 히스테리컬한 성격이고 과주도성이 있어서 뭐든지 자신이 해야 한다고 생각합니다. 감정이 불안정하고 매사에 긴장하며 걱정이 많습니다.

그녀는 가족 트라우마를 안고 있었습니다. 여섯 살 때 남동생이 죽었는데, 애도 작업이 제대로 이루어지지 않아 가족 전체에 불안한 분위기가 계속되었고, 그 안에서 자기감정을 잘 표현하지 못하고 살아왔습니다.

유안멩은 어릴 때 동생이 생긴 뒤 왕관을 빼앗긴 듯 느꼈고, 두 살 때부터 다섯 살 때까지 할머니 손에 자랐습니다. 동생이 죽은 뒤로 부모님과 함께 살게 되었는데 그 이후부터 감정 표현을 제대로 하지 못했습니다.

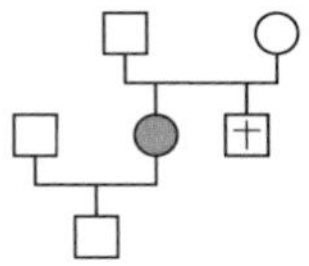

그녀의 부모도 동생이 죽은 이후로 대화를 거의 나누지 않았다고 합니다. 온 가족이 우울증에 빠져든 것이지요. 한번은 어머니가 절망과 분노를 이기지 못하고 유안멩을 물에 빠뜨려 죽이려고 한 일도 있었다고 합니다.

유안멩의 어머니는 늘 슬픔에 잠겨 있어 어머니 역할을 제대로 하지 못했고, 자녀와 불안정 애착이 형성되어 있었습니다. 부모 둘 다 세 살 된 아들이 사고로 물에 빠져 죽자 슬픔에서 헤어나오지 못했습니다. 그러는 사이에 딸은 부모에게 마땅히 받았어야 할 애정과 보살핌을 받지 못하게 되었습니다.

어머니로부터 이어진 트라우마

아내의 원가족

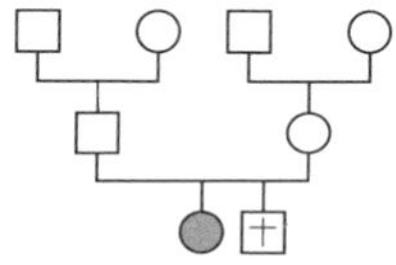

유안멩의 아버지는 선량하고 남을 돕기 좋아하는 사람입니다. 교사로 일하다 지금은 정부의 재무 관리자로 일하고 있습니다. 어머니는 부지런하고 착한 사람으로, 40대 초반까지 일을 하느라 아이들을 친정에 맡겼습니다. 어머니의 아버지, 즉 외할아버지는 유머러스하고 인간관계가 좋은 농업 관리자였고, 외할머니는 고등학교 졸업 후 스무 살 때 마을 책임자를 맡았고 승진을 거듭해 당 서기 자리까지 올랐습니다. 그런데 그렇게 고속 승진한 경력 때문에 문화대혁명 때 비난받은 뒤 추방당했고, 그 일이 트라우마로 남았다고 합니다. 유안멩의 어머니 역시 아홉 살 때 자신의 어머니가 그런 수모를 겪는 모습을 보면서 트라우마가 생겼습니다. 외할머니는 그때부터 자녀를 방치했는데, 그것이 유안멩 어머니에게 상처가 되었습니다. 자녀 방임은 유안멩의 어머니에게로 이어집니다. 이 어머니도 자식의 죽음을 겪으면서 딸에게 감정적인 보살핌을 주지 못했습니다.

유안멩의 가계도를 거슬러 올라가보면 어머니들이 트라우마가 많았습니다. 외할머니는 문화대혁명 때 상처를 받았고, 유안멩의 어머니는 어린 아들을 잃으면서 트라우마가 생겼지요. 이렇게 어머니의 우울함이 대물림되다 보니 유안멩도 자기 자녀에게 그다지 좋은 어머니 역할을 하지 못합니다. 아들을 세 살 때까지는 친정어머니에게 맡겼고 지금은 함께 살고 있지만 아이가 심하게 겁이 많다고 합니다.

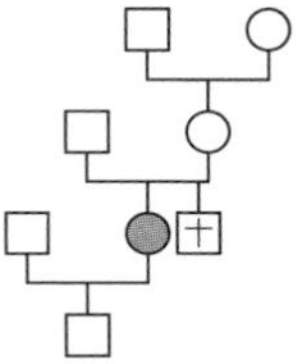

남편의 원가족

서른일곱 살인 유안멩의 남편은 착하고 단순한 사람으로 수용적인 성격입니다. 대학원에서 석사 학위를 받았고 지금은 기술 관리직으로 공기업에서 일하고 있습니다. 남편의 아버지는 여덟 살 때부터 남의 집에서 자랐고, 군대를 제대하고 농민으로 살았습니다. 그는 원가족에서 소외된 슬픔을 가진 사람이었습니다.

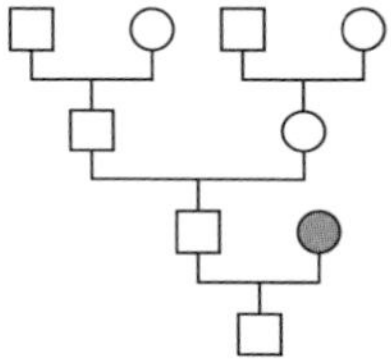

남편의 어머니는 60대인데 형제 중 혼자 시골에 남겨져 자랐습니다. 부모가 모두 자기 원가족으로부터 보살핌을 받지 못하고 소외된 구조에서 성장한 사람들이다 보니 자기 자녀들에게도 단란한 가족의 상을 보여주지 못했던 것 같습니다. 남편은 착하고 단순한 사람이기는 하지만 아버지로서 좋은 본보기를 보여주지는 못하고 있었습니다.

부모가 부모 역할을 제대로 하지 않으면 자녀들은 부모가 해주지 않는 것을 자신이 다 해결해야 하기 때문에 떠맡아야 하는 부분이 많아집니다. 그렇게 꼼꼼하게 자기 관리를 하다 어느새 그런 모습이 자기 캐릭터가 되어버립니다. 어디를 가든 자기가 일을 전부 다 해야 직성이 풀리는 과주도성이 생기는 것인데, 이런 특성이 관계에서는 위험 요소가 되기도 합니다. 한 사람이 자기 뜻대로만 하려고 하면 다른 사람들은 만족할 수 없기 때문이지요.

과주도성이 있는 사람들은 자기 위치를 잘 모르고 뭐든지 좌지우지하려고 합니다. 무슨 일이든 자기 뜻대로 몰고 가려고 하지만, 남의 뜻을 생각 없이 따라가는 사람은 없습니다. 그러다 보니 사회생활을 하면서 갈등을 겪게 됩니다.

과주도성에서 벗어나기

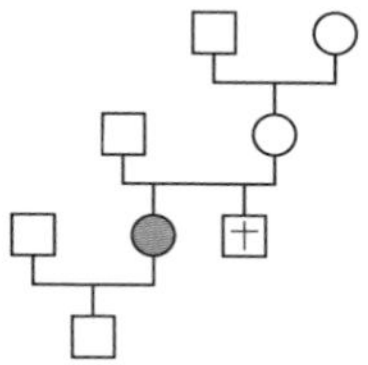

유안맹의 상처는 무엇보다 어머니와의 관계에서 비롯되었습니다. 가족 세우기를 하면서 유안맹은 우울한 어머니에게 사랑을 요구하지 못하고 혼자 삭여야 했던 외로움과 서러움을 꺼내놓았습니다. 친정어머니는 처음에는 딸의 원망을 제대로 듣지 못했습니다. 그래서 우리는 친정어머니와 외조부모의 관계와 트라우마를 다루었습니다. 외조부모가 사회적인 상황으로 인해 상처받고 우울해하면서 자녀들을 방치했음을 인정하고 진정으로 사과를 합니다. 그리고 딸이 얼마나 소중한 존재였는지를 확인해줍니다. 부모의 사랑과 지지를 받고 난 어머니는 비로소 딸의 이야기에 귀 기울일 수 있었습니다.

유안맹의 어머니는 자신의 외로움이 딸에게 고스란히 대물림된 것을 인식하고 진심으로 사과하며 용서를 구했습니다. 어머니의 사과는 다시 유안맹과 아들과의 관계로 이어졌습니다. 유안맹은 깔끔하게 일을 처리한다며 히스테리컬하게 행동했던 자신의 모습이 아들에게 얼마나 무섭고 버거웠을지 가늠할 수 있었습니다. 아들을 안아주며 사과의 말과 함께 사랑을 약속해주었습니다.

가족 안에서 책임감을 지나치게 많이 지는 사람들은 모순적인 면을 보입니다. 예를 들어 우리 연구소에 실습생이 새로 들어왔다고 해봅시다. 그렇다면 연구소의 분위기를 파악하면서 하나씩 익혀가야겠지요. 그런데 과주도성인 사람은 실습생으로 들어와서는 처음부터 연구소 전체를 자기 방식대로 뜯어고치려고 합니다. 이건 뭐가 잘못됐고, 저건 어떻게 해야 한다면서 여기저기 휘젓는 행동을 하는 것이지요. 그러면 이 사람이 연구소에 적응할 수 있을까요? 어렵겠지요. 과주도성인 사람들은 그런 문제를 만들어냅니다. 자신은 열심히 하려고 하는데, 자기 뜻대로 안 되니 주변에 거슬리는 게 많습니다. 그러면 자기 자리를 모르고 이것저것 지적하고 고치려고 하다 갈등만 만들고 튕겨나가는 일도 있습니다.

유안멩은 가족 세우기를 통해 상처를 보듬고 슬픔을 쏟아내는 한편, 과주도성을 지닌 자신이 가족 안에서 어떤 역동을 만들어왔는지 깨닫게 되었습니다. 두 겹의 성장을 이루어낸 소중한 시간이었습니다.

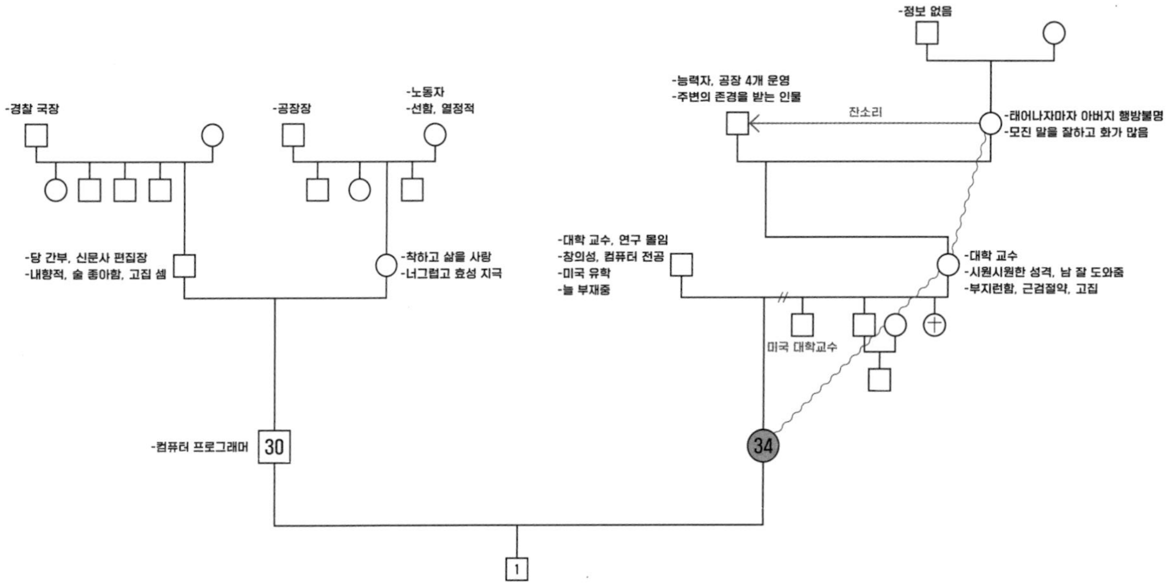

-경찰 국장
-공장장
-노동자
-선함, 열정적
-능력자, 공장 4개 운영
-주변의 존경을 받는 인물
-정보 없음
잔소리
-태어나자마자 아버지 행방불명
-모진 말을 잘하고 화가 많음
-당 간부, 신문사 편집장
-내향적, 술 좋아함, 고집 셈
-착하고 삶을 사랑
-너그럽고 효성 지극
-대학 교수, 연구 몰입
-창의성, 컴퓨터 전공
-미국 유학
-늘 부재중
-대학 교수
-시원시원한 성격, 남 잘 도와줌
-부지런함, 근검절약, 고집
미국 대학교수
-컴퓨터 프로그래머
30
34
1

9장
모녀의 불안정 애착

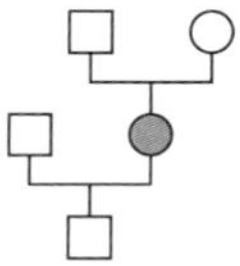

서른네 살 루이는 대학원에서 심리학 박사 과정을 밟고 있는 아주 지적인 여성입니다. 컴퓨터 쪽으로도 관심이 있어 심리학과 관련된 온라인 프로그램을 개발하고 있습니다. 남편은 서른 살이고, 둘 사이에는 11개월 된 아기가 있습니다. 루이의 남편은 컴퓨터공학을 전공한 프로그래머입니다.

루이는 어머니와의 관계를 힘들어합니다. 대학 교수인 어머니는 딸이 상담을 받는다고 하니 휴가를 내고 함께 참석했습니다. 어머니는 상담 내내 11개월 손주를 돌보며 딸이 워크숍에 참석할 수 있도록 도와주었습니다. 다정해 보이는 어머니인데 루이는 항상 어머니와의 관계가 힘들다며 벗어나고 싶다고 호소합니다. 이런 루이와 루이의 어머니 관계는 애증 관계입니다. 어머니가 사랑을 주기는 하는데 그것이 자녀가 원하는 방식이 아니어서, 자식 입장에서는 애정을 받으면서도 불만족스러운 것이지요.

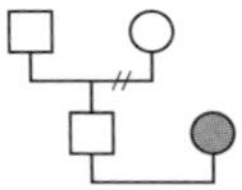

루이의 남편은 이혼 가정에서 자랐는데, 남편의 아버지는 당 간부와 신문사 편집장을 지낸 능력 있는 사람이었습니다. 성격은 내향적인 편이었고 술을 좋아하고 고집이 셌다고 합니다. 남편의 할아버지는 경찰국장을 지냈고, 전체적으로 사회적 지위가 높은 집안이어서 당 간부, 공무원, 사업가가 많았습니다. 남편의 어머니는 착하고 너그럽고 효성이 지극한 사람이었습니다. 남편 어머니의 아버지는 공장장이었고 어머니도 노동자였다고 합니다. 둘 다 선하고 열정적인 사람들이었습니다.

이성적이고 냉철한 어머니

가계도 분석

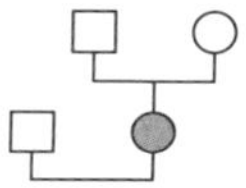

루이의 부모는 모두 교수였고, 아버지는 미국 유학을 하느라 부재중인 시간이 많아서 여섯 살 때까지는 아버지와 떨어져 자랐습니다. 아버지는 루이 남편과 같은 컴퓨터공학 전공자였는데, 루이는 아버지를 창의성이 뛰어나고 늘 연구에 몰입해 있던 사람으로 기억합니다. 하지만 늘 부재중인 사람이었지요. 어머니는 시원시원한 성격으로 부지런하고 검소하며 남을 잘 도와주는 사람입니다. 또 매우 이성적이고 냉철해서 자녀가 어머니로부터 감정적으로 지지받는다거나 속마음을 이해받는 느낌을 얻기는 어려웠을 것입니다.

작은 에피소드를 덧붙이자면, 이 모녀는 워크숍이 끝나고 저를 식사에 초대했습니다. 우리는 멋진 식당에서 저녁을 먹으며 이야기를 좀 더 나눌 수 있었습니다. 그런데 이 어머니는 우리가 진행하는 가족 치료 워크숍에 무슨 문제가 있는지, 어떤 점들이 앞으로 힘들어질지를 냉철하게 짚어냈습니다. 그리고 결론적으로 이 워크숍은 결국 오래가지 못할 것이라고 했습니다. 그 말의 사실 여부를 떠나 루이 어머니의 냉철한 이성은 우리의 귀한 저녁 식사 시간을 매우 우울하게 만들었습니다. 아마 딸이 느끼는 감정도 그와 비슷한 것이 아닌가 싶었습니다. 어머니는 많은 희생을 하고 도움을 주려 하지만 그런 점이 딸을 신나게 하는 것이 아니라 더 우울하게 만들고 있었습니다.

어머니의 원가족

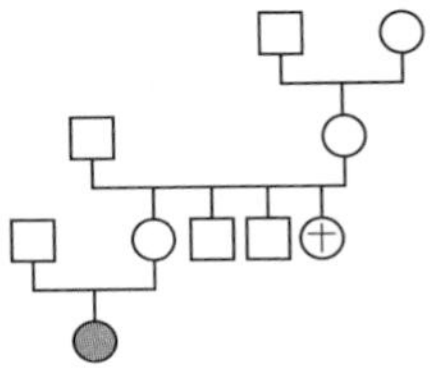

루이의 어머니 역시 친정어머니와 불안정 애착 관계였습니다. 루이의 외할머니는 화가 많은 사람이었습니다. 외할머니에게는 큰 상처가 있습니다. 태어나자마자 아버지가 행방불명되어서 아버지의 얼굴도 모르는 채 어려운 가정환경에서 성장한 것입니다. 그런 환경에서 자라면서 외할머니는 까칠한 사람이 되었습니다. 외할아버지에게도 늘 잔소리를 해서 부부 갈등이 있었다고 합니다. 외할아버지는 농촌에서 공장을 네 곳이나 운영했습니다. 주변에서 존경받고 경제적으로도 유능하고 사회적으로도 지위가 있었던 사람인데, 외할머니는 남편을 탐탁지 않아해서 모진 말을 많이 했다고 합니다.

루이의 남동생은 미국에서 대학 교수로 재직 중이었습니다. 다른 동생은 자기 인생을 제대로 개척하지 못했고 막냇동생은 열 살 때 죽었습니다. 이 집안을 보면 부모의 능력을 이어받은 자녀도 있지만 부모의 상처를 물려받은 자녀도 있었습니다.

루이의 부모는 결혼한 뒤로 관계가 소원했습니다. 남편이 연구차 미국으로 유학을 떠나니 부부 체계가 분명하게 조직되지 않았고 모녀 관계는 지나치게 밀착되었습니다. 그러나 어머니는 딸을 키우는 엄마로서의 역할에는 소홀했습니다. 자기 일로 바빴거니와 애초에 좋은 어머니 모델을 갖지 못한 상태였습니다. 자신도 어머니와 불안정 애착 관계였기 때문에 아이의 마음을 잘 알아주지 못했을 것입니다.

"내 마음을 알아주세요"

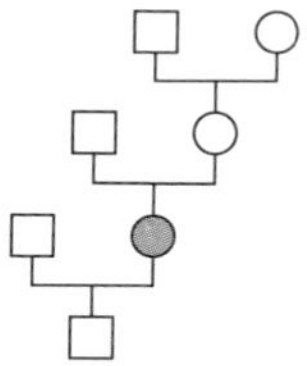

루이의 어머니는 조심성이 많은 타입입니다. 대학 교수이고 공무원이어서 그런 특징이 장점일 수 있는데, 때로는 모두가 열심히 하려고 할 때 이성적으로 선을 긋는 말을 해서 마치 찬물을 끼얹은 것 같은 분위기를 만들곤 합니다. 자식에게도 마찬가지입니다. 아이가 뭔가 꿈을 펼치려고 하면 어머니로서 조언을 하는데, "그건 어떤 문제점이 있어. 너 그거 조심해야 한다" 그런 말을 하니까 자녀 입장에서는 기운이 빠집니다.

한편 루이에게 아버지의 존재는 너무 멀리 있었습니다. 그래서 아버지를 좀 더 가까이하고, 어머니와는 소통하며 관계를 푼 다음 루이 부부의 체계를 다시 세우는 작업을 진행합니다. 루이는 어머니에게 하고 싶은 이야기를 했는데, 처음에는 어머니가 딸의 투정을 받아주지 않았습니다. 루이가 불평하는 이유를 모르겠다고만 합니다. 자신이 해줄 만큼 다 해주고, 항상 최고가 되도록 공부를 시켰고, 아이까지 봐주며 헌신적으로 뒷바라지 했는데 딸이 왜 불평을 하는지 모르겠다고 합니다. 그런 반응을 보이니 루이는 답답할 수밖에 없었지요. 루이는 충족되지 않는 부분이 많았습니다.

그런데 친정어머니의 원가족을 살펴보면서 문제의 실마리가 풀리기 시작했습니다. 외할머니가 루이의 어머니에게 모질게 대해서, 자신이 힘들고 못마땅했던 것을 딸에게 퍼부어서 미안하다고 사과를 하고 나니, 루이의 어머니에게 딸이 다시 보이기 시작했습니다. 딸의 서운함을 이해하게 된 것이지요. 그제야 "아, 네가 힘들었겠구나" 하고 딸의 이야기를 들어줍니다.

우리가 남을 이해하려면 그만큼 자기 자신에게 편안한 에너지가 있어야 합니다. 내가 사랑받았던 경험, 이해받았던 경험이 있어야 남을 이해할 수 있습니다. 그런 경험 없이는 남을 이해하는 것이 불가능하다는 것을 루이의 사례에서도 다시금 느꼈습니다.

루이는 어머니가 사과하자 어머니에게 좀 더 편안하게 자신이 원했던 것이 무엇인지 이야기할 수 있었습니다. "나는 엄마가 나를 그냥 편안하게, 있는 그대로 봐주고, 내 마음을 알아줬으면 좋겠어요." 모녀는 그런 이야기를 털어놓으면서 묵은 감정을 풀어나갔습니다.

*

루이의 가족은 모계 쪽으로 불안정 애착이 대물림되고 있었습니다. 아버지가 부재하는 가족 형태에서 대개 자녀와 어머니는 지나치게 밀착되어 있습니다. 그렇게 밀착된 관계면서 정서적으로 감정을 건강하게 주고받지 못하면 문제가 나타납니다. 어머니는 자녀들을 끔찍하게 사랑하는데, 딸은 자신을 늘 원망하면서 "엄마는 나를 이해하지 못해, 사랑을 안 줬어"라고 말하니까요. 그런 이야기를 들으면 어머니는 답답할 수밖에 없습니다. 그러나 이제 루이는 가족 치료를 통해 어머니와 외할머니를 미워하던 감정에서 벗어날 수 있었고, 어머니와 외할머니, 남편을 좀 더 이해하게 되었습니다.

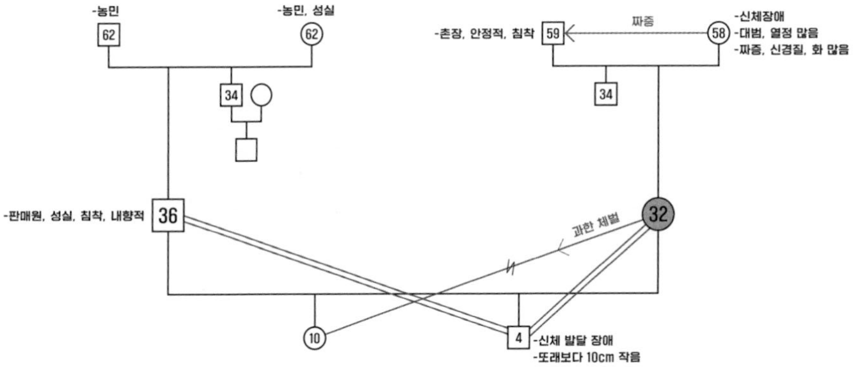

-농민
62
-농민, 성실
62
34
-촌장, 안정적, 침착
59
짜증
58
-신체장애
-대범, 열정 많음
-짜증, 신경질, 화 많음
34
-판매원, 성실, 침착, 내향적
36
32
과한 체벌
10
4
-신체 발달 장애
-또래보다 10cm 작음

10장
가족의 장애

서른두 살인 슈안은 남편과 함께 딸을 데리고 왔습니다. 이날 데리고 온 열 살인 딸 이외에도 네 살 난 아들이 있는데, 아들은 신체 발달 장애가 있어 또래보다 10센티미터 정도 키가 작다고 합니다. 슈안 부부는 아들을 몹시 걱정하고 있었습니다. 이 부부는 아들에게 집착하고 있었고, 딸에게는 과한 처벌을 하고 있었습니다.

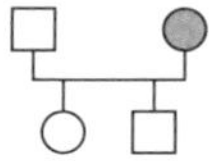

어머니의 장애와 자녀의 장애

먼저 부부의 원가족에 대해 이야기를 들어보기로 했습니다. 슈안의 어머니는 대범하고 열정이 많은 사람인데 자주 짜증을 내는 편이어서 아버지에게 잔소리를 하거나 비난하는 일이 잦았다고 합니다. 아버지는 촌장을 지냈고, 침착하고 솔직한 사람이었습니다.

슈안의 남편은 서른여섯으로 내향적이고 침착한 사람입니다. 상점에서 판매원으로 일하고 있는데 매우 성실한 타입입니다. 남편의 부모는 두 사람 다 농민으로 성실하게 살아온 사람들입니다.

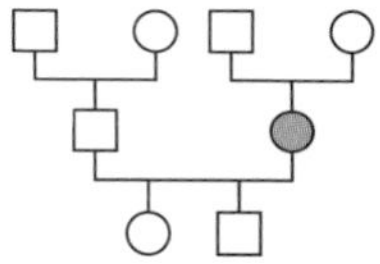

이들 부부는 자신의 원가족에 대해 내보이고 싶은 면만을 보려 하는 경향이 있었습니다. 슈안의 어머니는 장애가 있어서 팔을 잘 못 쓰는데, 슈안은 가족 세우기를 하면서 나중에 이 이야기를 꺼내놓았습니다. 다른 사람에게 별로 밝히고 싶지 않은 내용이었기 때문입니다. 어머니의 신체적 장애와 신경질적인 성격에 대해 슈안은 방어기제가 있었습니다. 슈안의 원가족의 상처를 좀 더 살펴볼 필요가 있었습니다.

내 가족을 있는 그대로 바라보기

슈안은 상처를 방어하면서 오히려 미화한 사례였는데, 친정어머니의 장애를 인정하고 받아들이는 과정이 필요해 보였습니다. 사실 팔을 잘 쓰지 못하는 사람이라면 생활이 불편할 수밖에 없습니다. 슈안은 자신이 더 뛰어나고 완벽한 사람이 되어서 어머니를 기쁘게 해드리고, 어머니의 콤플렉스가 자기 덕분에 가려지기를 바랐습니다. 하지만 슈안에게 정말로 필요한 것은 어머니의 장애를 인정하고 받아들이는 것이었습니다. 장애는 부정적인 것이 아니고, 장애를 가진 사람도 마찬가지입니다. 그런데 슈안은 어머니의 장애를 없는 것처럼 여기고 싶어해 억지를 부리게 됩니다. 친정어머니의 장애를 부끄럽게 여겨 비밀에 부쳐두었던 슈안은 발달 장애를 가진 둘째를 낳은 뒤로 첫째 아이에게 너무 모진 엄마가 되었습니다. 불안하고 초조한 마음에 훈육이라는 이름으로 첫째 아이에게 지나친 폭언과 폭력을 일삼았던 것입니다.

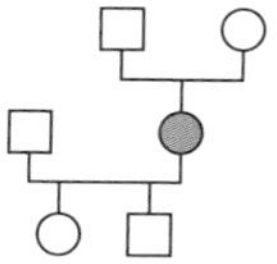

저는 가족 세우기를 통해 먼저 슈안이 어머니를 있는 그대로 받아들일 수 있도록 이끌었습니다. 그런 과정을 거치자 슈안의 원가족이 지닌 상처가 조금씩 풀리기 시작했습니다. 슈안의 어머니가 장애에 대해 당당해지면서 남편에게 쏟아내던 화가 줄어듭니다. 그다음에는 딸 슈안과 부모와의 화해가 이루어집니다.

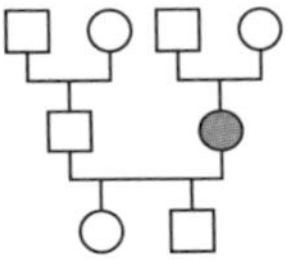

부모의 부부 화해, 부모-자녀의 화해가 이루어지고 나니 다음 세대인 슈안과 남편, 자녀들의 관계도 풀리기 시작했습니다. 슈안은 깊은 울음을 토해내며 자신이 그동안 딸에게 가혹하게 대했던 것을 사과했습니다. 딸아이는 엄마가 그렇게 사과를 하는데도 처음에는 엄마 품에 안기지 못했습니다. 엄마가 늘 심한 체벌을 하고 사랑을 주지 않았기 때문에 진심으로 엄마가 미웠던 것이지요. 하지만 부모가 따뜻하게 화해의 마음을 전하고 아이에게 하고 싶은 이야기를 모두 할 수 있도록 편안하게 대해 주니 아이가 마침내 엄마 품에 안겨 서럽게 울음을 터뜨렸습니다. 모두에게 정말 감동적인 순간이었습니다.

가족이 갖고 있는 장애나 콤플렉스에 대해 지나치게 방어적인 태도를 취할 필요는 없습니다. 우리 모두는 각기 다른 모습으로 태어나 살아갑니다. 키가 큰 사람도 있고 작은 사람도 있지요. 눈이 나빠서 안경을 쓰는 사람도 있습니다. 장애도 그렇게 각기 다른 모습 중 하나로 생각할 수 있도록 마음을 튼튼하게 만들어야 합니다. 사회적 시선과 시스템도 그래야겠지요.

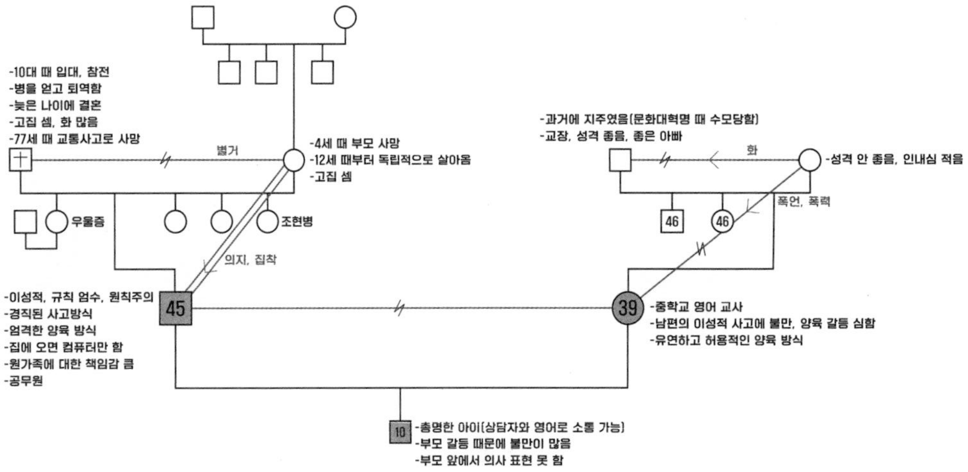

-10대 때 입대, 참전
-병을 얻고 퇴역함
-늦은 나이에 결혼
-고집 셈, 화 많음
-77세 때 교통사고로 사망
별거
-4세 때 부모 사망
-12세 때부터 독립적으로 살아옴
-고집 셈
우울증
조현병
의지, 집착
-과거에 지주였음(문화대혁명 때 수모당함)
-교장, 성격 좋음, 좋은 아빠
화
-성격 안 좋음, 인내심 적음
폭언, 폭력
46
46
45
-이성적, 규칙 엄수, 원칙주의
-경직된 사고방식
-엄격한 양육 방식
-집에 오면 컴퓨터만 함
-원가족에 대한 책임감 큼
-공무원
39
-중학교 영어 교사
-남편의 이성적 사고에 불만, 양육 갈등 심함
-유연하고 허용적인 양육 방식
10
-총명한 아이(상담자와 영어로 소통 가능)
-부모 갈등 때문에 불만이 많음
-부모 앞에서 의사 표현 못 함

11장
부부의 양육 가치관 대립

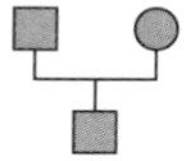

마흔다섯 살 자오린은 서른아홉 살의 아내와 열 살 된 아들과 함께 상담을 요청했습니다. 이들 부부는 양육 가치관이 달라 갈등을 겪고 있었습니다. 남편은 스파르타식으로 규칙과 원칙을 엄격하게 적용해야 하는 타입이고, 안전이나 건강과 관련해서는 한층 강화된 규칙을 지켜야만 합니다. 반면 아내는 남편의 잔소리와 설교에 질려 아이를 좀 내버려두고 자유롭게 해주자는 입장입니다. 이렇게 의견이 다르다 보니 서로 물러서지 않고 비난하게 되고, 아이는 부모 사이에서 힘들어합니다. 아버지의 원칙을 따르는 것보다 부모가 싸우는 것을 더 힘들어하는 것입니다. 아이가 부모에게 직접 그런 이야기를 하지는 않았지만, 저와 따로 상담하면서 엄마 아빠가 너무 많이 싸우는 게 싫다고, 좀 편안하고 싶다고 말합니다.

부모의 가치관 차이로 갈등을 겪는 가족이 많이 있습니다. 특히 자녀 양육을 놓고 갈등하게 되면 자녀가 혼란스러워하고 양쪽 가치관의 장점을 어느 하나도 취하지 못하는 최악의 상황이 되기도 합니다. 이럴 때는 어느 쪽 가치관이 맞는지보다 부부가 각기 왜 그런 가치관을 갖게 되었는지를 찾아보고, 그 가치관에 담겨 있는 개인적인 마음의 상처가 있는지 알아봐야 합니다. 옳고 그름만 따지다 보면 부부의 대화는 막히게 되고 정작 타협은 이루어지지 않기 때문입니다.

서로 다른 성장 배경

남편의 가계도

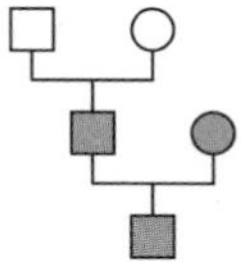

아이의 아버지, 즉 자오린 쪽을 먼저 살펴봤습니다. 남편은 왜 그렇게 규칙을 중요시할까요? 그의 아버지는 10대에 군대에 들어가 전쟁에 참여했고, 죽기 살기로 싸우다 병을 얻은 뒤 퇴역했습니다. 군에서의 트라우마로 평생 두통과 위장 장애로 고생했고, 늦은 나이에 결혼해 마흔일곱 살에 아들을 얻었습니다. 고집이 있지만 화를 내는 사람은 아니었습니다. 그는 일흔

일곱의 나이에 교통사고로 세상을 떠났습니다. 자오린의 어머니는 무학으로 시골 출신이고, 네 살 때 양친이 돌아가셨습니다. 이후 열두 살에 독립해서 서른 살에 자오린의 아버지와 결혼했습니다.

자오린의 부모는 각기 트라우마가 있었는데, 아버지는 전쟁에 대한 트라우마가 있었고, 어머니는 네 살 때 부모가 모두 돌아가셔서 외롭게 살아온 것에 트라우마가 있었습니다. 자오린의 어머니는 살아남기 위해서는 자신이 잘해야 하고 스스로를 지켜야 한다는 경직된 사고방식을 갖게 된 것으로 보입니다. 또이 어머니는 아들을 강하게 만들기 위해 아들에게도 같은 것을 강조했습니다.

자오린은 위로 누나가 있고 여동생이 셋인데, 남매 중 유일한 아들이어서 책임감이 컸습니다. 공무원으로 일하고 있는 그는 매우 이성적이고 원칙주의이고 경직된 사고를 갖고 있었습니다.

아내의 가계도

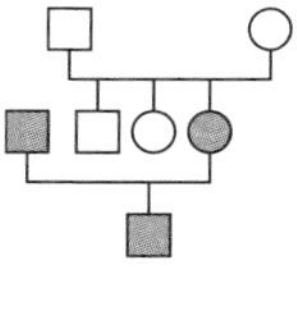

자오린의 아내는 막내로, 위로 오빠와 언니가 있습니다. 아버지는 교장 선생님을 지냈고, 성격이 온화한 사람이었습니다. 그러나 지주였던 아버지는 문화대혁명 때 사회적으로 비난받고 사람들에게 얻어맞아 트라우마가 있었습니다. 초등학교를 중퇴한 어머니는 아버지에 비하면 학력이 낮은 편이었습니다. 이 결혼이 성사된 것은 당시에 지주는 남편감으로 인기가 없었기 때문입니다. 지주인 사람과 결혼하면 고생길이 훤했기 때문에 아무도 지주에게는 시집가려 하지 않았던 것입니다. 그래서 소위 기우는 결혼을 하는 경우가 많았는데 자오린 아내의 부모도 그런 사례였습니다. 어머니는 늘 남편에게 "나 아니었으면 당신은 결혼 못 했을 것"이라고 큰소리치며 살았다고 합니다. 성품이 그리 너그럽지 않았고 인내심도 별로 없었다고 합니다. 그에 비해 아버지는 굉장히 좋은 사람이었습니다. 이런 경우 자녀는 부모를 좋은 사람과 나쁜 사람으로 양분하게 됩니다.

자오린의 아내는 어머니에게 폭력과 폭언을 당하고 자라 어머니와 좋은 애착 관계가 형성될 수 없었습니다. 그래서 좋은 어머니 역할에 대한 구체적인 모델을 갖지 못했고, 아버지에 대해서는 아주 이상화된 모델을 갖게 되어서 남편이 자기 아버지 같기를 은연중에 바랍니다. 그러다 보니 이상화된 아버지의 모습과 남편을 자꾸 비교하게 되고, 남편이 아이들을 야단치기라도 하면 그에 대해 비난을 반복합니다.

하지만 아내의 가계도를 살펴보니 아버지가 지나치게 미화된 부분이 보입니다. 아버지는 트라우마를 심하게 겪어 자녀들과 정서적으로 연결되지 못했습니다. 자오린의 아내는 어머니에게 직접적인 학대를 당하면서 아버지에 대해서는 긍정적인 환상을 만들었던 것 같습니다. 아버지와 남편에 대한 상이 구체적인 모델 없이 이상화되었으니 그 이상적인 모습을 남편이 맞줘줄 리가 없습니다. 남편도 문제지만 아내의 이런 기대도 갈등의 원인이 되었습니다.

가족 세우기

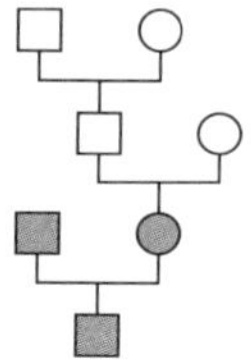

우리는 먼저 아내의 아버지가 가진 트라우마를 살펴봤습니다. 아버지가 지주 집안의 자식으로서 사회에서 비난받을 때 얼마나 무섭고 외로웠을지를 조부모가 위로해주었습니다. 어머니 역시 그런 남편의 트라우마를 같이 안고 가야 하는 삶이 얼마나 버겁고 두려웠을지를 알아주었습니다. 어머니가 남편에게 퍼부은 비난은 남편에 대한 불만이라기보다는 자신의 삶에 대한 버거움에 대한 표현이었습니다. 어머니는 결혼과 함께 남편의 트라우마를 함께 안고 가야 했으며 어쨌거나 살아내야 했습니다. 그러한 삶에 대한 두려움과 불안은 자녀들에게도 여과 없이 노출되었습니다. 이 작업을 통해 아내는 자기 부모의 모습을 다시 재정립할 수 있었습니다.

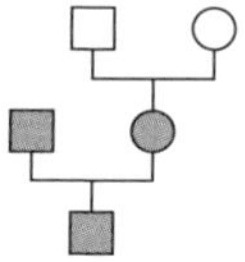

아내의 부모 각자가 지닌 트라우마들이 해결되고 나면 부모의 부부 화해 작업에 들어갑니다. 어머니가 아버지에게 화를 많이 냈던 것에 대해 사과하고 화해를 청합니다. 아버지가 어머니의 사과를 받아주면서 이들은 이제 부부로서 나란히 한 팀이 됩니다.

그런 모습을 보고 나서야 자오린의 아내는 자신의 어머니에게 이야기를 시작할 수 있었습니다. 어머니가 자신을 때릴 때마다 정말 힘들고 싫었다고, 어머니가 별로 좋은 사람으로 느껴지지 않았다고 말합니다. 어머니는 자녀의 이야기에 조용히 귀를 기울입니다. 이야기를 나누면서 모녀의 관계가 서서히 풀어지기 시작합니다.

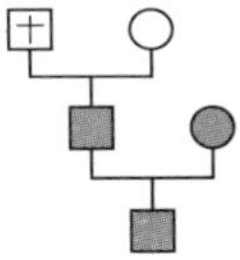

자오린은 어머니가 자신에게 많이 집착하는 것이 부담스럽다고 거듭 표현했습니다. 아버지에게도 무섭고 강한 규칙들이 버거웠다고 말합니다. 집은 군대가 아니라고 이야기합니다. 부모와 자녀 간의 이러한 대화가 이루어지고 나자 자오린은 부모에게서 좋은 부분들을 재발견하기 시작합니다. 아버지는 전쟁 등 여러 힘든 시기를 겪었지만 지금까지 훌륭하게 살아왔고, 삶에 대한 강한 의지와 책임감을 지닌 사람이었다는 점을 알게 됩니다. 또 어머니의 장점을 발견하자 자오린은 어머니의 집착이 사라지는 듯한 느낌을 받습니다. 각자의 트라우마에서 조금씩 벗어나는 과정을 밟으면서 자오린 부부는 진정한 한 팀이 되어갑니다.

가장 좋은 양육법

각자의 상처를 알게 되자 자오린 부부는 서로에게 위로를 해줍니다. 이제는 자신의 경직된 가치관을 고집할 필요가 없어집니다. 아이를 잘 키우고 싶다는 명목으로 끝없이 싸웠던 자신들의 모습을 다시 보게 됩니다. 하지만 그 때문에 오히려 아이가 힘들어하고 있으니 아이를 위한 방법을 찾기로 합니다. 서로의 양육법이 지닌 장점을 보게 되면서, 즉 남편은 아내의 양육 방식을 존중하고 아내는 남편을 존중하면서 제3의 지점을 찾아가는 것입니다. 두 사람은 남편의 원칙주의에 아내의 유연함이 겸비된 양육이야말로 최고의 양육 환경이라는 것을 인지하고 이를 실천할 구체적인 방법을 찾아나갑니다.

가치관 갈등은 가족 갈등에서 큰 비중을 차지합니다. 남편과 아내는 서로 다른 가정에서 성장하면서 다른 문화, 다른 기준, 다른 가치관을 가지게 됩니다. 게다가 서로 다른 가치관을 내세우며 겪은 심리적인 상처들은 서로가 더 이해할 수 없는 경직된 가치관을 만들기도 합니다. 많은 부부가 상담을 통해 자신의 가치관이 옳음을 인정받고 싶어합니다. 그리고 상담자가 다른 한편의 가치관이 틀렸다고 말해주길 바랍니다. 하지만 가치관의 옳고 그름을 따지는 작업은 가족 상담에서 별 의미가 없습니다. 오히려 두 사람의 가치관이나 기준이 얼마나 이해할 수 있는 생각들인지를 찾아나가며 서로 수용하게 해주는 것이 각자의 사고를 유연하게 만드는 최고의 지름길입니다.

| 부록 |

방법론: '가계도 분석'과 '가족 세우기'를 통한 가족 상담

저는 대학에서 심리학을 전공했고 박사 과정을 마친 이후에는 부부 심리학과 가족 심리학을 중심으로 연구해왔습니다. 상담 현장에서도 전공 분야를 바탕으로 부부 상담과 가족 상담을 하고 있는데, 제가 주로 사용하는 기법은 가계도 분석과 가족 세우기입니다. 저는 독일에서 가족 치료 전문가 과정을 이수하며 이 기법을 익혔고, 특히 페터 카이저(Dr. Peter Kaiser) 교수님에게 많은 가르침을 받았습니다. 이 두 기법은 가족의 문제를 단시간에 파악할 수 있고, 가족 문제에 가장 적절하고 용이하게 개입할 수 있는 매우 효과적인 방법입니다. 먼저 이 두 기법에 대해 잠시 설명하고자 합니다.

가계도 분석

가계도란 3대 이상의 가족 정보를 도표화한 것을 말합니다. 이 기법은 가족 치료 이론가 머리 보언(Murray Bowen)과 모니카 맥골드릭(Monica McGoldrick) 등에 의해 개발되었습니다.

가계도 분석은 3단계에 걸쳐 이루어집니다. 먼저 1단계에서는 가족의 개괄적인 정보들을 특별한 기호를 사용해 그려 넣는 작업을 합니다. 남자는 네모(□), 여자는 원(○)으로 그려놓고 내담자로부터 부모 세대 및 조부모 세대로 거슬러 올라가며 가족 구성원을 모두 그려 넣습니다. 각 구성원들의 특징, 예를 들면 나이나 사망 연도, 직업, 학력, 성격 등을 기호 옆에 기입합니다. 가족 정보를 가능한 한 모두 표현하려고 하지만 내담자의 방어기제가 작동하거나 정보 단절로 인해 막히는 부분이 생기기도 합니다. 그러나 이 또한 이 가족을 이해하는 데 중요한 정보가 됩니다. 가족에 대한 정보가 없다는 사실에서 이 가족에 비밀이나 상처가 많다는 것을 알 수 있기 때문입니다.

2단계에서는 가족 구성원 간 관계의 성격을 표시합니다. 관계는 좋은 관계, 소원한 관계, 갈등 관계, 단절 관계, 양가적(애증) 관계, 집착 관계 등이 있습니다. 이때 관계를 표기하면서 지나치게 추상적인 정보가 나오면 구성원이 기억하고 있는 에피소드의 이미지 정보를 함께 점검하여 신뢰도를 확인해봅니다. 예를 들어 관계가 좋았다고 이야기하는데 구체적으로 어떤 부분이 좋았는지 기억하지 못한다면 실제로는 좋은 관계가 아니었을 수도 있습니다. 이렇게 관계 정보를 바탕으로 우리는 이 가족 집단의 특징을 훨씬 더 잘 파악할 수 있습니다.

3단계는 전문가의 능력이 요구되는 단계로, 전체 가계도를 바탕으로 심층적인 분석을 합니다. 이 단계에서는 가족의 상처, 대물림 요소, 삼각관계 유형 등을 파악하게 됩니다. 이를 통해 이 가족이 겪고 있는 갈등이나 문제를 보다 잘 이해할 수 있고, 문제 해결 방향을 찾아갈 수 있습니다.

가계도 작업은 짧은 시간 동안 많은 정보를 밝혀내면서 가족의 민낯을 마주하게 되는 과정이기 때문에, 매우 섬세하게 구성원을 배려하면서 진행되어야 합니다. 상담자는 내담자가 상담자에게 신뢰감을 느끼며 심리적으로 솔직하게 자신의 가족을 만날 수 있도록 도와야 합니다.

한 시간 정도가 소요되는 가계도 분석을 마치고 나면, 3대에 걸친 100년 이상의 압축된 가족 정보가 펼쳐집니다. 이제 살아 있는 감정으로 가족을 만나는 가족 세우기가 진행됩니다.

가족 세우기 과정

가족 세우기는 크게 3단계로 구성됩니다.

1단계: 진단

- 현재 가족 구조 세우기
- 현재 가족의 자가 구조 조정

현재 가족의 예

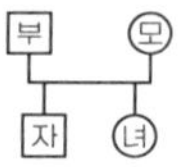

1단계에서는 현재 가족 구조를 세워 현 상태의 문제점을 알아내고 그에 대한 구조 조정을 시도해봅니다. 가족의 뿌리가 건강한 경우라면 갈등을 극복하고 해결하는 구조 조정을 스스로 해나갑니다. 그러나 가족 치료가 필요한 가족은 이러한 건강한 자가 구조 조정이 잘 이루어지지 않는 경우가 대부분입니다. 그렇게 되면 2단계로 들어갑니다. (자가 구조 조정이 잘되는 경우 바로 3단계 해결과 실천으로 이동하고, 적절한 구조를 찾지 못할 경우 2단계 트라우마 치유 과정으로 이동합니다.)

2단계: 트라우마 치유
현재 가족의 구조 조정이 바로 이루어지지 않는 경우

[부부가 내담자로 함께 온 경우]

2.1 부부의 원가족 트라우마 다루기

▶남편과 부모의 삼각관계: 부모의 부부 관계, 남편과 부 및 남편과 모의 부모-자녀 관계

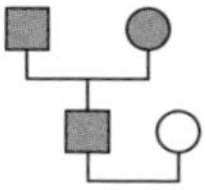

▶아내와 부모의 삼각관계: 부모의 부부 관계, 아내와 부 및 아내와 모의 부모-자녀 관계

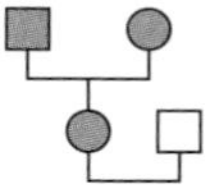

이 과정에서 해결이 안 될 경우, 즉 화해와 용서가 잘 이루어지지 않는 경우 부모들과 조부모들의 트라우마를 다룹니다.

2.2 부모들과 조부모들의 트라우마 다루기

▶남편의 부와 친조부모의 삼각관계: 남편의 친조부모의 부부 관계, 남편의 부와 친조부모의 부모-자녀 관계

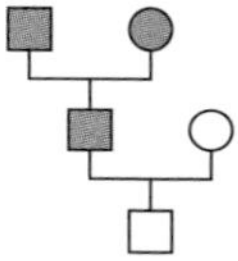

▶남편의 모와 외조부모의 삼각관계: 남편의 외조부모의 부부 관계, 남편의 모와 외조부모의 부모-자녀 관계

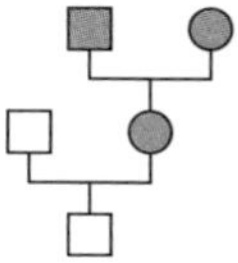

▶아내의 부와 친조부모의 삼각관계: 아내의 친조부모의 부부 관계, 아내의 부와 친조부모의 부모-자녀 관계

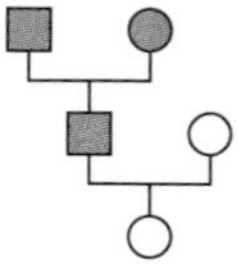

▶아내의 모와 외조부모의 삼각관계: 아내의 외조부모의 부부 관계, 아내의 모와 외조부모의 부모-자녀 관계

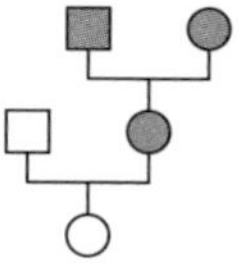

이로써도 화해와 용서의 작업이 이루어지지 않을 경우 조부모들의 트라우마 치료 작업을 약식으로 진행할 수 있습니다. 약식 작업에서는 가계도를 그리지 않고 치료자가 가계도 정보를 이용해 증조부모로서 조부모와 대화를 나누는 방식으로 풀어나갑니다.

[내담자가 혼자 온 경우]

2.1 부모의 원가족 트라우마 다루기

▶아버지와 친조부모의 삼각관계: 친조부모의 부부 관계, 아버지와 친조부 및 아버지와 친조모의 부모-자녀 관계

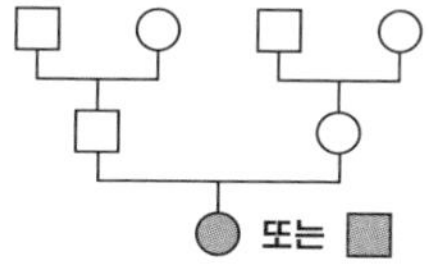

▶어머니와 외조부모의 삼각관계: 외조부모의 부부 관계, 어머니와 외조부 및 어머니와 외조모의 부모-자녀 관계

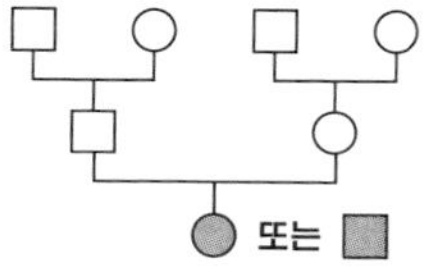

이 과정에서 해결이 안 될 경우, 즉 화해와 용서가 잘 이루어지지 않는 경우 조부모들과 증조부모들의 트라우마를 다룹니다.

2.2 조부모들과 증조부모들의 트라우마 다루기

▶친조부와 증조부모의 삼각관계: 증조부모의 부부 관계, 조부와 증조부모의 부모-자녀 관계

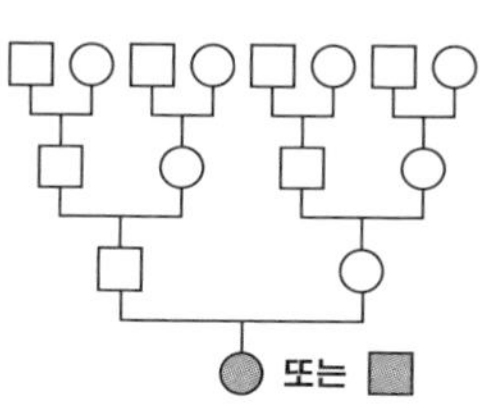

▶친조모와 증조부모의 삼각관계: 증조부모의 부부 관계, 조모와 증조부모의 부모-자녀 관계

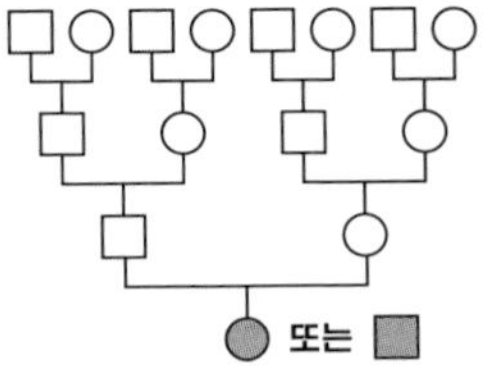

▶외조부와 외증조부모의 삼각관계: 외증조부모의 부부 관계, 외조부와 외증조부모의 부모-자녀 관계

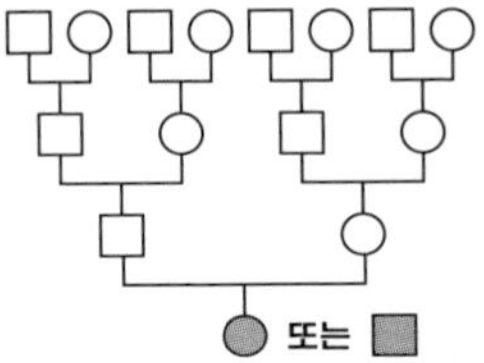

▶외조모와 외증조부모의 삼각관계: 외증조부모의 부부 관계, 외조모와 외증조부모의 부모-자녀 관계

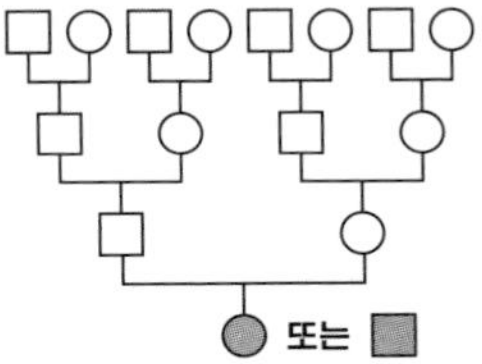

2단계에서는 현재 가족을 이루기 전 원가족 사이에서 해결되지 않은 트라우마들을 다룹니다. 원가족 내 부모와 자녀 관계 또는 부모의 부부 관계에서 갈등이 처리되지 않고 남아 있는 경우 이 상처가 다음 세대에 영향을 주기 때문입니다. 원가족 내 부모 세대 혹은 더 나아가 조부모 세대의 구조를 세워봄으로써 그 세대에 존재했던 갈등 구조를 이해하고 재조정하면서 화해와 용서의 작업을 하게 됩니다. 이 화해와 용서의 작업이 끝나면 다시 현 가족으로 돌아와 현재의 갈등을 다룰 수 있게 됩니다.

3단계: 현재 가족 문제 해결과 실천

3.1 현재 가족의 새로운 구조 조정 시도
3.2 새로운 가족 구조를 만든 뒤 구성원들의 감정을 나누고 화해와 용서하기
3.3 새로운 가족 구조가 유지되기 위한 실천 항목 찾기

3단계에서는 현재 가족으로 돌아와 다시 한번 스스로 좋은 구조를 찾아보도록 합니다. 이때 놀라운 점은, 원가족의 상처가 치유된 후여서 부부 또는 내담자가 좀 더 자신감 있게 자신의 모습을 보고 자녀나 배우자를 바라보게 된다는 것입니다. 그렇게 되면 이제 대부분 건강한 구조, 즉 독립적이면서도 서로를 잘 들여다볼 수 있는 구조를 만들게 되는데, 이때 이들은 지금까지 마음속에 품고 있었던 감정을 서로 나눌 수 있습니다. 감정을 나누고 수용하며 화해와 용서 작업이 이루어지고 나면, 새로운 좋은 구조를 유지할 수 있는 실천 항목들을 공유합니다. 가족 세우기는 이렇게 마무리됩니다.

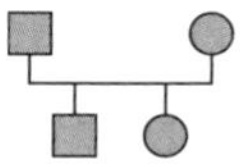

실제 가족 세우기 장면을 구체적으로 살펴보면 다음과 같습니다. 1단계에서는 참가자들에게 내담자의 현재 가족 구성원 역할을 하나씩 정해주고, 자기 자리를 찾으면서 구조를 형성하게 합니다. 이 구조는 심리적 구조로, 각 관계의 심리

적 형태를 물리적으로 표현하는 것입니다. 가까운 사이라면 물리적으로도 가깝게 하고, 심리적으로 먼 관계라면 멀리 떨어져 있게 합니다. 마음이 안 맞아서 등지고 있는 사이라면 서로 등을 돌리게 합니다. 가까이 있지만 서로 외면하고 있다면 가까이 선 채 얼굴만 외면하게 합니다. 이런 식으로 가족의 심리 구조를 물리적 구조로 만들어갑니다. 가족들이 관계를 있는 그대로 느끼게 하는 것입니다. 딸이 어머니는 좋아하지만 아버지는 싫어한다면 어머니를 바라보고 아버지는 보이지 않는 위치에 있게 하는 식으로, 가족들이 느끼는 대로 구조를 만드는 것입니다. 이 구조는 내담자 본인과 (함께 온 경우라면) 가족이 참여해서 만들어갑니다.

그런 뒤 가족 세우기 참가자들이 느낌에 집중하게 합니다. 그 자리에 있으니 어떤 느낌이 드는지 표현하게 하는 것이지요. 화가 난다고, 편안하다고, 외롭다고, 이유를 모르겠지만 불안하다고…… 지금 느껴지는 감정을 들어봅니다. 인지적인 이야기가 나오면 그 이야기를 정서적인 이야기로 바꾸어줍니다. 예를 들어 “이건 문제가 심각한데요”라고 이야기한다면 이는 인지적인 이야기이므로, “아, 심각하다는 건 뭔가 마음이 언짢다는 것이군요. 마음이 많이 불편하시군요” 하며 정서적인 표현으로 옮겨봅니다. 각자의 위치에서 느낌을 이야기하고 나면 그것만으로도 내담자는 많은 것을 느끼게 됩니다. 한 내담자는 아버지가 맨날 소리 지르고 자기 마음대로 행동하니 아버지 자신은 마음이 편할 것이라고 생각했는데, 아버지(본인이 참석하지 못할 경우 아버지 역할을 맡은 참가자)의 이야기를 들어보니 그는 너무 외롭고 아무도 자기를 바라봐주지 않는다고 느끼고 있었습니다. 그렇게 상대 입장을 들어보면 '아, 저런 감정을 느낄 수도 있겠네' 하고 알게 됩니다.

다음으로 각 가족 구성원들에게 "이제 모두에게 자유를 드릴 테니 스스로 원하는 구조를 찾아보세요"라고 이야기합니다. 그러면 자신이 갇혀 있는 것 같다고 느꼈던 사람은 뛰쳐나갑니다. '너무 외로워요, 저는 늘 혼자 있었어요' 하고 느낀 사람은 누군가에게 다가갑니다. 그런 식으로 각 구성원마다 자기감정을 해소하기 위해 여러 가지 움직임을 만들어갑니다. 이 과정은 몇 분 정도 걸립니다.

이때 어떤 가족은 자리를 빨리 찾고 어떤 가족은 시간이 많이 걸립니다. 관계가 꼬여 있는 경우라면, 한 사람은 좋아서 다가가는데 상대방은 피하기도 합니다. 어느 정도 시간이 지나 자리 찾기가 마무리되면, 그 상태에서 멈추게 하고 다시 한번 느낌을 물어봅니다. 그러면 어떤 사람은 바뀐 자리가 좋다고 하고, 어떤 사람은 아직도 불편하다고 하고, 어떤 사람은 자유를 얻었는데도 자기 자리에서 한 발짝도 움직이지 못합니다. 어떤 사람은 무엇인가를 찾기 위해 계속 주춤주춤 맴도는데 어느 자리를 가도 불편하다고 말합니다. 그렇게 한 사람 한 사람의 이야기를 다 들어봅니다.

이 구조 조정 단계에서 좋은 구조를 찾아낸 가족은 그 구조를 유지하기 위한 해결책을 찾으면 됩니다. 해결책은 아주 어렵거나 특별한 것이 아니고, 각자가 앞으로 일주일 동안 어떤 행동을 해야 하는지 생각해보는 것입니다. "외출하면 엄마한테 전화를 할 거예요" "아내와 일주일에 한 번씩 산책을 해야겠어요" "남편/아내가 퇴근해서 돌아오면 반겨주면서 인사를 할 거예요"…… 거창할 필요가 없는, 이렇게 간단한 것들입니다. 그런 사소한 노력을 기울이면 변화한 구조를 유지할 수 있습니다.

그런데 가족 상담을 청해온 가족 대부분은 이 단계에서 좋은 구조를 찾아내지 못합니다. 스스로 찾아낼 수 없는 이유는 가족 안에 트라우마가 있기 때문입니다. 뭔가 해결해야 하는 문제들이 있는데 그것을 해결하지 못하고 갈등의 겉만 맴도는 것이지요.

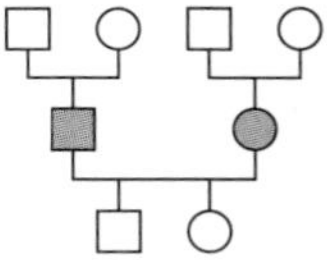

해결 구조를 찾지 못한 가족과는 2단계로 들어가, 그동안 해결되지 않은 채 가족에게 끊임없이 영향을 주고 있는 트라우마를 치유하는 작업을 시도합니다. 저는 "이제 가족의 트라우마로 들어가겠습니다"라고 말하면서 원가족, 즉 ①내담자가 혼자 왔을 경우에는 내담자의 어머니 가족과 아버지 가족으로, ②부부가 같이 왔을 경우에는 남편의 가족과 아내의 가족으로 조금 더 깊게 들어가봅니다. 전체 과정이 세 시간 안에 끝나야 하기 때문에, 부모의 형제자매까지 하나하나 살펴보기는 어렵습니다. 가장 중요한 것은 부모와 조부모의 관계입니다. 그래서 부모 각각 친/외할머니, 친/외할아버지가 어떤 관계였는지, 그 사이에서 자녀로서의 부모는 어떤 위치에 있었는지 기억을 더듬어 표현하도록 합니다. 그러면 부모는 어린 시절에 힘들었던 부분들을 말하기 시작합니다.

부모의 트라우마 작업, 내담자와 부모 관계의 트라우마 작업

예컨대 어머니의 아버지는 딴 곳을 보고 있고 어머니의 어머니는 자녀를 꽉 붙잡고 있는 관계가 있습니다. 어머니는 그런 자기 어머니를 보면 불쌍하면서도 뭔가 답답하고 아버지를 생각하면 화가 났습니다. 성장기 내내 그런 감정을 느꼈습니다. 그런 마음이 해결되지 못했기 때문에 알지 못하는 상처가 반복되어왔던 것입니다. 이런 어린 시절을 겪은 부모와 그 자녀의 구조 속에서 자녀는 어떤 부분 때문에 자신이 힘든지 잘 이야기하지 못합니다. "부모님한테 하고 싶은 이야기를 해보세요"라고 해도, "엄마가 나보다 더 힘들 텐데 굳이 이런 이야기까지 해서 엄마를 더 힘들게 할 필요가 뭐가 있겠어요" 같은 태도를 보이게 됩니다. 부모 자신들이 부부관계에서 화해와 용서 작업을 선행하기 전에는 부모-자녀 관계의 상처 치유가 불가능하기 때문입니다. 즉 자녀가 부모한테 자기 이야기를 하기 위해서는 부모 자신들이 부부로서 대화하는 한편, 각자의 상처를 먼저 해결해야 합니다. 그런 뒤에 부부가 부부로서 서로를 바라보면서 하고 싶은 이야기를 합니다. 그러면 "나는 당신이 늘 우리 가족을 보살피지 않아서 너무 외롭고 화가 났어. 당신이라는 사람을 못 믿었어. 그래서 힘들었어" 같은 이야기를 하게 됩니다. 배우자는 그 이야기를 들어줍니다. "당신 많이 힘들었구나. 내가 갈등을 회피하고 외면해서 미안해."

그런데 이런 말을 해줄 수 있는 사람이 있고 해줄 수 없는 사람이 있습니다. 사랑과 이해를 경험해본 사람은 상대방의 부정적인 감정을 받아들일 수 있지만, 이런 식의 소통을 경험해보지 못한 사람은 "나도 힘들었다고. 당신까지 그러니까 아무 말도 듣고 싶지 않아" 같은 반응을 보입니다.

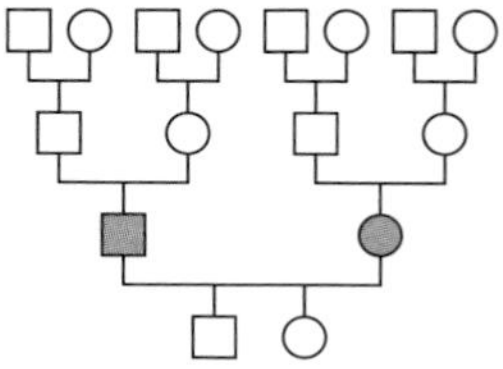

부모의 부부 화해 작업이 이루어지지 않을 경우, 다시 부모는 각각 자신의 부모, 즉 조부모(부와 친조부모/모와 외조부모)와의 트라우마 작업에 들어가야 합니다. 가족 간 삼각관계(부모-자녀 관계)를 해결하려면 원칙적으로 항상 부부가 먼저 화해하고, 부부가 나란히 선 상태에서 자녀와 대화하는 구조를 만들어야 합니다. 부부 화해가 이루어지지 않으면 한 세대를 더 거슬러올라가 그 이전 세대에서 화해와 용서의 작업이 이루어져야 하고요.

조부모와 증조부모의 트라우마 작업

부모와 조부모와의 관계에서도 화해 작업이 이루어지지 않으면 조부모와 증조부모의 관계로 거슬러가야 합니다. 이렇게 여러 세대 위까지 올라가게 되는 경우에는 시간상 약식으로 진행합니다. 가계도를 보면서 증조부모가 조부모에게 어떤 상처를 주었을지 추측해봅니다. 그런 뒤에 증조부모가 부모로서 할 수 있는 말을 표현합니다. "이런 점이 힘들었지? 그렇지만 우리는 너를 소중한 자녀로 여기고 있고 너를 너무나 사랑한단다. 우리가 너를 지켜줄게."

부모에게 이런 이야기를 들으면 대개 얼굴빛이 바뀝니다. 그전에는 창백하고 피가 잘 안 통하는 느낌이었다가 부모에게 온기를 받으며 "사랑한다, 미안하다"라는 말을 들으면 굳었던 몸이 풀리면서 자존감이 올라가고 마음의 안정을 찾습니다.

이 작업은 부부 양쪽으로 모두 진행됩니다. 이렇게 원가족 내의 상처가 치유되고 나면 부부 각자는 새삼 배우자가 보이기 시작합니다. 그런 과정을 거친 다음에 다시 부부 대화를 시도하면 어떻게 될까요? 등지고 서 있던 부부가 마주 보고 섭니다. "그래, 내가 당신에게 참 모질게 했지. 생각해보면 내 부모를 원망하고 싶었는데 그걸 알게 모르게 당신한테 표현했던 것 같아. 정말 미안해." 한쪽이 이렇게 털어놓으면 배우자 역시 마음이 녹으며 마침내 부부가 서로에게 따뜻한 말을 건네게 됩니다.

좋은 구조가 형성되면 부부는 서로에게 따뜻한 이야기를 해주기도 하고 사과의 말을 건네기도 합니다. 그렇게 해서 마음이 풀리면 부부가 나란히 서서 '배우자가 있어서 참 든든하다' '이 사람이 옆에 있으니까 따뜻하다' '내 가정이 이렇게 좋은데 내가 밖으로만 돌았구나'...... 이런 생각을 하게 되는 것이지요.

이와 같은 부부 화해 과정은 자녀가 부모에게 하고 싶은 이야기를 할 수 있게 하는 기초 작업입니다. 그때부터 자녀는 자기 부모에게 '어떤 점이 원망스러웠다' '어떤 점이 힘들었다' '내가 바라는 건 무엇이었다' 이런 이야기를 하게 됩니다.

화해의 작업이란 그동안 느꼈던 감정들을 쏟아내고 서로 수용하며 마음을 소통하는 일입니다. 가족 세우기의 장점은 그런 깊은 이야기를 마음껏 할 수 있게 한다는 것입니다. 자기 상처를 들여다보고 그 감정을 그대로 표현하고 나면 스스로 풀리기 시작합니다. 자기감정을 다 표현한 뒤 존중받고 나면 전에는 찡그리고 있던 얼굴이 환하게 변합니다. 이제 부모가 자녀들을 바라보게 되고, 그제야 자녀들의 슬픔이나 외로움, 답답함 등이 보이기 시작합니다. 부모와 자녀들의 화해와 용서의 작업이 이루어집니다. 여기까지가 2단계 원가족 트라우마 치유 작업입니다.

3단계에서는 현재 가족의 구조 조정과 갈등 해결이 다시 이루어집니다.

현 가족의 부부 관계 회복

부부의 화해

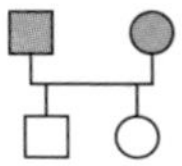

1단계에서 심리적인 부분들이 제대로 해결되지 않은 상태로 부부에게 나란히 서보라고 하면 잘 안 되었는데, 2단계에서 원가족 트라우마를 치유하고 나면 불편한 느낌 없이 부부가 나란히 설 수 있게 됩니다. 원가족의 트라우마 치료로 자존감이 회복된 가족은 스스로 건강하고 행복한 구조를 찾아갑니다.

현 가족의 부모-자녀 관계 회복

부모-자녀의 화해

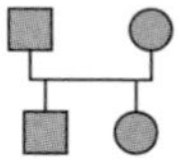

그렇게 부부가 모두 달라진 상태에서 현재 가족들을 모두 나오게 한 뒤 첫 단계를 다시

한번 진행하면서 구조 조정을 시도해봅니다. 부부의 트라우마를 해결하는 과정을 거쳤기 때문에 이번에는 신기하게도 다른 구조를 찾아나갑니다. 부부가 나란히 서게 됩니다. 서로 눈치를 보고 쭈뼛거리면서도 남편이 아내에게 다가가고 아내가 남편에게 다가갑니다. 아이들도 어머니를 보살펴야 한다면서 어머니한테 딱 붙어 있다가 이제는 약간 떨어지면서 자기 활동의 폭을 넓힐 수 있는 위치로 이동합니다. 그러면 제가 한 사람씩 돌아가면서 지금 느낌이 어떤지 물어봅니다. 대부분 이전보다 훨씬 좋다고 이야기합니다. 그런데 여기서 끝이 아닙니다. 가족들은 자신들이 해야 할 진짜 이야기를 이제부터 시작합니다.

일단 부부가 대화를 먼저 시도하게 합니다. 부부가 다시 나란히 서니 서로 어떤 마음인지 물어봅니다. 예를 들어 남편이 "나는 당신이 능력 있는 건 자랑스럽고 좋은데, 어떨 때는 당신이 혼자만 너무 멋있는 것 같아서 내가 몹시 위축감을 느껴" 이런 이야기를 할 수 있을 것입니다. 그러면 아내도 "나는 든든한 울타리가 필요했고 당신이 내 편이 되어주기를 바랐는데, 그렇게 해주지 않아서 많이 서운했어"라고 말할 수 있을 것입니다. 이런 본심은 어느 정도 자신에게 힘이 있어야 할 수 있습니다. 그런 이야기를 서로 듣다 보면 그들은 마음이 편안해지면서 두 사람이 나란히 서게 됩니다. 그렇게 서로 소통하게 되면 자녀들도 더 편안해집니다.

부부 대화가 끝난 다음에는 다시 자녀들이 부모한테 하고 싶은 이야기를 하게 합니다. "엄마 아빠가 싸울 때 우리는 많이 외로웠어요. 정말 속상했어요. 나는 엄마 아빠에게 동시에 사랑받고 싶지 둘 중 한쪽을 선택하고 싶지는 않았어요." 이야기를 듣고 나서 부모가 "그래, 그런 마음이 들 만했어. 지금이라도 그런 이야기를 해주어서 고맙구나. 이제부터는 엄마 아빠가 함께 있을게. 그리고 너희에게 매달리지 않을게. 엄마는 아빠 옆이 가장 편안한 자리고, 아빠한테도 엄마가 제일 든든한 사람이야. 우리 이렇게 잘 지내면서 항상 너희를 지켜줄게" 이런 이야기를 하면 가족이 모두 편안한 얼굴이 됩니다.

이것이 가족이 나누어야 할 중요한 대화입니다. 저는 가족 세우기 작업을 시작할 때부터 이렇게 흘러가야 한다는 것을 알지만 이를 억지로 유도할 수는 없고 그래서도 안 됩니다. 그렇게 하면 가족들이 스스로 느끼지 못하기 때문입니다. 시간이 걸리더라도 이 과정을 하나하나 밟아나가면, 각자의 마음이 피부로 쑥 들어오면서 가족 안에서 변화가 일어납니다.

가족 세우기 안에서 가족 각자가 평생 하지 못했던 말을 다 토해내는 것, 이와 같은 일련의 과정은 정말 경이롭습니다. 어떤 가족이든 그런 속 이야기를 나누며 소통하기 시작하면 순환의 힘이 발휘됩니다. 자연 세계가 돌아가는 것 자체가 모두 순환입니다. 식물이 자라는 것도 순환의 한 과정이지요. 물을 흡수하고 햇빛을 받아 자라고 또다시 그 과정을 반복하면서요. 가족 안에서도 식물의 성장 과정처럼 순환이 제대로 이루어지면 가족은 저절로 살아납니다.

| 나가며 |

완성 원고를 마지막으로 점검하는 동안 가족 치료 워크숍에서 만났던 참가자들이 생생하게 떠올랐습니다. 가족의 갈등이나 개인의 고민을 풀기 위해 용기를 내서 찾아온 이들은 상담이 끝나고 나면 이전보다 자유롭고 행복해졌다고 말해주었습니다. 또 매번 워크숍이 끝날 때마다 상담에 대한 느낌이나 새로운 통찰들을 편지를 써서 전해주었습니다. 한자로 쓰여 있어 직접 읽지는 못했지만 저에게는 매우 소중한 보물입니다. 저와 워크숍 동료들을 믿고 자신의 내밀한 가족 이야기를 털어놓아 준 참가자들에게 다시 한번 감사를 전합니다.

책을 쓰면서 다시 한번 확인하게 된 것은 부모에게서 받은 사랑이 결국 모든 사람에게 세상을 살아갈 힘을 준다는 사실입니다. 우연이었든 숙명이었든 부모의 사랑을 놓치거나 경험하지 못한 사람은 삶의 현장에서 많은 문제와 갈등을 만들거나 겪을 수 있습니다. 가계도 분석과 가족 세우기를 통한 가족 치료는 무엇보다 이 놓친 부모의 사랑을 경험하도록 이끕니다. 이 과정을 통과하면 놀라운 변화들이 때로는 바로 눈앞에서, 때로는 서서히 일어나기 시작합니다.

또 한 가지 중요한 것은 가족 안에서 가장 중요한 관계는 부부 관계라는 것입니다. 부부가 한 팀이 되어 단단히 서 있으면 집안은 집에 대들보가 받쳐주고 있는 것처럼 질서와 안정을 이룹니다. 반면 부부 관계가 무너진 채로 부모-자녀 관계만 존재하면 집안에 사랑은 넘칠지 모르지만 수많은 갈등과 구조적인 문제가 생깁니다. 부부는 자신의 부모에게 받은 사랑의 힘을 바탕으로 서로 잘 지내도록 노력해야 합니다. 그것이 우리 자녀를 잘 키우기 위한 가장 큰 지름길입니다.

좋은 책이 될 것이라고 믿음을 주신 북하우스 김정순 대표님과 원고 진행을 도와준 편집부에 감사를 전합니다. 이분들이 아니었다면 저의 중국 가족 치료 여정은 구전으로만 남을 뻔했습니다.

현재 중국에서 진행해온 가계도 분석과 가족 세우기 워크숍은 중단되었습니다. 코로나19의 확산과 그 밖의 국제적 갈등으로 사람들이 한자리에 모이는 일이 어려워졌기 때문입니다. 한국에서도 매주 수요일 서울부부가족치료연구소에서 열렸던 가족 치료 워크숍이 사회적 거리 두기 방침에 따라 중단된 상태입니다. 다시 함께 모여 가족 이야기를 허심탄회하게 나누며 치유와 회복, 건강한 성장을 할 수 있는 시간이 오기를 기다립니다.

이남옥

가장 가까운 타인

1판 1쇄 2022년 4월 11일

지은이 이남옥
펴낸이 김정순
구성 박민주
편집 허정은 신원제
디자인 김진영
마케팅 이보민 양혜림 이다영

펴낸곳 (주)북하우스 퍼블리셔스
출판등록 1997년 9월 23일 제406-2003-055호
주소 04043 서울시 마포구 양화로 12길 16-9(서교동 북앤빌딩)
전자우편 editor@bookhouse.co.kr
홈페이지 www.bookhouse.co.kr
전화번호 02-3144-3123
팩스 02-3144-3121

ISBN 979-11-6405-147-2 03180